Les Boxeurs: La Chine Contre L'étranger

Albert François Ildefonse D' Anthouard

LA CHINE CONTRE L'ÉTRANGER

———

LES BOXEURS

PARIS. — TYP. PLON-NOURRIT ET Cie, 8, RUE GARANCIÈRE. — 3075.

Cliche du Dr Matignon.

M. D'ANTHOUARD, LE 15 AOUT, LE JOUR DE L'ENTRÉE
DES TROUPES FRANÇAISES

LA CHINE CONTRE L'ÉTRANGER

LES BOXEURS

PAR

Le Baron d'ANTHOUARD

Ouvrage accompagné de vingt-deux gravures
ET DE PLANS

Troisième Édition

PARIS
LIBRAIRIE PLON
PLON-NOURRIT et Cⁱᵉ, IMPRIMEURS-ÉDITEURS
8, RUE GARANCIÈRE — 6ᵉ

1902
Tous droits réservés

AVANT-PROPOS

Alors que toutes les puissances qui ont parti-
cipé à l'expédition de Chine revendiquent à
l'envi le mérite d'avoir accompli l'effort le plus
décisif dans les opérations militaires et les négociations diplomatiques qui ont empêché l'exécution du plan des Boxeurs, massacre de tous
les étrangers et de leurs adhérents, destruction
de leurs établissements religieux et commer-
ciaux, en un mot, expulsion complète de toute
trace de civilisation occidentale, la France,
seule, par suite d'une aberration spéciale, semble ignorer les actes de son armée et de sa diplomatie, hésite à les proclamer, à en tirer les avantages moraux et matériels qui en découlent.
L'indifférence de beaucoup de Français à l'égard

a

des questions de politique étrangère, l'insouciance qu'ils mettent à les étudier, les habitudes
de dénigrement invétérées malheureusement
chez nous concourent à ce résultat. Le devoir
de ceux qui ont assisté à ces événements est
donc de fournir à leurs compatriotes des témoignages impartiaux et véritables qui puissent servir de base à une opinion mieux raisonnée et plus
juste.

Telles sont les considérations qui m'ont conduit à publier le récit du siège de Tien-Tsin et
de la délivrance de Pékin d'après mes notes
journalières, dont une partie a déjà paru dans
les journaux, l'année dernière. J'ai retracé le
siège des légations et du Pei-tang d'après les
renseignements recueillis et contrôlés sur place
au lendemain de la délivrance. Les nouvelles de
chaque jour sont relatées telles qu'elles nous
parvenaient, avec les réflexions qu'elles suggé-
raient sur le moment. Il s'y trouve donc quelquefois des erreurs de renseignement et d'ap-
préciation, corrigées plus loin, que j'ai cru
préférable de laisser pour donner une peinture
plus exacte de l'état d'esprit des acteurs de ce
drame si extraordinaire. Au commencement du

récit j'ai expliqué dans un chapitre spécial la genèse du mouvement « boxeur », dont les causes très simples, très fréquentes dans l'histoire des peuples, ont été compliquées ou dénaturées comme à plaisir. Elles tiennent en quelques lignes. La Chine est aujourd'hui le seul grand pays resté en dehors du mouvement des idées modernes; la crainte qu'inspiraient ses formidables dimensions lui avait permis de demeurer à l'écart. Des revers récents ont mis en doute sa force; aussitôt le courant qui entraîne les grandes puissances à sortir de leurs frontières, à essaimer chez leurs voisins plus faibles pour y propager leurs doctrines religieuses, leur culture intellectuelle, leur commerce et leur industrie, en un mot leur civilisation, afin d'en tirer des avantages moraux et matériels, ce courant s'est dirigé vers la Chine, où il a entamé les frontières. Mais si l'empire est faible au point de vue de l'offensive, sa masse est énorme et oppose une résistance incalculable. Le soulèvement « boxeur » n'est qu'un épisode de cette réaction. C'est ce que j'indique avec plus de détails dans le chapitre final que j'aurais intitulé « Péril jaune » si ce terme n'avait pris depuis quelque temps la signification d'une sorte d'invasion militaire et économique de la Chine en Europe. A mon avis, le péril jaune, pour l'instant du moins, n'est pas dans cette éventualité, mais plutôt dans les complications internationales à naître des compétitions étrangères dans l'empire du Milieu.

Enfin un chapitre spécial reproduit la traduction d'un document chinois trouvé au cours de l'occupation de Pékin. C'est le journal d'un bourgeois, intendant d'une famille riche, un homme de la classe moyenne. On y voit la ville livrée à l'anarchie la plus complète, les autorités faibles et irrésolues à l'égard des Boxeurs, jusqu'au jour où ceux-ci, s'emparant du pouvoir, lancent la Chine contre l'étranger et massacrent tous ceux qui veulent s'opposer à leurs desseins. Le Chinois y révèle naïvement son caractère : orgueilleux, crédule et fataliste à l'extrême, capable d'impulsion violente, mais sans énergie en face d'une résistance sérieuse, toujours disposé à s'incliner devant le plus fort, quel qu'il soit.

Je serais heureux si ce modeste ouvrage contribuait à convaincre le lecteur français que notre patrie a été représentée en Chine comme il convenait à son passé glorieux et aux intérêts considérables qu'elle y possède actuellement.

Les événements qui découlent du soulèvement « boxeur » sont tellement enchevêtrés que je crois utile d'en donner ici une très rapide analyse, qui servira de fil conducteur.

A la fin de mai 1900, le mouvement « boxeur » prend le caractère d'un soulèvement antiétranger. Pékin est bloqué le 4 juin, le siège des légations commence le 20 juin. Les concessions étrangères de Tien-Tsin sont assiégées le 17 juin, délivrées le 23, mais bombardées encore jusqu'au 14 juillet. Le 14 août, les légations sont délivrées ; le 16, c'est le tour du Pei-tang. A cette date finit la première période des opérations militaires ayant pour point de départ l'ordre donné aux amiraux de débloquer Pékin. C'est la seule dont parle ce livre. La France y prend part avec sa division navale sous les ordres du contre-amiral Courrejolles, ses compagnies de débarquement commandées par le capitaine de vaisseau de Marolles, trois bataillons d'infanterie de marine et trois batteries d'artillerie envoyés du Tonkin, placés sous le commandement du

colonel de Pélacot jusqu'après la prise de la ville
chinoise de Tien-Tsin, puis du général Frey.
Tous les contingents internationaux sont indépendants les uns des autres.

La seconde période d'opérations militaires
s'étend de la prise de Pékin jusqu'à l'évacuation
au cours de l'été de 1901. Ces opérations ont
d'abord pour but de pacifier le Tchéli, de le
purger des bandes de Boxeurs, d'en faire la
police. En second lieu elles appuient l'action
diplomatique et lui apportent le concours le
plus utile sans lequel celle-ci n'eût pu obtenir du
gouvernement chinois aucune réparation ni garantie. Elles sont conduites par le maréchal de
Waldersee, commandant en chef des troupes
allemandes, américaines, anglaises, autri-
chiennes, italiennes, japonaises et russes, et par
le général Voyron, commandant en chef des
troupes françaises (plus de quinze mille hommes).
Beaucoup de Français commettent l'erreur de
croire que le général Voyron était subordonné
au maréchal de Waldersee. C'est inexact. Ces
négociations ne commencent véritablement que
le 26 octobre, car il faut plus de deux mois pour
amener une entente entre les puissances sur le

lieu et le programme des conférences. Le 24 décembre, les conférences aboutissent à la présentation à la Chine d'une note contenant les douze conditions auxquelles les puissances subordonnent le rétablissement des relations normales. Les conditions sont acceptées en principe immédiatement, mais huit mois sont nécessaires pour l'exécution des clauses les plus essentielles. Enfin le 7 septembre 1901 est signé un protocole final qui consacre solennellement les résultats obtenus et les engagements de la Chine.

LES BOXEURS

CHAPITRE PREMIER

LES DEUX ADVERSAIRES

Les premiers Européens qui entrèrent en relation avec les Chinois furent des missionnaires et des commerçants ; ils reçurent un accueil plutôt hostile de la part de cette nation soupçonneuse que son antique civilisation incitait à mépriser tout ce qui était en dehors d'elle, à se croire la première et la plus glorieuse du monde.

L'appât du gain retint les premiers traitants malgré les avanies et la tyrannie qu'il plut aux mandarins de leur imposer alors que, parqués à Macao, ils étaient réduits à n'avoir de rapports qu'avec les treize *guilds*, corporations de marchands, qui monopolisaient à Canton tout le commerce extérieur de l'empire.

Avec le temps la situation se modifia. La « guerre de l'opium » en 1840, les occupations de Canton en 1841 et 1857, la campagne de 1860 permirent d'exiger des libertés et des garanties en faveur des commerçants. Si la Chine, impuissante à repousser ces attaques, cédait et signait les traités, par contre elle opposait une inertie que sa masse rendait invincible lorsqu'il s'agissait d'exécuter les promesses. Elle modifiait en même temps son armement préhistorique, garnissait ses côtes de forteresses construites par des ingénieurs européens, confiait l'instruction d'une partie de son armée à des officiers étrangers; et l'Europe intimidée temporisait, se résignait en maugréant à attendre que le « fils du Ciel » voulût bien ouvrir son empire « au progrès et à la civilisation ».

Le christianisme introduit par les Français, les Portugais, les Italiens et les Espagnols avait été tout d'abord frappé de l'ostracisme qui atteignait tout ce qui était étranger ; cette proscription s'affirma lorsque les lettrés et les mandarins connurent quelques-uns des principes de cette religion. En Chine, comme dans la Rome des empereurs, parler de liberté, d'égalité et de justice fut considéré comme un acte révolutionnaire par une société où le pouvoir sans frein engendrait les pires excès. A force d'adresse, de prudence et de persévérance, quelques missionnaires réussirent cependant à être admis à Pékin comme savants, ingénieurs, artistes, et s'y maintinrent en se com-

portant comme des sujets du souverain. Forts de
la faveur impériale, ils employèrent leur crédit à
procurer à leurs confrères l'autorisation d'évangéliser, toujours à titre de sujets chinois. C'est ainsi
que de 1600 à 1724 la religion chrétienne fut prê-
chée dans l'empire et reçut, pour ainsi dire, ses
lettres de naturalisation. En 1692, l'empereur
Kanghi proclama même la liberté religieuse.

Malheureusement des querelles théologiques
entre jésuites et dominicains ayant forcé le pape
à intervenir, l'empereur s'aperçut que ses sujets
catholiques obéissaient aux ordres d'un souverain
étranger, et, de ce jour, les considéra comme des
étrangers. La religion chrétienne fut proscrite
de nouveau sous les peines les plus sévères jusqu'en 1845 et 1858, époques auxquelles le gouvernement chinois, cédant à la force, proclama de
nouveau la liberté de conscience; mais si les canons pouvaient imposer un traité, ils étaient impuissants à effacer cette tare originelle qui affectait
la religion chrétienne, ce caractère étranger qui
répugne par-dessus tout au Chinois; au contraire ils l'accentuaient, et les mandarins redou-
tèrent plus que jamais l'effet des principes éman-
cipateurs du christianisme sur le peuple. Dès lors,
ce fut un duel ininterrompu entre la vieille société
chinoise défendant ses positions et les propaga-

teurs et adeptes des idées nouvelles sapant l'ancien régime.

La liberté d'évangéliser date de l'édit de Tao-Kouang de 1846, rendu à la demande du plénipotentiaire français M. de Lagrené, du traité franco-chinois de 1858 et des édits de 1862, dus à l'insistance de M. de Bourboulon, le premier ministre de France à Pékin. Ces édits effacent les précédents édits qui prononçaient la peine de mort contre tout étranger ou chinois pratiquant ou enseignant la religion chrétienne dans l'empire.

La France avait eu l'initiative de ces mesures libérales; ses nationaux étaient alors, comme ils l'ont toujours été depuis, les plus nombreux parmi les missionnaires catholiques. Généreusement et sans réserve, elle étendit le bénéfice de ces franchises et de ces droits aux missionnaires de toute nationalité, sans représentants officiels à Pékin. Telle a été l'origine du protectorat religieux français en Chine. Cette institution fut et a toujours été un don gratuit de notre protection; c'est donc une erreur de la considérer comme un mandat qui nous aurait été confié et dont nous aurions, en quelque sorte, à rendre compte. La France protège les missionnaires qui le lui demandent sans les y forcer ni exiger en retour qu'ils aliènent leur indépendance. En ce faisant, elle assume une res-

ponsabilité qui peut entraîner de graves conséquences, mais la plupart des missions comprennent
leur devoir et leur intérêt et n'usent de cette lati-
tude qu'avec tact et mesure.

Le récit de ce protectorat constitue le chapitre
le plus important de l'histoire de notre initiative
individuelle et de notre diplomatie en Chine. De
1846 à 1897 la lutte fut en quelque sorte localisée
entre les deux adversaires au champ du combat,
le protecteur intervenant pour aider son protégé à
se défendre, mais ne se substituant pas à lui. Une
pression ferme et prudente finissait presque toujours par triompher des résistances des mandarins
et par amener le gouvernement chinois à réprimer
les excès d'hostilité contre les missions. En même
temps la France obtenait peu à peu des édits fixant
la situation légale des chrétientés et constituant
leur statut. Du tact, de la souplesse et de la modé-
ration corrigeaient ce que cette intervention dans
des questions aussi irritantes avait de pénible
pour la Chine. Un *modus vivendi* satisfaisant pour
les trois parties s'établissait et, avec le temps, ac-
quérait la force de la tradition plus puissante en
Chine que toute autre.

Vers 1882 quelques prêtres allemands vinrent
s'installer dans le vicariat des franciscains italiens
au Chan toung, et trois ans après un décret de la

Propagande leur attribua une partie de cette cir-
conscription ecclésiastique sous la direction de
Mgr Anzer. Comme toutes les missions catholiques
celle-ci s'était placée *de motu proprio* sous le patro-
nage de la France ; mais l'Allemagne ayant reven-
diqué d'une façon pressante l'exercice de son droit
de protection sur ses nationaux, Mgr Anzer obéit.
A cette époque, ce prélat projetait d'implanter le
christianisme à Yen tchéou fou, ville importante
de son vicariat, représentée comme la patrie de
Confucius. L'entreprise pouvait séduire un apôtre,
mais risquait d'irriter profondément le fanatisme
de la population et de provoquer des excès dont
souffriraient les œuvres de la mission. Malgré tout
elle fut mise à exécution, et, en septembre 1896,
trois religieux allemands se fixaient à Yen tchéou
fou. La population, très surexcitée, fut difficilement contenue pendant une année, mais en novembre 1897 une émeute éclatait, deux missionnaires étaient massacrés, le troisième s'échappait.
Cette fois l'intervention du protecteur, l'Allemagne, se produisit sans ménagement et d'une
façon nouvelle, par la prise de possession de la
baie de Kiaotchéou, bien que le gouverneur de la
province et six fonctionnaires aient été révoqués.

La prise de Kiaotchéou, le 15 novembre 1897,
accomplie sans coup férir, avait surpris les puis-

sances étrangères ; succédant aux victoires des
Japonais en 1894-95, elle accrédita l'opinion que la
Chine avait perdu toute force et toute énergie,
qu'elle appartenait d'avance à qui voudrait la prendre, était résignée à toutes les exigences, qu'elle
était en un mot *res nullius*. Le 18 décembre, la
Russie s'emparait de Port-Arthur ; le 4 avril 1898,
l'Angleterre obtenait Wei-hai-Wei, puis, le 9 juin,
un agrandissement de territoire en face de Hong-
Kong, sur le continent ; enfin, le 13 mars de la
même année, Kouang-tchéou-Ouan était cédé à la
France. Dans ce laps de temps les mêmes puissances exigeaient des concessions de chemins de fer,
de mines et d'emprunts, l'ouverture de toutes les
voies fluviales, etc. Et la Chine signait docilement
tout ce qu'on lui présentait. Bien mieux, avouant
sa faiblesse, elle consentait à s'interdire, par conven-
tion avec les puissances, de disposer à sa guise de
telle ou telle province. Il n'y eut plus dès lors aucun frein aux convoitises. Politiciens, publicistes,
financiers, ingénieurs découpèrent la carte de
l'Empire du Milieu en zones d'influence savamment
combinées, se partagèrent les mines et, à grands
coups de crayon sur la carte, tracèrent un réseau
compliqué de voies ferrées. On parlait librement
du partage de la Chine, ce qui attirait à un diplo-
mate la réponse suivante d'un mandarin : « Excel-

lence, le difficile n'est pas de nous manger, mais de nous digérer. » A Pékin, les représentants des puissances ne vivaient plus; poussés par les chercheurs de concessions qu'appuyaient de solides recommandations, ils s'épiaient entre eux et, sous prétexte de tenir la balance égale dans l'attribution des privilèges, harcelaient le Tsong-li-Yamen de demandes.

Le gouvernement chinois résistait quelquefois, mais finissait par céder devant les menaces. Cependant il observait les rivalités et les jalousies des étrangers, s'en servait au besoin pour se dérober ou susciter des incidents internationaux qui lui laissaient quelque répit. Il constatait l'état de division des puissances et en profitait.

Des événements symptomatiques survenaient en province. Les sociétés secrètes s'agitaient et manifestaient une grande activité. Des menaces étaient proférées contre les étrangers, et les Chinois chrétiens, considérés eux aussi comme des étrangers, étaient maltraités ou massacrés. Avec eux tombaient des missionnaires catholiques perdus dans les localités écartées, le père Fleury au Szetchouen, le père Delbrouck au Houpé, le père Chanès au Kouangtoung. La Chine, incapable de repousser les puissances, se vengeait sur les étrangers isolés sans défense dans l'intérieur et sur leurs disciples. Un fait à noter, toutefois, car il fut plus tard la cause d'une erreur de jugement, ces attaques avaient lieu toujours loin des grandes villes et épargnaient tous les étrangers qui savaient se mettre à temps sous la protection de hautes autorités. En apparence, tout au moins, le gouvernement n'était pas de connivence ; il ne prenait pas de mesures préventives, mais à force d'insistance les légations l'obligeaient à sévir.

Au Chantoung les troubles s'étaient produits tout d'abord dans le vicariat allemand et avaient pris un caractère antiallemand. Peu à peu ils débordèrent sur le reste de la province Les légations de France, d'Allemagne, d'Angleterre et des États-Unis, qui avaient d'abord protesté isolément, s'unirent et agirent de concert. Le gouverneur du Chantoung, Yu-Hsien, accusé d'avoir fomenté et encouragé le mouvement, fut destitué ; un édit contre les agitateurs, les Longs-Couteaux d'abord, les Boxeurs ensuite, fut promulgué. Mais ces satisfactions n'étaient accordées aux puissances que pour la forme : Yu-Hsien reçut des honneurs officiels à son arrivée à Pékin, et les termes de l'édit étaient plutôt un encouragement qu'un blâme à l'adresse des Boxeurs. L'audace de ces derniers s'accrut : ils commencèrent à envahir le Tcheli méridional.

Il devenait peu douteux que des protecteurs haut placés à la cour encourageaient la secte, et divers indices attribuaient ce rôle au prince Touan, père de l'héritier présomptif.

Le jour où la Chine avait dû céder aux étrangers, deux partis s'étaient formés, l'un conscient de la faiblesse de l'empire et de sa décadence, reconnaissant la nécessité de traiter et penchant pour la conciliation ; l'autre aveuglé par l'orgueil et la haine de l'étranger, ignorant les leçons de l'histoire, intransigeant et poussant le gouvernement à la résistance la plus folle. Ces dissidences, qui apparurent dès 1842, s'accentuèrent après chaque intervention étrangère et à mesure que les Chinois prenaient contact avec la civilisation occidentale. Les revers de la guerre sino-japonaise, les prises de possession de territoires accomplis successivement par les principales puissances, les concessions industrielles, les réformes commerciales arrachées au gouvernement chinois, accentuèrent la division entre les deux partis, le premier arguant de tous ces événements pour proclamer l'urgence des réformes, seul moyen de sauver l'empire de la ruine ; le second déclarant que toute concession était une faiblesse, toute réforme une atteinte aux lois fondamentales de l'empire, et accusant en conséquence leurs adversaires de pactiser avec l'ennemi, l'étranger.

Il est très difficile de se former une idée exacte
de la composition de ces deux partis. On en connaît
bien les tendances générales, mais on en ignore
tous les fils, car le monde où ils se meuvent est à
peu près fermé aux étrangers.

Quelques hauts mandarins comme le prince
K'ing, Li-Hong-Tchang, Tchang-Che-Tong, ayant
l'expérience des étrangers, sont disposés à leur
faire des concessions, quitte à tenter de regagner
le terrain perdu à la première occasion, et préconisent de vagues réformes. Ils ont l'autorité pour
être écoutés et obéis, mais ils ignorent ou connaissent mal la civilisation occidentale dont ils prétendent s'inspirer. A côté d'eux, un groupe de
jeunes hommes, la plupart élèves des missionnaires, prêchent les idées nouvelles et prétendent
les appliquer en bloc et sous leur forme étrangère. Ces révolutionnaires, dont un des plus célèbres
est Kang-Yiu-Wé, animés d'intentions généreuses,
il est vrai, rêvent d'une transformation radicale
d'après les derniers principes des sociétés modernes, dont le premier effet serait sans doute
de jeter le pays dans une anarchie profonde.
Capables de tout détruire, ils seraient fort embar-
rassés pour édifier, n'ayant ni crédit ni expérience
pratique. Avec ces hauts fonctionnaires conci-
liants et réformateurs, mais cependant défenseurs

de l'ordre établi, et ces jeunes révolutionnaires prêts à toutes les aventures, il est impossible de constituer un parti solide et influent.

La réaction, au contraire, groupe dans un sentiment unanime de haine contre l'étranger l'immense majorité des lettrés et des mandarins, tous ceux qui profitent des vices de la vieille société chinoise et par conséquent s'opposent à tout changement, tous ceux encore qu'aveuglent l'orgueil de la race, l'ignorance ou le fanatisme. Il s'y mêle aussi des adversaires de la dynastie, trop heureux de mettre les Mandchoux dans l'embarras pour les discréditer aux yeux du peuple. Plusieurs princes de la famille impériale, dont le prince Touan, en sont les chefs.

L'empereur, usé par de précoces débauches, n'est qu'un jouet entre les mains de ses conseillers. Cet homme de vingt-six ans qui paraît n'en avoir que quinze, et porte les signes irrécusables d'une déchéance profonde, est incapable d'agir par lui-même. Kang-Yiu-Wéi et ses amis réussirent à l'entretenir de leurs idées et à prendre sur lui un ascendant dont ils profitèrent pour tenter une réforme complète de la Chine. Du 10 juin au 20 septembre, la *Gazette de Pékin* publia un nombre considérable d'édits impériaux réformant l'enseignement et les examens des lettrés, traitant de la liberté religieuse et des rapports de la Chine avec les étrangers. En même temps les réactionnaires étaient visés et l'impératrice douairière elle-même menacée. Mais cette femme énergique n'était pas résignée à se laisser abattre. Prévenant le coup qui lui était destiné, elle s'emparait de l'empereur avec l'aide des chefs de la réaction, l'enfermait dans un pavillon du palais et le forçait à signer une sorte d'acte de déchéance par lequel il se remettait sous la tutelle de la terrible douairière, nommée à cet effet régente de l'empire. En possession du pouvoir, la vieille impératrice frappe de coups redoublés les réformistes et leurs complices, annule tous les décrets révolutionnaires de la période des « cent jours », et complète son œuvre en contraignant l'empereur, reconnu incapable d'avoir un fils, à prendre comme héritier présomptif Pou-Tchun, fils du prince Touan, le plus fanatique des réactionnaires.

Le coup manqué de Kang-Yiu-Wéi, les protestations que soulèvent en Chine, en Europe et en Amérique, la répression sanglante de cette tentative de réforme, la mise en tutelle de l'empereur et la désignation de Pou-Tchun, mettent le comble à la haine des réactionnaires contre les étrangers. Dès ce moment sans doute, ils méditent de les jeter hors de la Chine. Les succès du petit peuple boër contre les Anglais, la résistance prolongée des Philippins contre les Américains, des achats considérables de matériel de guerre moderne, les rivalités des puissances, concourent à affirmer la cour dans son dessein et augmentent son audace. Dès le commencement de 1900 son attitude à l'égard des Boxeurs du Chantoung et du Tcheli, les honneurs qu'elle décerne à Yu-Hsien, les refus qu'elle oppose aux demandes des ministres, permettent de supposer qu'elle est de connivence avec cette société secrète. Cependant, dans le courant d'avril, un temps d'arrêt se produit dans la marche envahissante des Boxeurs; et les ministres étrangers, qui protestent depuis des mois et déjà menacent, peuvent croire qu'ils ont réussi à influencer le gouvernement impérial. Au Chantoung, les dommages causés aux missions sont réparés ou en voie d'arrangement; au Tcheli méridional il en est de même.

Telle est la situation à la fin d'avril. La sécurité paraît si complète pour les Européens que, suivant l'habitude, le personnel des légations fait ses préparatifs de départ pour passer l'été soit à la mer, soit au Japon.

CHAPITRE II

20 mai. — Subitement dans la dernière quinzaine de mai, le mouvement boxeur s'est aggravé, particulièrement dans la région de Pao-Ting-Fou à 80 milles au sud de la capitale, sur le parcours du chemin de fer de Pékin à Han-Kéou.

Devant l'attitude équivoque du Tsong-li-Yamen, le ministre de France a convoqué ses collègues pour aujourd'hui, et leur a proposé d'agir collectivement auprès du gouvernement chinois, pour le mettre en demeure de rétablir l'ordre. Une lettre est écrite dans ce sens au Tsong-li-Yamen. M. Pichon pense également qu'il est temps de débarquer des matelots des escadres pour la garde des légations, mais son avis n'est pas partagé.

Cette divergence d'opinions tient aux sources d'information de chaque légation. La nôtre, chargée des intérêts des missions catholiques, est influencée par les rapports des missionnaires dispersés dans les campagnes, et par conséquent en

contact plus intime avec les indigènes. Mgr Favier,
revenu de France, il y a un mois, plein de confiance
dans l'avenir, est passé de l'optimisme le plus
enthousiaste au pessimisme le plus noir.

Les autres légations n'ayant pas d'informateurs
sur le théâtre des événements et n'étant pas inté-
ressées directement, se montrent quelque peu
sceptiques. A la rigueur, elles admettent l'éventualité d'une persécution religieuse. Mais n'y en a-t-il
pas eu en tout temps et partout en Chine? C'est là
un mal chronique qu'on est impuissant à enrayer,
et que l'intervention étrangère risque au contraire
d'aggraver. Mieux vaut user d'une pression morale
énergique comme on l'a toujours fait en pareille
circonstance. La patience et la fermeté finiront par
triompher de l'apathie et de la mauvaise volonté
des mandarins. On l'a bien vu lors des persécutions du Houpé, du Kouang-Toung, du Sze-
Tchouen, en 1898; du Kiang-Si et du Chantoung,
en 1899.

Tel est le sens des propos qui se tiennent. Très
rares sont les personnes qui pensent différemment.
Une pareille erreur de jugement paraîtra inconce-
vable à ceux qui n'ont pas habité la Chine et n'ont
pas été en contact avec les indigènes. Elle s'explique cependant lorsqu'on connaît les conditions
des relations entre étrangers et Chinois, et qu'on a

pu mesurer la largeur de l'abîme qui sépare ces
deux éléments. Les sinologues les plus expéri-
mentés, les résidants les plus anciens, lorsqu'ils
sont poussés à bout, doivent avouer qu'ils ne
connaissent du pays que la surface.

21 mai. — Les Boxeurs sont déjà très nombreux
à Pékin; il y en aurait plusieurs milliers. Ils ont
d'abord envahi les environs par petits groupes,
puis la ville chinoise, enfin la ville tartare. On en
voit partout. La mission catholique sait qu'elle en
emploie comme ouvriers, mais n'ose les renvoyer,
de peur de représailles.

Les murs sont couverts de leurs affiches; ils
distribuent des placards, prêchent le massacre
des étrangers, la destruction de toutes les missions
religieuses. Ils ne prennent plus la peine de se
cacher et circulent avec leurs insignes : fichu rouge
noué sur la tête, avec le caractère « Fou » (bonheur) sur le front, une sorte d'écusson rouge sur
la poitrine, les poignets et les chevilles cerclés de
cordons rouges; ils arborent des drapeaux avec
cette inscription : « Nous combattons sur l'ordre
de l'empereur et pour le salut de la dynastie. »
Les placards annoncent le massacre prochain des
« diables de l'Ouest ».

Ceux qui prétendaient que les Boxeurs étaient
une société de gymnastique ou d'escrime absolu-

2

ment inoffensive doivent convenir qu'ils sont dans
l'erreur; en réalité, c'est une société secrète, composée d'illuminés, de convulsionnaires, de fanatiques, constituée sur le modèle de celle du « Nénufar blanc », « Pélien Kiao », condamnée jadis
par l'empereur Kiaking, et vivifiée par l'esprit de
haine contre les étrangers.

L'initiation consiste à se mettre dans un état
d'exaltation nerveuse qui supprime la sensation de
la douleur et la conscience du danger; des cris
assourdissants, des contorsions extraordinaires,
une escrime désordonnée de la lance et du sabre
amènent ce résultat. Les exercices ont lieu en plein
jour ou pendant la nuit, au milieu d'une foule que
ce spectacle met en délire. On agit en outre sur
l'imagination en employant des charmes, des incantations, des pratiques superstitieuses. Il se produit
alors des phénomènes de suggestion analogues à
ceux observés ailleurs parmi des convulsionnaires
ou des illuminés : la sensibilité est éteinte, on se
frappe à coups de sabre et l'on frappe les autres
avec frénésie. Les jeunes gens, les jeunes lettrés,
plus impressionnables, sont les plus aptes à con-
tracter cet état de perturbation nerveuse. On cite
le cas d'un sectaire proclamé chef dans les premiers
jours d'avril et qui, au cours d'une de ces séances
publiques, fit couper sa fille en morceaux; après

la crise nerveuse, il eut conscience de son crime, et se suicida.

Afin d'impressionner la foule, les initiés se prétendent invulnérables, et, pour démontrer leur mépris des armes européennes, chargent des compères de tirer sur eux des coups de fusil chargés à blanc; ils tombent alors comme touchés, mais aussitôt se relèvent, tenant à la main le projectile qu'ils avaient dissimulé dans leurs vêtements.

Derrière les dupes fanatisées, il y a les chefs mus par l'espoir du pillage et de la vengeance; il y a tous les pauvres, avides de vivre sans rien faire, tous les « sans travail » que la sécheresse persistante de cette année réduit à l'inaction et à la misère; il y a les riches, les lettrés désireux de satisfaire leur haine contre l'étranger et les chrétiens, ou craignant d'être pillés s'ils ne pactisent pas avec les Boxeurs. — La haine de l'étranger et de tout ce qui en vient est l'idée fixe de ces monomanes.

Conséquents avec leurs principes, les Boxeurs convaincus rejettent l'emploi des armes à feu et préfèrent le sabre, qui nécessite des mouvements favorables à l'ébranlement nerveux. Mais les pillards et les brigands qui les accompagnent se servent de fusils.

Dans les attaques, les fanatiques marchent en tête, confiants dans leur invulnérabilité et dans le pouvoir de leurs incantations; les voleurs et les assassins suivent derrière.

On évalue à cent mille environ le nombre des Boxeurs dans la province du Tcheli. A lui seul et en dépit de l'armement défectueux de ces fanatiques, ce nombre représente une force considérable avec laquelle il faudrait compter si le mouvement se déchaînait sur Tien-Tsin et Pékin. Ce serait alors une sorte de guerre sainte populaire contre l'étranger que les puissances vaincraient très difficilement.

L'amiral Courrejolles, chef de la division navale française de l'Extrême-Orient, est arrivé ce matin à Pékin avec plusieurs officiers de son état-major. Il vient rendre visite à M. Pichon et voir la capitale. Chacun s'ingénie à rendre le séjour à Pékin agréable à nos marins; on organisera des excursions aux temples des environs et à la « Grande Muraille ».

22 mai. — Les avis sont toujours partagés sur les Boxeurs; pour être exact, la légation de France est seule à redouter un danger. Cela lui vaut quelques railleries; pour un peu on l'accuserait d'avoir inventé les Boxeurs. Si cependant les puissances avaient fait une démarche collective au

mois de février, comme l'avait suggéré M. Pichon, elles eussent peut-être réussi à enrayer ce mouvement avant qu'il eût pris des proportions aussi vastes. Plus on attendra, et moins on sera écouté des Chinois, parfaitement au courant du désaccord des puissances.

Mgr Favier, tout à fait effrayé, insiste auprès du ministre de France pour qu'il fasse venir une escorte; mais celui-ci ne peut agir isolément, et ses collègues repoussent toute idée d'envoi de marins à Pékin. Le baron de Ketteler voudrait forcer l'impératrice à s'éloigner du pouvoir, et suggère de faire une démonstration navale internationale à Tchéfou ou à Shan-haï-Kouan ; on ne l'écoute pas. Les vétérans de la colonie étrangère de Pékin, forts de leur longue expérience, garantissent que jamais l'impératrice ne permettra de toucher aux membres du corps diplomatique.

D'autres, peu nombreux, il est vrai, ont reçu des confidences qui ne laissent pas d'être alarmantes. Un professeur de l'université de Pékin, autrefois instructeur des troupes du général Yuan-Che-Kaï, entretenait des relations d'amitié avec un jeune Chinois occupant un poste de confiance auprès d'un des grands mandarins de la capitale. Remarquant dernièrement que son ami espaçait ses visites, il en demanda la raison, et celui-ci avoua qu'il savait de source certaine qu'on allait massacrer tous les étrangers et les Chinois csuspects de sympathies pour eux. Il s'excusa don d'interrompre ses relations et engagea vivement le professeur à s'éloigner de la capitale.

Un médecin de la même université a reçu les mêmes conseils de la part d'un de ses clients indigènes, qui, dès le commencement de mai, l'a poussé à renvoyer sa femme et sa fille. Une princesse chinoise lui a fait parvenir à différentes reprises un avis semblable.

Les interprètes des légations, dont on aimerait à connaître l'opinion, ne savent rien de particulier. Ils sont, du reste, assez mal renseignés sur ce qui se passe chez les indigènes ; linguistes distingués et traducteurs très sûrs, la plupart n'entretiennent aucun rapport avec les Chinois et répugnent à l'idée de se mêler à eux. Ils ne connaissent ce qui se passe en ville que par leurs lettrés ou par les rares agents d'information que quelques légations entretiennent.

23 mai. — Rien de particulier.

24 mai. — A Cha-la-Eul, un des établissements de la mission catholique situé dans un faubourg de l'ouest de Pékin, des individus ont pénétré dans l'église pendant les vêpres et ont crié : « Chà! Chà! » (A mort! A mort!)

Une panique épouvantable s'est produite ; les chrétiens se sont enfuis ; le bruit a couru que les sœurs allaient être massacrées, et les malheureuses femmes, très effrayées, ont passé la nuit en prière dans la chapelle.

25 mai. — Le Tsong li Yamen répond à la communication du corps diplomatique. Encore une fois il se dérobe. Le plus curieux, c'est que les ministres ne sont pas encore lassés de menacer en vain. Les Chinois, persuadés qu'il en sera toujours ainsi, recommencent le même jeu. Le docteur Matignon, médecin de la légation de France, est allé à Cha-la-Eul aujourd'hui. Depuis quelques jours, il traverse ainsi une grande partie de la ville sans remarquer rien de suspect, ni entendre aucune injure. Les sœurs, encore très émues, lui ont appris que le préfet de Pékin était venu lui-même les rassurer et placer à leur porte une garde composée d'hommes de confiance.

26 mai. — L'amiral Courrejolles quitte Pékin ce soir ; ses officiers ont été à la « Grande Muraille » et ont circulé dans la campagne pendant trois jours sans aucun incident. Ils ont été reçus un peu partout dans les légations et paraissent satisfaits de leur séjour. Par exemple, le contraste entre l'insouciance de notre petite communauté et les rumeurs de massacres prochains les a beaucoup surpris. Ils en concluent que le Boxeur est un mythe.

Cependant, ce matin encore, une affiche a été apposée sur la porte principale de la ville tartare, Tsien men, pour annoncer que les étrangers seraient massacrés ce soir. Un des élèves interprètes de la légation de France, M. Véroudart, a été en prendre copie au milieu de la foule sans être inquiété. Des personnes qui circulent beaucoup pour étudier l'esprit de la population constatent que les rues et la foule ont leur physionomie habituelle.

On ne sait que conclure de tous ces indices contradictoires. Par mesure de précaution et pour tranquilliser les personnes craintives, on organise des rondes dans les légations et l'on surveille les Chinois dans le quartier.

Le corps diplomatique se réunit de nouveau et, pour la seconde fois, exige du gouvernement chinois des mesures de répression immédiates.

27 mai. — Rien à signaler.

28 mai. — Le Tsong li Yamen a cédé : il annonce ce matin qu'il a pris les dispositions qu'on lui demandait. Il semble craindre qu'on ne débarque des troupes, ce qui serait à ses yeux une humiliation profonde pour le gouvernement impérial.

La bonne impression causée par cette attitude n'a pas duré : cet après-midi arrivent de très

mauvaises nouvelles de Pao-Ting-Fou et du chemin de fer.

On apprend que plusieurs stations sont détruites.
Un Français engagé au service du chemin de fer
Pékin-Hankéou, débarqué de France récemment,
et gagnant Chang-Hsing-Tien, l'établissement central de la Compagnie, a été le héros d'une aventure invraisemblable. Descendu à la bifurcation
de Fengtai pour prendre le train de Pao-Ting-
Fou, il apprend que la voie est coupée ; pendant ce temps le train qui l'a amené de Tien-
Tsin part pour Pékin. Il est sur le quai, seul
Européen, au milieu d'une foule chinoise très
surexcitée. On l'entoure, on le presse, la malveil-
lance est évidente, on va lui faire un mauvais
parti. Notre compatriote, originaire du Midi, tente
de se dégager, mais en vain. Se voyant perdu, il
apostrophe violemment la foule et joint à la parole
une mimique expressive. Les Chinois s'arrêtent
surpris ; mais la fatigue gagnant l'orateur, le dis-
cours touche à sa fin et le charme va se rompre,
lorsqu'un grand gaillard, qui a contemplé la scène
avec attention, s'approche vivement du Français,
le tire de la foule, le conduit à un endroit où sta-
tionnent des ânes, le met sur un baudet et d'un
geste lui ordonne de filer à Pékin. Deux heures
après notre compatriote arrivait à la légation de

France, où son histoire fait sensation. On se perd
en conjectures sur le mobile de ce Chinois. L'exu-
bérance de notre Méridional ne l'a-t-elle pas fait
passer pour un Boxeur étranger?

Les mauvaises nouvelles de Pao-Ting-Fou se
confirment; la gare de Fengtai est brûlée à la fin
de cet après-midi.

Le corps diplomatique se décide enfin à appeler
en toute hâte des détachements de marins; les
télégrammes partent ce soir. Passeront-ils?

29 mai. — Ce matin quelques personnes sont
allées à Chang-Hsing-Tien, à vingt-cinq kilomètres de Pékin, au secours du personnel de
l'exploitation qu'assiègent les Boxeurs. — Parties
de grand matin, elles trouvent tous les employés
réfugiés depuis trois jours avec leurs femmes et
leurs enfants dans la maison du directeur. La gare
est brûlée, mais les Boxeurs n'ont pas encore
touché aux maisons d'habitation.

Une caravane est organisée immédiatement et
mise en route; il y a treize hommes, neuf femmes
et sept enfants. A peine s'est-elle éloignée que des
réguliers se précipitent sur les maisons et les
ateliers, et les incendient. Le magistrat de Lou-
Kou-Kiao, petite ville du voisinage, donne des
charrettes aux fugitifs.

30 mai. — Le Tsong li Yamen tente de retarder

le débarquement des escortes. Les ministres à Pékin et les consuls à Tien-Tsin doivent menacer d'employer la force pour obtenir que les trains soient mis à la disposition des marins.

31 mai. — Les détachements débarqués ce matin à Tankou arrivent ce soir à Pékin. Il y a soixante-quinze Français, soixante-quinze Russes, soixante-quinze Anglais, cinquante Américains, quarante Italiens et vingt-deux Japonais.

1er juin. — Le comte du Chaylard amène lui-même à Pékin les cartouches et les bagages du détachement français qui n'avaient pu être embarqués hier. Le vice-roi a voulu s'opposer au départ, mais notre consul général a déclaré qu'il prendrait le train au besoin par la force; l'autorisation a aussitôt été donnée. Le train ordinaire étant parti, le comte du Chaylard a exigé qu'on fît chauffer un train spécial dans lequel il est monté; à la gare de Makia-Pou, il a lui-même fait charger les bagages et munitions sur des charrettes qu'il a conduites aux légations.

2 juin. — Un télégramme de Tien-Tsin annonce que le personnel français de Pao-Ting-Fou a évacué cette ville. On craint qu'il ne soit attaqué par les Boxeurs. Le comte du Chaylard retourne immédiatement à son poste.

3 juin. — Cinquante marins allemands et trente

autrichiens arrivent à Pékin. Toutes les légations
sont gardées. Trente marins français ont été déta-
chés au Peitang avec dix italiens ; dix marins
français occupent le Nantang.

4 juin. — Un missionnaire anglais est tué, un
autre fait prisonnier aux environs de la capitale.
La voie ferrée de Pékin à Tien-Tsin est coupée
pour la seconde fois. Les communications avec la
capitale sont interrompues. Le télégraphe seul
fonctionne encore. Sur l'initiative de M. Pichon, le
corps diplomatique décide que les représentants
des puissances qui ont des escadres dans les mers
de Chine demanderont à leurs gouvernements de
remettre aux amiraux le soin de prendre toutes
les décisions que comportera la situation et de
délivrer éventuellement Pékin.

CHAPITRE III

A TIEN-TSIN AVANT LE BOMBARDEMENT

30 mai. — A Tien-Tsin, comme à Pékin, l'optimisme a régné longtemps. Il n'y avait guère que les missions à s'inquiéter, et encore s'étaient-elles rassurées vers la fin d'avril, après avoir obtenu quelques réparations et constaté chez le vice-roi du Tcheli la ferme intention de réprimer les désordres. Au commencement de mai chacun ne pensait plus qu'à fuir la chaleur sur une plage quelconque. Les globe-trotters apparaissaient, accomplissaient l'excursion habituelle de Pékin et de la Grande Muraille, et, malgré les troubles signalés de côté et d'autre, personne ne songeait à les dissuader de continuer leur voyage.

Brusquement, après quelques bruits avant-coureurs on a appris aujourd'hui l'attaque de Chang-Hsing-Tien et l'incendie de gares.

La surprise est telle que tout d'abord on refuse de croire à la réalité de ces événements.

31 mai. — Les escortes des légations sont par-

ties ce matin en chemin de fer. On craint que la
voie ne soit détruite d'un moment à l'autre. Ici la
ville chinoise est en ébullution, les Boxeurs se
montrent partout et profèrent des menaces contre
les Européens. Tout Chinois suspect d'être au
service des étrangers ou d'avoir pour eux quelque sympathie est arrêté, battu et quelquefois
tué.

Les autorités locales sont impuissantes, le sous-
préfet de la ville déclare que le vice-roi a reçu
l'ordre de l'impératrice de ne pas agir contre les
Boxeurs. Les concessions étrangères se mettent
en état de défense, arment des volontaires et
organisent des rondes de nuit. Le corps consulaire adresse au vice-roi la déclaration suivante :
« En présence des menaces d'attaque imminente
contre les concessions par les rebelles, et de l'inaction du gouvernement chinois, les consuls déclarent que leurs gouvernements se préparent à les
repousser par la force et rendront les autorités
chinoises responsables des conséquences de ces
mesures. »

2 juin. — A midi un groupe d'Européens, des
Français, des Belges principalement, employés au
chemin de fer de Pékin-Hankéou, arrivent de Pao-
Ting-Fou dans un état pitoyable. Les malheureux
ont été surpris par la destruction de la voie accom-

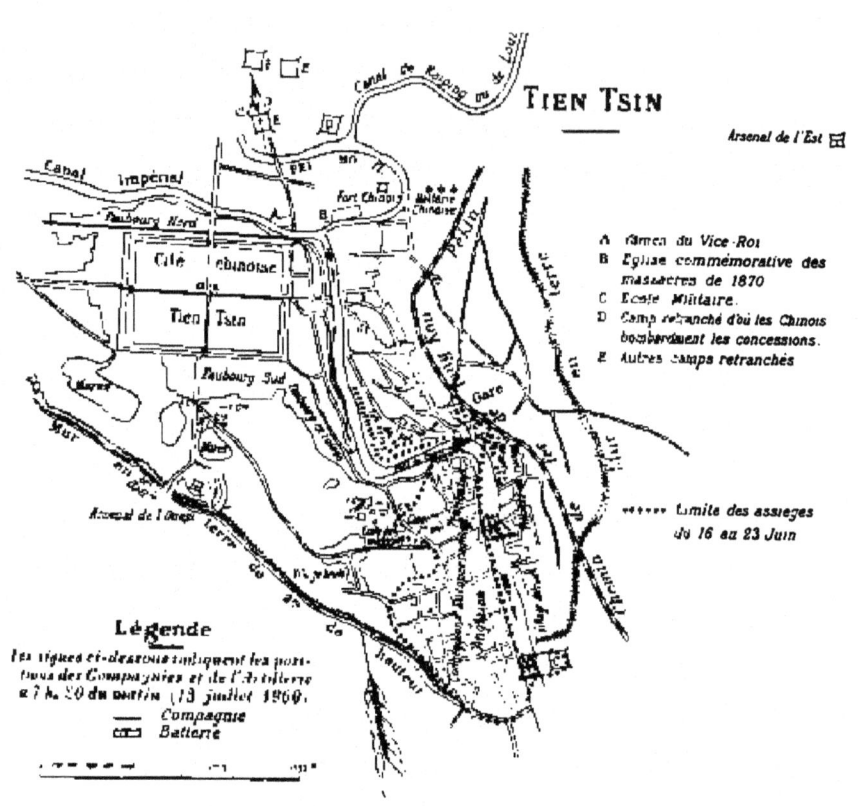

Tien Tsin

Arsenal de l'Est ⊞

A. *Yamen du Vice-Roi*
B. *Eglise commémorative des massacres de 1870*
C. *Ecole Militaire*
D. *Camp retranché d'où les Chinois bombardaient les concessions.*
E. *Autres camps retranchés*

••••• *limite des assiégés du 16 au 23 Juin*

Légende

Les lignes ci-dessous indiquent les positions des Compagnies et de l'Artillerie à 7 h. 30 du matin (13 juillet 1900).

——— *Compagnie*
⊡ *Batterie*

plie par les Boxeurs. Plusieurs d'entre eux, venus à Pao-Ting-Fou quelques jours auparavant pour assister à l'inauguration d'un nouveau tronçon, tentèrent de rejoindre Pékin en réparant la ligne, et ce fut seulement après avoir constaté leur impuissance et s'être assurés de l'imminence du danger qui les menaçait qu'ils prirent le parti de se réfugier à Tien-Tsin.

Au nombre de quarante et un, dont sept femmes et un enfant (une femme était enceinte), ils quittèrent Pao-Ting-Fou dans douze barques, le 29 mai. Le voyage se fit d'abord sans incident; mais le 31 au matin la flottille fut entourée par les Boxeurs; les soldats d'escorte s'enfuirent aussitôt, ainsi que les mariniers. Attaqués de tous les côtés à la fois, ne pouvant faire avancer leurs embarcations, les fugitifs débarquèrent en livrant un combat où ils eurent six blessés. Les Boxeurs, intimidés par cette résistance, reculèrent, et la petite troupe d'Européens put gagner la campagne et se cacher dans les champs. Malheureusement dans la bagarre trois hommes et une femme avaient disparu.

Il fallait s'éloigner au plus vite, sous peine d'être entourés par des forces supérieures; à midi la petite troupe livrait un nouveau combat, puis se reposait dans un marais. Elle repartait dans la nuit Le 1ᵉʳ juin, elle repoussait six attaques et s'emparait de deux drapeaux de Boxeurs. Après une nouvelle halte dans un marais pendant la nuit, elle continuait son chemin. Mais une scission se produisait, quelques-uns voulant presser l'allure, d'autres refusant d'abandonner les femmes et les blessés, qui ne pouvaient marcher que très lentement. Six hommes partirent en avant, et le reste se mit en route plus tard. Ceux-ci repoussèrent encore une attaque de Boxeurs, au cours de laquelle un de leurs compagnons disparut, et réussirent enfin à s'emparer de quelques jonques avec lesquelles ils parvinrent à Tien-Tsin.

Aux premières nouvelles de cette retraite, arrivées ici dans la soirée du 1ᵉʳ juin, on avait aussitôt organisé des secours. Vingt-cinq Cosaques de la garde du consulat de Russie étaient partis avec un officier d'infanterie russe, le lieutenant Blomvsky; mais après avoir exploré la campagne à une grande distance ils avaient été contraints de rentrer, ayant dû se frayer un chemin à travers les bandes considérables de Boxeurs qui leur avaient blessé deux hommes.

En même temps un groupe de volontaires de treize Français, deux Belges, trois Allemands sous le commandement du comte de Marcé, officier français de réserve, de passage à Tien-Tsin, se lançait dans une autre direction et devait revenir

LE CONSULAT DE FRANCE A TIEN-TSIN

PREMIER DÉBARQUEMENT DES COSAQUES A TIEN-TSIN

coupée, mais détruite au point de la rendre inutilisable pour longtemps, et qu'en conséquence il faut équiper la colonne pour une longue marche par terre. Rien n'y fait, l'amiral Seymour est décidé à partir sans délai et s'embarque ce matin dans deux trains avec mille quatre cent quinze hommes environ de différentes nationalités : six cents Anglais, cent Américains, quarante Italiens, vingt-cinq Autrichiens, cent Français, cinquante Japonais, cinq cents Allemands.

A quatre heures, arrive le capitaine de vaisseau de Marolles, chef de pavillon de l'amiral Courrejolles, qui vient prendre le commandement du corps de débarquement français.

Le comte du Chaylard lui communique un télégramme reçu, le matin même, de M. Pichon, dépeignant la situation comme extrêmement grave, priant l'amiral de débarquer le plus de troupes possible pour les envoyer à Pékin, et recommandant, le cas échéant, de prendre les mêmes décisions que les autres consuls qui enverraient des troupes à Pékin.

11 juin. — Le commandant de Marolles, avec soixante marins français et deux cents Russes, est parti ce matin pour rejoindre l'amiral Seymour. La compagnie du chemin de fer, malgré l'autorisation du vice-roi, ayant fait des difficultés pour fournir une locomotive, on a pris une machine de force, et un mécanicien français échappé de Pao-Ting-Fou, M. Hespel, s'est chargé, malgré ses blessures, de conduire le train.

12 juin. — Reçu des nouvelles de la colonne Seymour. Elle a pu gagner la station de Lo-Fah, au tiers de la route de Pékin. Le pays est calme, la voie gardée par des réguliers qui ne manifestent aucune hostilité. Mais à partir de ce point elle a trouvé la voie complètement détruite. Les réparations prendront donc beaucoup de temps et retarderont la marche de la colonne, qui déjà manque de provisions. Deux trains de secours lui sont expédiés et maintiennent la circulation libre.

13 juin. — Les Russes débarquent à Tien-Tsin un corps de mille sept cents hommes composé d'un régiment, d'une batterie de campagne et d'un peloton de Cosaques. Le bruit court que ces hommes vont rejoindre la colonne Seymour, mais par terre.

14 juin. — Les Russes ont reçu contre-ordre : ils restent à Tien-Tsin et se sont installés sur la concession française, autour du consulat.

Depuis le 10, le télégraphe de Pékin est coupé, et l'on est sans relations avec la colonne Seymour, la ligne étant également interrompue derrière elle. La poste chinoise fonctionne encore avec la capitale par piétons, qui circulent difficilement.

Dans la journée, la nouvelle circule que les bâtiments de la légation d'Angleterre auraient été
brûlés et le personnel de la légation du Japon
massacré. On dit aussi que le ministre d'Allemagne
a été tué.

15 juin. — La nuit dernière, les établissements
des missions protestantes dans la ville chinoise ont
été incendiés. Des Chinois chrétiens sont massacrés
dans les rues ; des Chinois reconnus pour être au
service des Européens sont battus ou tués. Les
Boxeurs entrent dans les boutiques où l'on vend
des objets d'importation étrangère et détruisent
tout.

15 juin. — Le comte du Chaylard, averti que
les Boxeurs tenteraient de brûler le Houan-Houai-
lô, l'église commémorative des massacres de 1870,
bâtie au milieu de la ville chinoise, a prévenu le
vice-roi, qui a déclaré qu'il répondait de tout et que
l'ordre ne serait pas troublé ; deux canonnières
chinoises ont été embossées en face de l'église pour
tirer sur les incendiaires. Le train du soir de Takou
amène un renfort de quatre-vingts marins français
du *Pascal.* Nous étions, ma femme et moi, avec eux.

Partis pour le Japon au commencement de mai,
alors que l'agitation semblait se calmer, nous
avions reçu à Tokio, dans les premiers jours de juin,
des nouvelles inquiétantes qui nous avaient fait

interrompre notre voyage. Le *Pascal* était alors en rade de Yokohama, en partance pour Takou ; son commandant, M. le capitaine de frégate Motet, ayant eu l'obligeance de nous offrir passage, nous pûmes revenir assez rapidement.

Les télégrammes reçus au Japon étaient loin de nous faire prévoir les nouvelles qui nous attendaient à Takou : Pékin assiégé, les marins marchant à son secours, la province en insurrection, les chemins de fer détruits. Les officiers ne cachaient pas que les navires avaient fourni le maximum de secours qu'ils pouvaient donner, et que c'était bien peu de chose en comparaison des forces contre lesquelles il allait falloir lutter. Les étrangers seraient-ils donc jetés à la mer? Tout cela était si soudain, si difficile à réaliser, que je ne pouvais y croire.

Le *Pascal* reçut l'ordre d'envoyer quatre-vingts marins à Tien-Tsin, et nous partîmes avec eux. Le voyage s'effectua sans incident, et même avec un calme qui contrastait avec les bruits alarmants que nous avions recueillis sur rade.

Les forts de l'embouchure du Pei-ho ne présentent rien d'anormal, quelques réguliers dorment comme d'habitude devant les portes ou sur les parapets. Les torpilleurs chinois amarrés dans le Pei-ho paraissent toujours aussi abandonnés de leurs équipages. Tankou est également tranquille, la foule est moins nombreuse, moins bruyante peut-être; mais n'étaient les marins circulant sur les rives du fleuve, sur le quai de la gare, et quelques civils affublés d'équipements guerriers tout battant neufs, on ne remarquerait rien d'anormal.

La police du chemin de fer est peut-être plus nombreuse et plus active. Le chef de gare chinois s'est empressé d'installer nos marins dans un wagon spécial que l'on a accroché au train, et dans le compartiment où nous sommes montés avec les officiers du détachement, des Chinois aisés bavardaient, fumaient et déchiquetaient des graines de pastèque sans paraître le moins du monde préoccupés.

Un peu avant le départ, un train de Tien-Tsin était arrivé avec cinq ou six fourgons de réguliers chinois en uniforme, et le hasard les avait arrêtés à la hauteur du wagon de nos marins sans qu'il en résultât le moindre incident.

Nous n'avons rien remarqué de particulier pendant le voyage, à part des piquets de police gardant les gares. C'est à Tien-Tsin seulement que se fait la réalisation des nouvelles recueillies depuis le débarquement. La gare est en ébullition, une foule de marins, de Cosaques, de civils en armes couvrent les quais; on installe des canons sur des trucs, on

arme des trains. Les concessions étrangères ont
déjà l'aspect d'une ville assiégée. Des barricades se
dressent aux carrefours, le pont est gardé militairement, des patrouilles circulent. Les Chinois sont
rares, la cohue bruyante des coolies de rickshaws
et de brouettes a disparu.

Nous gagnons à pied le consulat de France avec
notre ami le comte du Chaylard, qui est venu à
notre rencontre et nous met au courant de la situation chemin faisant.

Après le dîner nous allons respirer sur la ter-
rasse du toit du consulat. La nuit est calme, les
lumières de la ville chinoise piquent l'obscurité de
points lumineux au milieu desquels on distingue
un grand nombre de lueurs rouges. On nous dit
que ce sont des lanternes de Boxeurs. Tout d'un
coup, vers onze heures, un feu éclate non loin du
yamen du vice-roi et s'étend rapidement, puis un
second incendie se déclare, un troisième, un qua-
trième; bientôt tous les faubourgs indigènes sont
en flammes, et au milieu de cet immense brasier
l'église française témoin des massacres de 1870 se
dresse intacte comme dans une apothéose.

Nous assistons saisis d'horreur à ce spectacle
sinistre, mais la vue de l'église restant debout au
milieu de la dévastation générale nous laisse encore croire que le vice-roi, fidèle à sa promesse,

fait quelques efforts pour lutter contre l'insurrection.

Pendant ce temps les points rouges se sont dé-
placés ; ils forment maintenant deux groupes qui
s'étendent en longues files à droite et à gauche de
la ville chinoise comme pour une immense retraite
aux flambeaux. Avec de bonnes lorgnettes on distingue les lanternes rouges portées à bout de
perches au milieu d'une foule énorme. Peu à peu
le groupe de droite s'est rapproché de la gare, et
tout à coup la fusillade éclate de ce côté. Une estafette apporte un ordre aux Cosaques campés dans
le jardin du consulat : un grand brouhaha se produit, les chevaux sont sellés rapidement, les hommes
sautent dessus, et le peloton part au galop. La
fusillade augmente à la gare, le crépitement régulier d'une mitrailleuse s'y joint, pendant que les
lanternes rouges, toujours plus nombreuses, se
rapprochent en sautillant.

Vers une heure, l'église du Houan-Houai-lô
prend feu à son tour, nous enlevant nos dernières
illusions sur le vice-roi. Cela se fait tout d'un
coup : une grande flamme qui en un clin d'œil
enveloppe le monument consume le toit, et
s'achève dans des tourbillons de fumée et de
flammèches, derrière la tour couronnée de la croix
et encore une fois debout au milieu des ruines. La

rapidité de cet incendie démontre suffisamment qu'il avait été préparé d'avance malgré le vice-roi, ou peut-être avec son consentement.

A la gare le combat s'apaise, les lanternes se sont dispersées.

16 juin. — L'attaque de cette nuit a été très chaude.

Les Boxeurs se sont avancés à une vingtaine de mètres de la gare en masse profonde. Le petit poste de garde a eu toutes les peines du monde à les tenir à distance en attendant les secours. Armés de sabres et de lances, ces fanatiques se précipitaient en avant aux cris de : « Chà ! Chà ! » (Mort ! Mort !) Un moment de défaillance, et la gare était envahie par cette multitude hurlante. Les Cosaques ont dû charger plusieurs fois. Il y a eu de notre côté plusieurs blessés, mais les Boxeurs ont perdu beaucoup de monde, quoiqu'ils n'aient laissé que très peu de cadavres, afin de faire croire à leur invulnérabilité.

La gare est mise en état de défense, et des trains armés sont dirigés vers Pékin et Takou pour surveiller la voie.

Les Boxeurs recommencent leurs attaques cet après-midi à la gare et du côté des concessions françaises. Ils s'avancent en foule, armés de grands sabres et de lances, précédés de chefs qui se livrent à toutes sortes de contorsions. Des enfants, des femmes même sont en tête et se montrent les plus acharnés. Les premiers coups ne réussissent pas à les arrêter; le flot humain monte toujours, ce n'est qu'après les salves répétées qui fauchent des rangs entiers que l'élan est brisé et que la débandade commence.

Cette audace inouïe en Chine est inquiétante pour la nuit, car elle suffirait à cette multitude pour déborder les postes de garde que l'on a installés sur les points dangereux, et pénétrer dans les concessions.

Vers le soir, grâce au téléphone qui fonctionne encore avec Takou, le consul général de France est avisé, comme doyen du corps consulaire, que les amiraux, prévenus que les Chinois arment les forts de l'embouchure du Pei-ho et disposent des torpilles pour fermer l'entrée du fleuve, ont résolu de prendre ces positions, afin de maintenir leurs communications avec la terre. Un ultimatum sera remis simultanément au commandant des forts et au vice-roi de Tien-Tsin; le doyen des consuls est prié de se charger de ce message, qui lui parviendra dans un instant.

A bord du croiseur impérial russe, le 16 juin 1900,
à onze heures du matin.

*Protocole de la réunion tenue sous la présidence de
S. Exc. l'amiral Hildebrand, le plus ancien des officiers présents sur rade.*

« Les puissances alliées, dès le début des troubles,
ont mis sans opposition des détachements à terre
pour protéger leurs concitoyens et le corps diplomatique contre les rebelles connus sous le nom de
« Boxeurs ».

« Tout d'abord les représentants de l'autorité impériale ont paru comprendre leur devoir et fait des
efforts apparents pour le rétablissement de l'ordre,
mais maintenant ils montrent clairement leur sympathie pour les ennemis des étrangers en amenant
des troupes sur les lignes de chemin de fer et en
garnissant de torpilles l'entrée du Pei-ho. Ces actes
prouvent que le gouvernement oublie ses engagements solennels vis-à-vis des étrangers, et comme
les chefs des forces alliées ont l'obligation de rester
en communication constante avec les détachements
à terre, ils ont décidé d'occuper provisoirement de
gré ou de force les forts de Takou. Le dernier délai
pour leur remise aux forces alliées est deux heures
du matin le 17 juin (2 heures a.-m.).

« Ceci sera communiqué au vice-roi du Pe-tcheli et au commandant des forts. »

Signé par l'amiral Hildebrand, doyen des officiers présents sur rade, et par tous les officiers généraux commandants supérieurs des forces navales en rade.

L'ultimatum est porté à minuit au vice-roi par un domestique chinois qui consent à se risquer au milieu des Boxeurs, moyennant une forte paye de deux piastres, environ six francs, et rapporte un accusé de réception.

Les incendies continuent dans la ville chinoise et aux environs.

17 juin. — Le vice-roi répond ce matin que les forts de Takou sont des ouvrages trop importants pour être remis aux marins. Mais c'est bien inutile, puisque ces forts ont été pris cette nuit vers deux heures, dit-on. Les détails manquent, les fils télégraphiques et téléphoniques étant maintenant coupés.

La nouvelle de cet événement est accueillie avec satisfaction par la plupart des étrangers des concessions. On s'est enfin décidé à donner aux Chinois une leçon sévère qui les effrayera et calmera leur surexcitation. Les mandarins, prévenus de ce qui les attend, se décideront sans doute à réprimer énergiquement les fauteurs de désordres. On dit cependant qu'il y a une grande agitation dans la ville chinoise, et que les concessions pourraient être attaquées de nouveau. Un vieux résident de Tien-Tsin, en relations très suivies avec les Chinois, propose de lancer une colonne sur la cité et le yamen du vice-roi, afin de s'en emparer, et de là forcer les mandarins à chasser les Boxeurs. Très sérieusement le projet est examiné, et beaucoup ne le jugent pas impraticable. Mais on se défie de son auteur, parce qu'il a été longtemps au service des Chinois, bien qu'il s'offre à guider la colonne.

Néanmoins, comme il est nécessaire d'adopter un plan de défense après les attaques de ces derniers jours et en prévision de celles qui sont imminentes, le corps consulaire est convoqué pour l'après-midi.

Le consul de France, sans attendre davantage, profite d'un vent favorable pour faire détruire les quartiers chinois confinant à notre concession, où sont entassées des centaines de baraques en bois et de huttes en paille abritant une population de coolies, dont le voisinage est dangereux.

A huit heures du matin, on a lancé un nouveau train de secours dans la direction de Pékin pour réparer la voie et ravitailler la colonne Seymour. Un officier mécanicien français, M. Mognier, le dirigeait, et dix-sept Cosaques l'escortaient. Les Chinois l'ont laissé avancer pendant quelques kilomètres, puis ont tenté de l'entourer et de couper un pont derrière lui. Heureusement il a pu faire des signaux qui ont été aperçus, et des troupes de la gare sont venues le dégager ; trois hommes ont été tués dans cette affaire. La voie et les ponts vers Pékin sont complètement détruits. Il faut renoncer à l'espoir de les réparer. Que va devenir la colonne Seymour ?

A deux heures, les consuls arrivent au consulat de France, où se tient la réunion. A ce moment on entend des explosions auxquelles on ne fait pas attention, croyant que ce sont les maisons du quartier chinois qui sautent.

Tout à coup quelqu'un se précipite dans la salle en criant que le fort de la ville bombarde les concessions.

CHAPITRE IV

17 juin. — « Les Chinois nous bombardent! » Ce cri cause plus de stupéfaction que de crainte ; et pour vaincre notre incrédulité il faut la vue des flocons blancs produits par l'explosion des obus, le sifflement strident des projectiles. Mais encore le premier frisson d'émotion passe-t-il assez vite : ces Chinois visent si mal, ils ont si peu de munitions ! Alors on s'amuse à regarder en l'air les petits ballons de fumée, tout en se tenant prudemment à l'abri d'un mur. Le tir est trop long, les obus tombent au delà de la concession anglaise. Des gens renseignés affirment que les Chinois ne possèdent à Tien-Tsin que six pièces modernes approvisionnées à quatre-vingts coups chacune. Le reste de l'artillerie ne comprend que des bouches à feu sans portée. Armons-nous donc de patience et laissons passer au-dessus de nos têtes cet ouragan de fer assez inoffensif ; avec la rapidité du tir les provisions s'épuiseront bientôt. Pour passer le temps, car malgré tout les explosions et les sifflements impressionnent les nerfs, je vais avec du Chaylard surveiller la destruction du quartier chinois voisin de la concession, pendant que ma femme, demeurée au consulat, discute sur Tolstoï avec le colonel russe de Wogack.

A la longue ce vacarme assourdissant est énervant. Les passants sont tous armés et ont le coup de fusil facile. On prétend qu'il y a des Boxeurs dissimulés au milieu des maisons chinoises de l'autre rive, et du quai les volontaires tirent sur cet ennemi peut-être imaginaire.

La fusillade accompagne maintenant la canonnade; des balles passent dans l'air avec des *pchtt!* discrets, rapides, comme un vol de mouches, ou s'aplatissent sur les murs avec un bruit sec et retentissant.

A quatre heures le combat est général. Pendant que les Russes supportent le gros de l'attaque à la gare, les Français défendent les débouchés de la ville chinoise, et les Allemands, Anglais, Américains, Italiens et Japonais protègent le côté sud de la concession anglaise. De ce côté on réussit à prendre l'offensive. On s'empare de l'école militaire située sur l'autre rive. On y brûle des bâtiments et des amas de cartouches et de fusils. Les incendies

A TIEN-TSIN

Barricades françaises sur la rive droite du Péi-Ho
en face des tas de sel chinois.

RECONSTRUCTION DE LA LIGNE TANKOU-TIEN-TSIN
PAR LES RUSSES

flambent de toutes parts. On en voit partout : dans la ville chinoise, dans les villages voisins, allumés par les Boxeurs, autour de la gare et des concessions, allumés par nous pour chasser l'ennemi et dégager le terrain. D'énormes volutes de fumée montent vers le ciel, et une abominable odeur de brûlé empoisonne l'air. Vers six heures seulement un apaisement se produit, canons et fusils se taisent peu à peu vers huit heures. A la nuit tout l'horizon est embrasé. Autour de nous le feu détruit tout. Du haut du toit du consulat le spectacle est d'une horreur sublime. C'est bien une guerre sans merci qui commence, — guerre à mort entre deux ennemis implacables, qui engendrera toutes les atrocités.

18 juin. — A six heures et demie les premiers coups de canon nous réveillent, et alors le bombardement recommence plus régulier, mieux dirigé que la veille.

Depuis hier aucun train n'est arrivé de Takou ; la ligne doit être coupée également de ce côté, et Tien-Tsin est complètement cerné.

La défense occupe les positions suivantes : sur la rive gauche, la gare et les abords de la rivière qui couvrent le pont de bateaux ; sur la rive droite, l'extrémité du quai de la concession française au point où il touche aux maisons chinoises

4

incendiées hier, le débouché des rues en amont du pont, l'école de médecine chinoise sur la route de Takou. Ces points protègent l'ouest et le nord de la concession française. La concession anglaise, qui fait suite, confine à l'ouest et au sud à de grands espaces découverts où l'ennemi ne peut s'avancer sans être vu, et est protégée par plusieurs barricades armées de canons au débouché des rues importantes; mais son quai est exposé au feu de l'ennemi, qui peut se dissimuler sur la berge en face.

Les Chinois occupent tous les tas de sel en amont et en aval du pont et la plaine hérissée de tombeaux et de constructions, creusée de fossés qui entourent la gare et permettent de s'en approcher en se dissimulant. L'ennemi s'avance par les ruines du quartier chinois jusqu'à quelques mètres de l'école de médecine et de la limite ouest de notre concession. Enfin il est également établi au sud de la concession anglaise.

Pour tenir notre ligne de défense il y a un régiment d'infanterie, une batterie de campagne et un peloton de Cosaques sous les ordres du colonel Anesimoff, plus six à sept cents marins russes, français, anglais, américains, allemands, italiens, japonais, obéissant à autant de chefs différents et possédant quelques petites pièces de canon et quelques mitrailleuses, en tout deux mille cinq cents hommes environ. Il n'y a aucune unité de direction, aucun plan concerté d'avance. C'est au hasard et suivant l'inspiration du moment que l'on agit. On n'a même pas eu le temps d'élever des fortifications sérieuses à la gare, et on n'a pu y installer que quelques abris de fortune avec le matériel. Les barricades des concessions sont faites de même.

La gare n'est reliée aux concessions que par un pont de bateaux en assez mauvais état, sur lequel on passe à découvert, et il n'y a rien pour le mettre à l'abri des boulets que les Chinois pourraient lancer en amont ou des jonques qui viendraient à le heurter en dérivant. Le fleuve, large de cinquante mètres à peine, est encombré d'une infinité de jonques surprises en plein travail et dont les équipages se sont enfuis ou cachés à fond de cale.

La position est loin d'être brillante.

La gare est violemment attaquée, et la fusillade y crépite sans interruption. Obus et balles commencent à pleuvoir dans la concession française ; il en tombe sur le consulat dans les jardins, sur les quais, dans les rues ; la sentinelle du consulat est tuée, un autre soldat est atteint à côté d'elle. On ne peut sortir sans de grandes précautions; il faut se défiler le long des murs et ramper par terre.

Dans l'après-midi le régiment russe débusque les Chinois de leurs positions autour de la gare et les refoule vers la ville, en en tuant un grand nombre. Mais cette lutte contre une multitude de fanatiques dissimulés dans les trous ou derrière les innombrables tombeaux de la plaine, armés de fusils, car leur confiance dans leur invulnérabilité diminue, coûte aux Russes de grosses pertes. Vingt tués et quatre-vingts blessés, tel est le bilan des pertes russes et françaises dans cette journée.

Ce soir incendies et fusillades, comme d'habitude. Il y a sur le quai quelques postes de volontaires et de soldats américains qui ont la manie déplorable de tirer continuellement sur l'autre rive du Pei-ho, où cependant il ne passe plus guère que des chiens à cette heure. Ce bruit attire l'attention des artilleurs chinois, qui répondent par des obus. Il s'ensuit des alertes inutiles. Les volontaires anglais devraient bien imiter leurs camarades français, qui sont rentrés chez eux depuis l'arrivée des troupes et ne reprendront leur fusil que sur l'ordre de leur consul.

Profitant de l'obscurité, un canot à vapeur monté par des Anglais et M. Mognier, l'officier mécanicien

français, part pour aller demander des secours à
Takou. La tentative est bien dangereuse pour
ces braves gens, car l'ennemi doit faire bonne
garde.

19 juin. — Nous avons été réveillés par un obus
qui a pris en écharpe le mur extérieur de la maison
et a éclaté à quatre mètres de notre lit. L'explosion
nous a jetés à bas du lit, et en me précipitant à la
fenêtre j'ai vu que les Chinois avaient mis en batterie deux pièces de campagne à seize cents mètres en face de la concession française. Avec une
jumelle je les distingue parfaitement. Trois ou
quatre obus suivent aussitôt, mais passent au-dessus de ma tête. Cette découverte nous fait dégrin-
goler au rez-de-chaussée en attendant que des
feux de salve tirés de la gare aient fait taire ces
canons. La pauvre municipalité française a été
la plus atteinte; une douzaine d'obus y ont mis
tout sens dessus dessous.

L'attaque commencée sur tous les points dès
le matin continue pendant la plus grande partie
de la journée. C'est un crépitement ininterrompu
pendant plusieurs heures scandé de coups de
canon. Nous sommes confondus à la pensée de la
quantité de munitions qui est brûlée; les obus
et les balles pleuvent sans discontinuer sur la
ville.

Le tir des Chinois s'améliore, et leur audace
croît. A la gare les Russes perdent énormément
de monde sans pouvoir s'abriter suffisamment
et doivent tirer sans discontinuer pour maintenir à distance un ennemi habilement dissimulé.
A cette guerre les hommes et les munitions s'é-
puiseront rapidement, et l'on ne sait quand les
troupes de Takou pourront nous débloquer. Tous
les chefs militaires se réunissent pour examiner
la situation et arrêter les mesures à prendre.

Quelques-uns conseillent de marcher par la rive
droite sur les forts pour s'en emparer; en agissant
vigoureusement on délogerait facilement les Chinois. Mais on objecte qu'il faudra traverser la rivière et livrer bataille au milieu des masures et
des obstacles de toutes sortes, sous le canon des
forts, avant de donner l'assaut. La batterie de
campagne des Russes ne peut prétendre éteindre
le feu des forts. Un échec peut s'ensuivre où
resterait la plus grande partie de notre petite
garnison. Ce serait la perte inévitable de Tien-
Tsin. Mieux vaut se tenir sur la défensive et ménager nos munitions en attendant des secours qui
peuvent encore tarder quelques jours. Telle est la
décision finale.

Au plus fort du feu, vers quatre heures, un obus
pénétrant dans le sous-sol de la municipalité fran-

çaise enfonce les reins de M. Sabouraud, chancelier adjoint, et tue deux marins. On les transporte
à l'hôpital. Et le pauvre Sabouraud, malgré sa blessure horrible, vit encore quelques heures, endurant
des souffrances épouvantables avec un courage
qui fait notre admiration.

L'hôpital a l'aspect d'un abattoir. On y transporte aujourd'hui cinquante blessés, russes et
français; cela fait cent quarante avec ceux d'hier
et d'avant-hier, et il n'y a qu'une vingtaine de lits.
A la hâte on a jeté sur le sol des tapis, des matelas, des nattes, des couvertures, de la paille, et l'on
y dépose les malheureux blessés. Il y en a partout, dans la chapelle, dans la petite école, dans le
logement des sœurs. Le sang s'est répandu en longues traînées sur les parquets et les dalles, et
laisse une odeur fade mêlée de relents de pharmacie.

Trois médecins français, assistés de cinq sœurs
et de quelques dames françaises, se multiplient pour
soulager toutes ces souffrances. Certaines blessures sont horribles : elles ont réduit les corps en
bouillie, fait des trous à y passer le poing, fracassé
des membres qui pendent inertes. D'autres sont
curieuses dans leurs effets. Un Russe qui, il y a trois
jours, a eu le visage traversé à la hauteur des pom-
mettes par une balle de petit calibre est déjà en

voie de guérison. Un officier russe est sans blessure apparente, un obus a éclaté à quelques mètres
au-dessus de lui sans l'atteindre, mais la commotion l'a privé de sentiment.

Durant cette pluie de projectiles qui s'abat sur
la concession française, c'est miracle qu'aucun
obus ne tombe sur l'hôpital français bien exposé
cependant, puisqu'il est derrière notre consulat.
Un obus éclatant dans une de ces salles y cause-
rait des ravages épouvantables.

La nuit ne calme pas l'acharnement des Chinois.
Jusqu'à deux heures du matin on se bat sans relâche
à tous les avant-postes. Nous craignons sérieusement que les concessions soient envahies à la
faveur de l'obscurité, et chacun veille avec des
armes à portée. Et les vieux résidants racontent
sérieusement que le Chinois ne sort jamais la nuit
par peur des ténèbres !

Au lever de la lune la situation s'améliore, et,
la fusillade cessant, on peut enfin prendre du
repos.

Tout le monde est éreinté, mais surtout la petite
garnison, qui se multiplie avec un courage et une
énergie admirables.

Trois Cosaques et un jeune Anglais, M. Watts,
se dévouent pour forcer le blocus et aller à cheval
à Takou, où de nouvelles troupes russes ou japo-

naises ont dû débarquer. Puissent ces braves arriver sains et saufs!

20 juin. — Accalmie ce matin, dont l'infanterie russe profite pour nettoyer la rive gauche du Pei-ho, en face des concessions, de tous les Chinois qui s'y trouvent. Il y a là, sur plus d'un mille, d'é-normes tas de sel de sept à huit mètres de haut sur vingt de long, disposés obliquement à la rivière et formant des retranchements d'où les Boxeurs et les réguliers nous fusillent à cinquante mètres de distance, rendant intenables les quais des concessions. Alors s'engage une véritable chasse. Pendant que les Russes fouillent les tas de sel et les ruines, les soldats placés sur les quais tirent sur tous les Chinois qui tentent de s'échapper. En même temps on coule les jonques amarrées aux berges et qui pourraient servir à l'ennemi.

Dans la matinée on entend des grondements lointains de canon dans la direction de Takou. Sont-ce les Russes ou les Japonais?

Le bombardement reprend très intense de deux à trois heures. En un quart d'heure, je compte quatre-vingts obus passant au-dessus de la maison ou éclatant à proximité.

A sept heures et demie du soir, pendant un arrêt du bombardement, enterrement du malheureux Sabouraud dans le jardin de la municipalité française. Un piquet de marins rend les honneurs, le deuil est conduit par le consul ; tous les Français et beaucoup d'étrangers y assistent. Les balles sifflent au-dessus de nos têtes pendant que le prêtre récite les prières et que le comte du Chaylard dit un dernier adieu à ce brave garçon.

Nouvelle attaque générale vers onze heures.

21 juin. — Le bombardement reprend vers cinq heures du matin. Les Russes avec quatre canons de campagne, les Anglais avec un gros canon, tentent de démonter les pièces du fort, mais n'y réussissent pas. Ce duel d'artillerie dure toute la journée avec des arrêts. La fusillade a presque cessé ; il semble qu'il n'y ait plus de réguliers. Peut-être se sont-ils portés au-devant des secours attendus de Takou, pour les empêcher d'arriver. Toujours la même absence de nouvelles. On trouve le temps long.

22 juin. — Canons et fusils font rage pendant toute la nuit, jusqu'à quatre heures du matin. Vers six heures on entend une canonnade éloignée au delà de Tien-Tsin, dans la direction de Pékin. Serait-ce la colonne Seymour ?

Une importante nouvelle ! Un homme vient d'arriver de Pékin porteur d'un billet de sir Robert Hart à M. Drew, commissaire des douanes à Tien-Tsin, ainsi conçu : « 18th June. The legations have

been ordered to leave Peking in 24 hours. Sé :
R. H. Good bye ! Pay 100 taels to bearer. »
L'homme ne sait rien ou ne veut rien dire; il croit
que l'impératrice a fait accompagner les légations
jusqu'à 100 lis de Pékin (50 kilomètres). Il est
parti le 19 au matin et est venu en deux jours,
en faisant un détour dans le sud. Il a été arrêté
plusieurs fois par les Boxeurs et fouillé. Il avait
eu la précaution de dissimuler le billet, très petit,
dans la semelle de sa chaussure.

Dans la ville chinoise tout est fermé.

L'anxiété nous étreint à la pensée des malheureux résidants de Pékin, car il y a parmi eux un
grand nombre de femmes et d'enfants incapables de
marcher. S'ils ont dû aller à pied de Pékin à Tien-
Tsin, c'est la mort pour eux. Il est plus que probable qu'ils ont refusé d'obéir à l'impératrice si on
ne leur assurait pas les moyens de transport, charrettes ou bateaux, et une garde. Il faudra attendre
l'arrivée des renforts pour tenter de leur porter
secours.

Après-midi calme. On n'entend plus la canonnade au delà de Tien-Tsin.

A six heures du soir, l'état-major russe prévient
les consuls qu'à cinq ou six milles dans la direction
de Takou, on aperçoit un corps de troupes en bon
ordre paraissant refouler les Chinois. On espère

que ce sont les renforts, sans pouvoir encore l'affirmer. En même temps on a appris par un émissaire envoyé au delà de Tien-Tsin que la colonne
Seymour était aux prises avec les troupes chinoises
des généraux Toung-fou-Siang et Nhié qui l'entouraient. La colonne aurait beaucoup de blessés
qui retarderaient sa marche. Les Russes attendent
d'être fixés sur la marche des troupes venant de
Takou pour secourir l'amiral Seymour.

23 juin. — Cette nuit, d'une heure à trois heures,
violente fusillade à la gare. Du consulat il y a
quinze cents mètres en ligne droite, et le crépitement est si violent qu'il nous tient éveillés. Les
Chinois doivent tirer très haut, car des quantités de
balles passent autour de la maison ou s'écrasent
sur les murs.

Le vent se lève avec le jour, l'affreux « vent
jaune » chargé de sable de la Mongolie. Un nuage
de poussière ténue, mêlé à la fumée des incendies,
s'étend sur toute la campagne et obscurcit le ciel
d'une teinte livide. Comme on ne s'aperçoit pas à
cinquante mètres, les Chinois ont éteint leur tir.

Pas de nouvelles durant la matinée. Où est passée
la troupe aperçue hier soir?

A la faveur du vent jaune, nous avons été nous
promener. La concession française est déjà un
amas de ruines : la municipalité et les maisons

environnantes sont éventrées par les obus, et des incendies s'y sont déclarés. Les résidants se sont barricadés chez eux, dans leurs caves ou dans les pièces les moins exposées. La vie publique est suspendue. Personne dans les rues. Les boutiques sont fermées. La concession anglaise a beaucoup moins souffert, étant plus éloignée des points d'attaque. On s'y sent plus en sûreté. La plus grande partie des habitants s'est cependant réfugiée dans les grandes salles de l'hôtel de ville, où les murs sont épais. Ils y sont campés avec des épaves de leur mobilier. Environ deux cents hommes, femmes et enfants vivent là depuis six jours, dans un désordre, une confusion et une saleté invraisemblables.

Vers deux heures, le bruit court que les renforts arrivent, et en effet, quelques instants après, nous voyons déboucher devant le « Townhall » une troupe anglaise que l'on acclame chaleureusement.

On s'étonne déjà de ne pas voir plus de soldats, lorsqu'on apprend que le gros de la colonne de secours, deux mille Russes et trois cents Allemands, est encore occupé à se battre. Les Anglais les ont quittés pour entrer les premiers dans Tien-Tsin... et s'y faire acclamer.

Vers quatre heures, toute la colonne pénètre en ville. Un officier français, le capitaine Guillaumat, en fait partie.

Nous apprenons enfin ce qui s'est passé à Takou depuis le 16 juin.

Au moment où les amiraux décidèrent de s'emparer des forts, il n'y avait plus de temps à perdre. Les canots à vapeur qui circulaient journellement entre la terre et l'escadre avaient remarqué les préparatifs militaires des Chinois : la garnison des forts était renforcée, et des torpilles étaient disposées pour fermer l'entrée de la rivière. L'exécution de ce plan eût été la perte inévitable de Tien-Tsin, des légations et de la colonne Seymour, car l'éloignement du mouillage des navires de guerre ne leur permettait pas de réduire les forts, il eût fallu pour trouver un point de débarquement remonter dans le nord du Petchili. Au risque de précipiter les événements, il fallait empêcher les Chinois d'agir.

L'ultimatum fut remis le 16 au soir au commandant des forts, qui nia d'abord que des préparatifs d'armement eussent été faits, puis promit de répondre.

A minuit, les forts, devançant l'attaque, ouvraient le feu sur les canonnières mouillées en rivière à seize cents mètres d'eux, l'*Algérine*, anglaise; le *Bobr*, le *Goreetz* et le *Gilyak*, russes.

Les Chinois avaient repéré les positions dans la journée, car le premier coup atteignit le but. Dix

minutes après, le *Goreetz* répondait, imité bientôt par les autres. A une heure vingt, le *Lion*, français, puis l'*Iltis*, allemand, arrivaient à toute
vapeur de Tankou et entraient aussitôt dans la
ligne de feu. Alors, durant plus de quatre heures,
les six bateaux tinrent tête à l'ouragan de fer que
les quatre-vingt-dix canons des forts vomissaient
sur eux, et luttèrent sans défaillance. Ils n'avaient
à compter sur aucun secours de l'escadre, que le
tirant d'eau de ses bâtiments empêchait d'approcher de terre. A quatre heures un quart, un obus
du *Lion* fit sauter la poudrière du fort nord.
L'explosion formidable jeta la panique dans la
garnison. A ce moment, trois cents Japonais accou-
rus de Tankou, où ils gardaient la gare, et les
compagnies de débarquement des canonnières
russes, allemandes et anglaises, étaient à cinq
cents mètres de cet ouvrage, s'avançant en tirailleurs en s'abritant derrière les innombrables mon-
ticules de la plaine. A quatre heures et demie, le
feu des canonnières cessait subitement, et aussitôt
les troupes de terre donnaient l'assaut. Les Chinois
résistèrent d'abord, mais ne tardèrent pas à prendre
la fuite. A cinq heures et demie, les drapeaux
étrangers flottaient sur le fort du nord.

Les canonnières réduites à cinq, le *Gilyak*
avait été mis hors de combat, tournèrent alors tous

leurs efforts sur les forts du sud, où un obus de l'*Algérine* fit sauter une poudrière vers sept heures. Le feu cessa peu de temps après, et successivement les Chinois se retirèrent.

La partie était gagnée, mais coûtait cher.

Des trois canonnières russes, une, le *Gilyak*, était sur le point de sombrer; son équipage comptait huit morts, onze blessés grièvement, dont un officier, plus soixante-dix hommes brûlés par une explosion; le *Goreetz* avait huit morts et quatorze blessés, dont deux officiers. Le *Bobr* avait peu souffert.

La canonnière anglaise comptait un officier tué et un blessé, trois hommes tués.

L'*Iltis* avait reçu quarante-sept obus, dont un avait fait sauter une de ses chaudières; son commandant avait eu une jambe emportée, et beaucoup de ses hommes étaient tués ou brûlés.

Le *Lion* avait été sauvé par la faible hauteur de son pont au-dessus de l'eau, mais toutes ses superstructures étaient rasées. Son commandant avait pu changer de mouillage pour tromper le tir des Chinois. Il avait pris des précautions extraordinaires contre l'incendie; le pont était noyé sous une couche d'eau et garni de hamacs mouillés. Un obus de quinze centimètres avait éclaté dans sa coque, mais par bonheur les éclats s'étaient arrêtés à quelques centimètres des chaudières; un officier avait été tué, un marin blessé.

Les pertes des Chinois sont énormes, dit-on.

Seul le pavillon français n'a pas été arboré sur les forts. Pourquoi? Mystère. Le commandant du *Lion* voulait débarquer des hommes pour prendre part à l'assaut, mais il en a été empêché par des ordres supérieurs. C'est fâcheux, car cela semble justifier les racontars de la presse anglaise, qui travaille à amoindrir notre rôle.

Aussitôt après l'occupation des forts, les amiraux ont donné l'ordre de s'emparer de tout le matériel naval chinois, des magasins et des quais. Seuls, encore une fois, nous avons négligé de prendre notre part de chalands, de remorqueurs et de terrains; nous regretterons bientôt de manquer de ces moyens de transport et de débarquement.

Les Russes ont pris un atelier de réparations navales. Les Anglais ont saisi deux torpilleurs et nous en ont donné un; deux autres ont été partagés entre les Russes et les Allemands.

Les 20 et 21 juin, la nouvelle du bombardement de Tien-Tsin avait été apportée à Takou par l'officier français Mognier et l'anglais Watts. Le premier, attaqué dans sa chaloupe à vapeur par des Boxeurs, s'était avec ses compagnons jeté dans la campagne, et, poursuivi par les Chinois,

avait pu gagner la station de Chan-lien-Chan,
gardée par des cosaques et des matelots français
avec un canon. De là, il avait continué son voyage
en chemin de fer. Le second avait été également
ment traqué et poursuivi très vivement; il n'avait
dû son salut qu'à sa connaissance parfaite des
lieux.

Avec un régiment russe nouvellement débarqué
et des renforts anglais et allemands, les amiraux
avaient aussitôt formé une colonne de secours
sous le commandement du général russe Stessel.
Mais au delà de la station de Chan-lien-Chan, les
Chinois avaient élevé une ligne de défense très
forte contre laquelle on se heurta et qu'on ne put
franchir du premier coup. Après de grosses pertes,
il fallut revenir en arrière. On ne réussit à passer
qu'après un second combat, et jusqu'à Tien-Tsin
on dut repousser des attaques répétées de l'ennemi
où l'on perdit beaucoup de monde.

A la hauteur de l'arsenal de l'est, les Anglais
quittèrent la colonne et entrèrent les premiers dans
les concessions. Les Russes campèrent au sud de
la gare, près de l'École militaire.

Le général Stessel aurait, dit-on, l'intention de
s'emparer, dès demain, des forts de Tien-Tsin et
de brûler la ville chinoise.

24 juin. — L'arrivée des renforts a sans doute

intimidé les Chinois, car la journée se passe assez tranquillement. Cependant l'ennemi veille, et il n'est pas prudent de sortir. Avec quelques Français nous en avons fait l'expérience en allant à la gare pour voir arriver les troupes. A peine étions-nous sur le quai, qu'une salve de balles s'est abattue autour de nous et qu'il a fallu gagner un abri au plus vite.

Un repos a été donné aux troupes; elles l'ont bien mérité. Le régiment du colonel Anesimoff, qui a supporté presque tout le poids de la défense pendant ces sept journées de siège, est très réduit. L'autre régiment a été également très éprouvé par la marche et les combats de ces derniers jours. Demain ils iront au secours de la colonne Seymour, qui ramène peut-être le personnel des légations et les missionnaires de Pékin. Cette éventualité semble douteuse cependant : les ministres ont dû refuser de quitter leur légation, de crainte d'être massacrés en route.

L'énervement qui s'était emparé des habitants des concessions étrangères s'est un peu calmé avec l'arrivée des secours. Mais cet état d'esprit que l'on a baptisé la « folie obsidionale » envahit quelques personnes. C'est ainsi que sur des dénonciations on a arrêté un riche Chinois, Chang Yng mao, fixé sur la concession anglaise, où il possède une très belle résidence, sous l'inculpation de correspondre avec l'ennemi au moyen de pigeons voyageurs. En réalité, les accusateurs ont saisi l'occasion de satisfaire des rancunes personnelles. Chang Yng mao, très malin, a donné sa maison aux Japonais et s'est ainsi placé sous leur protection. D'autres fous de même genre ont imaginé que des espions correspondaient avec l'ennemi au moyen de fils télégraphiques secrets. Alors on a coupé tous les fils et on a perquisitionné dans les maisons pour détruire jusqu'aux sonnettes électriques.

Ce soir, un émissaire de l'amiral Seymour est venu annoncer que la colonne est arrêtée de l'autre côté de Tien-Tsin, dans l'arsenal de Hsigou, où elle est retranchée, ne pouvant plus avancer par suite d'un trop grand nombre de blessés.

25 juin. — Canonnade éloignée dès six heures du matin. C'est un combat entre deux mille Russes et Anglais partis au secours de l'amiral Seymour. Vers huit heures, le fort de la cité chinoise tire sur les concessions européennes, et à dix heures trente un obus éclatant dans l'intérieur du consulat de France y met le feu. L'incendie peut être éteint.

On dit que les marchands de sel de Tien-Tsin, qui constituent une corporation puissante, auraient fait des démarches auprès du vice-roi pour l'amener à entrer en négociations avec les consuls, afin de sauver la ville chinoise menacée de destruction, soit par les troupes étrangères, soit par les bandes chinoises ; mais on ne sait rien des pourparlers et il est douteux que le vice-roi agisse sans ordre de Pékin.

On raconte aussi qu'une armée chinoise de quarante mille hommes marcherait sur Tien-Tsin, et ce racontar a tellement ému certaines personnes qu'on les a entendues proposer sérieusement de battre en retraite sur Takou, en évacuant complètement les concessions. C'est un exemple des bruits qui circulent depuis le commencement du siège et ajoutent à l'énervement d'une population déjà suffisamment surexcitée.

26 juin. — Nuit silencieuse, matinée tranquille. A huit heures du matin, arrivée de la colonne Seymour, avec deux cent dix blessés et quarante tués. Nous avons été au-devant d'elle jusqu'au pont, et nous assistons le cœur serré au défilé de ce lamentable cortège. Officiers et soldats ont l'aspect de gens qui n'ont ni mangé ni dormi depuis plusieurs jours ; leurs vêtements, la plupart en lambeaux, sont souillés de boue et de sang, beaucoup n'ont plus de coiffure ni de chaussures et les ont remplacées avec des débris de défroques chinoises ramassés en route. Presque tous les hommes valides portent des blessés qu'on a installés sur des brancards de fortune faits de fusils ou de branches d'arbre. Tous les canons ont été abandonnés, sauf le canon français, que nos marins n'ont pas voulu laisser aux Chinois. Et malgré les épouvantables misères qu'ils ont endurées, ces braves ne sont pas abattus. Allemands et Français marchent encore en bon ordre. Le commandant de Marolles nous fait le récit de cette odyssée tragique.

Le 11 juin, lorsqu'il avait rejoint la colonne Seymour près de Lofah et s'était mis à la disposition de l'amiral, la colonne comptait deux mille soixante-quatre hommes. Les travaux de la voie avançaient convenablement et l'on pouvait espérer arriver à Pékin en deux jours. Le soir eut lieu une première rencontre avec les Boxeurs, sans importance du reste.

Le 12 juin, on découvrit que la voie était plus abîmée qu'on ne le croyait, mais on ne jugea pas qu'il dût s'ensuivre plus d'un jour de retard. Le lendemain 13, le détachement français reçut des vivres de Tien-Tsin. Le 14, on parvenait à Lang-Fang, à mi-chemin entre Tien-Tsin et Pékin. Vers neuf heures et demie les deux trains en tête du convoi étaient attaqués par une grosse troupe de Boxeurs pendant que le personnel des travaux était descendu sans armes pour faire de l'eau et ramasser des légumes dans les champs. Ces hommes désarmés se replient vers les trains, un piquet de huit marins italiens protège leur retraite. En un instant il est entouré d'une foule de Chinois armés de lances et de sabres qui tuent cinq Italiens et, malgré la fusillade, se précipitent sur les wagons. On réussit cependant à les repousser en tuant une centaine d'hommes.

Dans l'après-midi, l'amiral Seymour doit se porter au secours d'un détachement anglais resté en arrière à la garde de Lofah et que les Boxeurs entourent. Il arrive à temps pour achever la déroute de l'ennemi, qui laisse plusieurs centaines de cadavres sur le terrain. A six heures, un coolie apporte au commandant de Marolles une lettre de M. Pichon demandant de presser la marche sur Pékin. Les officiers étrangers reçoivent des communications semblables de leurs ministres.

Le 15 juin, à la suite de ces nouvelles et la voie paraissant de plus en plus abîmée, les commandants des divers détachements examinent la possibilité d'une marche à pied sur la capitale. Mais devant de fortes objections on ne prend aucun parti. De même pour les vivres, qui commencent à manquer.

Le 16, on reconnaît l'impossibilité de continuer

les réparations de la voie. L'amiral Seymour décide de ramener la colonne à Yang-Tsoun pour
gagner Pékin en remontant le cours du Pei-Ho.

Dans la nuit du 17 un triste accident se produit.
Une corvée de marins russes venant de chercher
de l'eau est prise pour une troupe ennemie et un
poste anglais tire dessus à bout portant ; trois
Russes sont tués, cinq blessés. Au matin, le commandant de Marolles reçoit une lettre de M. Pichon
datée du 15 et ainsi conçue :

« Commandant,

« Votre lettre du 14 nous arrive et nous attriste
beaucoup. Nous vous attendions ce soir au plus
tard.

« Il est absolument indispensable que vous soyez
à Pékin au plus vite, si vous ne voulez pas y être
trop tard.

« Depuis ma dernière lettre, il y a eu des scènes
horribles ; toutes les missions religieuses, catholiques et protestantes, ont été incendiées, sauf
l'évêché du Pei-tang, qui a quarante marins pour
le garder, mais qui est extrêmement menacé. Il y
a eu déjà plusieurs attaques contre les légations.
Nous les avons repoussées et avons tué un grand
nombre de Boxeurs, mais l'effervescence augmente,

l'efficacité de notre résistance diminue ; beaucoup de dangers nous menacent de divers côtés. Je n'ai pas l'habitude d'exagérer les choses, ni d'être pessimiste. Je me maintiens dans la vérité simple depuis le début de cette triste affaire.

« Si vous tardez, je ne peux répondre de rien et il est possible que vous ne trouviez que des décombres à la place de nos légations. Tous mes collègues pensent de même et le ministre d'Angleterre écrit dans ce sens à l'amiral Seymour. C'est par terre et au plus vite qu'il faut envoyer une partie des détachements.

« Nous comprenons encore une fois toutes les difficultés que vous rencontrerez, mais l'urgence est une condition *sine quâ non* du succès de votre entreprise.

« Croyez-moi, commandant, votre tout dévoué,

« PICHON. »

L'amiral Seymour reçoit également une communication semblable de sir Claude Mac Donald qui le plonge dans une cruelle perplexité. L'organisation de l'expédition par eau prendra au moins quinze jours et les ministres déclarent qu'ils ne peuvent pas attendre. S'efforcer d'atteindre Anping et de là lancer une colonne légère sur Pékin? C'est une aventure des plus risquées.

Le 18, plusieurs engagements sérieux ont lieu à Lanfang avec des réguliers ; la colonne, ayant six tués et trente blessés, se replie à Yang tsoun.

Le 19, il devient impossible de continuer, il faut battre en retraite sur Tien-Tsin. Certains détachements manquent de vivres, d'autres de munitions. On est sans nouvelles de Tien-Tsin, mais depuis deux jours on entend le canon dans cette direction. A trois heures et demie, les trains sont abandonnés ; le matériel et les blessés, embarqués dans quatre jonques, et la colonne se met en route en suivant la rive gauche du Pei-Ho. Les Français font partie de l'avant-garde. On marche très lentement, retardé par des échouages successifs. Le 20, après une nuit tranquille en plein champ, on repart vers six heures. Pour passer il faut livrer quatre combats et emporter plusieurs villages. L'ennemi est armé de canons modernes et de fusils à répétition. On souffre du manque d'eau ; celle du fleuve, empoisonnée par d'innombrables cadavres, est imbuvable. Le 21, la colonne se divise en deux pour marcher sur les deux rives du fleuve. Vers huit heures elle se heurte à l'armée régulière qui l'attaque à coups de canon. Sur l'ordre de l'amiral, les Français passent en première ligne et d'un bond, malgré une vive fusillade, emportent un village où l'ennemi est retranché. Deux villages sont encore pris à la baïonnette par nos marins marchant en première ligne avec les Américains et quelques Anglais. Les Chinois sont en déroute. Peitsang est occupé sans résistance. Après une halte la marche est reprise dans la nuit du 21 au 22, et on atteint l'arsenal de Hsigou, dont on s'empare assez aisément.

La colonne, épuisée par la marche, les combats et les privations, alourdie par un nombre énorme de blessés, ne pouvait plus avancer et s'installa dans cette enceinte, où elle put se fortifier et s'armer de nouveau. Le 23, elle est attaquée sérieusement. Enfin, le 25, elle est secourue par les troupes envoyées de Tien-Tsin, et quitte Hsigou après avoir incendié l'arsenal.

D'après les interprètes qui accompagnaient la colonne, le pays tout entier entre Tien-Tsin et Pékin est soulevé. Sur les murs des villages sont placardés des appels aux armes pour massacrer les étrangers sur l'ordre de la « vieille dame sacrée », — c'est ainsi que l'on appelle l'impératrice douairière, — et aussi de listes de souscriptions en faveur des Boxeurs. Bien que ces affiches soient imprimées en rouge, ce qui leur donne une sorte de caractère officiel aux yeux des populations, on ne peut affirmer qu'elles émanent des autorités. Il semble donc que le gouvernement chinois se borne

à agir en dessous et craint de brûler ses vaisseaux. Nous espérons encore que l'impératrice
aura eu peur d'attenter à la vie des ministres.

27 juin. — La fusillade et la canonnade recommencent de bonne heure. Les Russes, auxquels se
sont joints des Allemands et des Anglais, attaquent
le grand arsenal situé à l'est de Tien-Tsin, sur la
rive gauche du Pei-ho. Des toits des maisons de la
concession française, on voit l'action se dérouler
à quinze cents mètres. Mille Chinois retranchés
dans l'arsenal s'y défendent vigoureusement.
A midi un quart, un obus fait sauter les poudrières,
une explosion formidable secoue toutes les maisons
des concessions et un énorme panache de fumée
s'élève dans les airs. A midi trente, le fort de la
cité chinoise, que l'on croyait réduit au silence,
bombarde les concessions; l'hôtel de ville de la
municipalité anglaise, la mission des jésuites, le
consulat de France, sont sérieusement atteints, le
feu prend à notre consulat pour la seconde fois.
Vers une heure et demie, les Chinois de Tien-Tsin
tentent de secourir l'arsenal, mais sont repoussés;
enfin, vers deux heures et demie, cette position
tombe au pouvoir des Russes, qui l'incendient.

D'après des renseignements chinois, les ministres
n'auraient pas quitté la capitale, malgré l'ordre
d'expulsion de l'impératrice. Ce bruit paraît vrai-

semblable. Si le gouvernement est assez fort pour se faire obéir, peut-être protégera-t-il les légations tant qu'elles se trouveront auprès de lui. Leur départ de la capitale sans moyens de transport et sans garanties sérieuses serait au contraire le signal de leur mort, soit de fatigues et de privations, soit du fait des attaques que trois cent cinquante hommes d'escorte seraient impuissants, à repousser. On dit aussi que les Japonais ont débarqué trois mille hommes à Takou et les Français huit cents, auxquels s'en ajoutera autant sous peu de jours. Par contre, on raconte que le général Yuan Chekai, gouverneur du Chan-Toung et commandant d'une des meilleures armées chinoises, aurait été appelé à Pékin avec toutes ses troupes.

La prise du grand arsenal de Tien-Tsin succédant à la destruction des arsenaux de Takou, le retour de la colonne Seymour et l'arrivée des renforts russes marquent la fin de l'investissement de Tien-Tsin.

Cette période fut caractérisée par la surprise que provoquèrent l'imprévu et la rapidité des événements et par le désarroi inévitable dans les mesures précipitées que l'on dut prendre. Surprise, lorsque, le 27 mai, l'agitation populaire, qui depuis deux ans ressemblait à une de ces persécutions reli-

gieuses comme on en voit tant en Chine, se trans-
forma tout d'un coup en une guerre sainte contre
les étrangers qui fanatisa des foules de tout temps
indifférentes. Désarroi, lorsque les forces navales
réunies en hâte à Takou eurent à faire, non plus une
démonstration sous le feu de leurs canons, mais
à opérer à une grande distance dans l'intérieur des
terres. Malgré ses vingt-cinq gros navires représentant dix mille hommes d'équipage, cette formidable
escadre fut presque impuissante, et sans la présence d'un régiment d'infanterie russe à Tien-Tsin,
les concessions étrangères de cette ville auraient
été anéanties, ainsi que la colonne Seymour. Désarroi aussi, le départ de cette colonne, décidé en
quelques heures par l'amiral Seymour, à la suite
d'une dépêche alarmante du ministre d'Angleterre,
malgré l'avis d'autorités militaires renseignées et
de plusieurs consuls.

L'amiral anglais, en agissant ainsi, obéissait
sans doute à des sentiments généreux; mais il
perdait de vue que dans l'état des forces chinoises,
le chemin de fer étant détruit, seule une colonne
approvisionnée et munie de moyens de transport
pouvait arriver à Pékin en se frayant un passage.
Autrement, un échec était probable, qui accroîtrait
l'audace des Chinois, et par conséquent empirerait
la situation des légations. Les autres commandants

de détachements, n'ayant pas confiance dans le succès de cette tentative, s'y associèrent cependant quand elle eut été décidée, afin de marquer leur bonne volonté.

Désarroi encore, et surtout à Tien-Tsin, sur les concessions étrangères, dans cette ville, composée d'habitants français, anglais, américains, allemands, japonais, etc., placés sous l'autorité de leurs consuls respectifs, que défendaient des détachements d'autant de nationalités obéissant chacun à des chefs distincts. Véritable tour de Babel où se produisirent naturellement de graves désordres, lorsque les incendies et le bombardement, en troublant les esprits, éveillèrent les pires instincts. On vit alors des scènes regrettables sur lesquelles il vaut mieux jeter un voile. Heureusement, les autorités consulaires et militaires purent réagir à temps. Ce fut un grand bonheur si, au milieu de ce désarroi, les moyens de la défense ne furent pas paralysés. Du 17 au 23 juin, durant les sept journées de siège proprement dit, il y eut bien des moments d'anxiété et d'angoisse, alors que la canonnade et la fusillade faisaient rage, pendant le jour et pendant la nuit, à la lueur des incendies qui dévoraient les deux tiers de la concession française et tous les alentours. Malgré ces épreuves, le moral des troupes fut excellent, et celui de la plupart des résidants étrangers se maintint sans défaillance.

30 juin. — Avec huit cents Japonais arrivés hier soir, la garnison européenne compte aujourd'hui sept mille hommes environ. Tout danger n'est pas définitivement écarté, mais il ne semble pas qu'il y ait à redouter une surprise. Depuis le 26 les Chinois ne nous ont plus attaqués. Sont-ils découragés par la délivrance des concessions et de la colonne Seymour? Ou bien attendent-ils des renforts pour reprendre l'offensive? Personne n'en sait rien. Les nouvelles de la ville chinoise sont très rares et très vagues. Le sort des légations de Pékin reste seul en cause. De ce côté la situation est loin d'être bonne.

Nous avons reçu depuis deux jours des nouvelles, hélas! peu rassurantes. Elles ont été apportées par des messagers chinois qui, au prix de grandes difficultés et de grands dangers, ont pu atteindre Tien-Tsin en traversant une région au pouvoir de l'insurrection. Le premier partit le 25 juin au matin de Pékin et atteignit Tien-Tsin le 29 au matin. Il portait deux billets : l'un en anglais, de la main d'un Français, M. Piry, commissaire des douanes, et signé par sir Robert Hart, inspecteur général des douanes, disant : « Sommes tous réfugiés à la légation d'Angleterre. Situation

INTÉRIEUR DU FORT DE TIEN-TSIN

Cliché de M. d'Anthouard.

TIEN-TSIN

Le mirador de la citadelle.

désespérée. Hâtez-vous. » L'autre, en français, de
la main de M. Chamot, propriétaire de l'hôtel de
Pékin, était conçu dans des termes analogues. Les
porteurs interrogés donnèrent les renseignements
suivants : les légations d'Italie, d'Autriche, de Belgique, de Hollande, d'Amérique et la moitié de
la légation de Russie étaient brûlées. Les légations
d'Angleterre, d'Allemagne, de France et du Japon
étaient encore intactes. Toutes les autres constructions appartenant à des étrangers : missions,
douanes, etc., étaient brûlées, à l'exception de la
cathédrale catholique du Pei-tang, située dans la
ville impériale, gardée par trente marins français
et de nombreux chrétiens armés de sabres, et que
sa proximité du palais aurait préservée jusqu'à
présent du feu. Les maisons chinoises avoisinant
le quartier des légations étaient détruites. Tous les
résidants étrangers étaient réfugiés à la légation
d'Angleterre. Les légations de France, d'Allemagne et du Japon n'étaient plus occupées que par
les escortes. Le ministre d'Allemagne aurait été
assassiné en se rendant à une séance du Tsong-li-
Yamen où les ministres étrangers étaient convo-
qués pour discuter la question de l'évacuation des
légations. En représailles, l'escorte allemande aurait incendié les bâtiments du Tsong-li-Yamen. Les
attaques contre les légations auraient commencé

le 14. Il y aurait eu six tués et cinq ou six blessés de toutes nationalités. Vingt Allemands avec quatre pièces de canon, dont deux prises à l'ennemi, se seraient emparés de la porte de Tsien-Men (la porte centrale de la face sud de la ville tartare); toutes les autres portes de la ville tartare seraient gardées par les Chinois, avec quelques pièces de canon. Les troupes européennes étaient très fatiguées, ne prenant pas de repos. Les ministres eux-mêmes montaient la garde. Il y avait des vivres, mais peu de munitions.

Les missionnaires jésuites du sud du Tcheli ont écrit à leur procureur à Tien-Tsin que leur résidence principale à Hsien-Hsien était entourée par les Boxeurs et qu'ils étaient réduits à leurs propres ressources pour se défendre, la garde de soldats réguliers qui leur avait été donnée par le vice-roi s'étant retirée. Des centaines de chrétiens ont été massacrés ainsi que deux missionnaires.

1er juillet. — Ce matin deux courriers arrivent encore de Pékin; ils ont été expédiés en même temps que les précédents et apportent des messages conçus dans les mêmes termes. Ils racontent en outre que l'impératrice douairière aurait quitté la capitale et se serait réfugiée au palais d'été depuis que la situation s'est aggravée. Au début elle

aurait tenté d'arrêter les excès des Boxeurs et défendu d'attaquer les ministres, mais le général Tong
Fou Siang s'étant déclaré Boxeur elle aurait cédé,
se voyant impuissante. La capitale serait donc
aux mains du prince Touan, père de l'héritier présomptif, chef des Boxeurs, et du général Tong Fou
Siang, célèbre par sa haine contre les étrangers
et la férocité de ses soldats. Des princes ou de
hauts mandarins ayant essayé d'arrêter les Boxeurs
auraient été massacrés. On ne croit pas qu'il y
ait beaucoup de Tartares parmi les Boxeurs; les
troupes des bannières se tiendraient en dehors du
mouvement.

Il semble donc que l'anarchie la plus grande
règne à Pékin et que ce soit là le danger le plus
redoutable. Les billets qu'envoient les malheureux
assiégés indiquent qu'ils se font illusion sur l'étendue du soulèvement et sur les forces dont disposent en ce moment les puissances pour le combattre.
Ils croient peut-être que l'agitation est locale; ils
ignorent que de la mer à Pékin et de Pékin à Pao-
tingfou le pays tout entier appartient aux Boxeurs,
qui agissent avec la complicité et l'appui des
troupes régulières. Ils s'illusionnent sur les forces
européennes débarquées à Takou et à Tien-Tsin,
qui ne pourront marcher sur la capitale avant
d'être organisées, réunies sous une direction

unique, commandées en vue d'un plan adopté par tous, approvisionnées en munitions, vivres et équipements pour une campagne sérieuse. Et tout cela demandera du temps, beaucoup de temps ; en particulier, l'accord de tous les chefs militaires, de tous les gouvernements, n'ira pas sans lenteur, sans difficultés.

2 juillet. — Les Chinois ont attaqué la gare cette nuit et bombardé les concessions ce matin. C'était une riposte à une marche des Japonais contre l'arsenal de l'ouest.

Hier soir, les renforts français sont arrivés : un bataillon d'infanterie de marine et une batterie de montagne sous les ordres du lieutenant-colonel Ytasse. Embarqués au Tonkin, à la hâte, dans des bateaux trop petits, jetés à terre à Tan-Kou avec l'ordre de marcher au plus vite sur Tien-Tsin, ils ont voyagé en chemin de fer jusqu'à Chan-lien-chang et franchi à pied, à travers champs, les vingt-cinq kilomètres qui les séparaient de Tien-Tsin. La pluie qui tombe depuis deux jours avait détrempé le sol. Les malheureux soldats, fatigués par la mer, n'ayant pris aucun repos depuis trois jours, éreintés par la marche forcée, ont fait cependant une entrée très crâne et défilé dans un ordre parfait. Nous avons été les recevoir à l'entrée du quartier français. Lorsque nous avons entendu la sonnerie alerte des clairons et vu nos braves soldats, raidis contre la fatigue, s'avancer fièrement, un long frémissement nous a secoués et l'émotion a mouillé nos yeux. Ils marchaient lentement, à petits pas, car ils étaient harassés et lourdement chargés, mais les clairons sonnaient à perdre haleine, comme pour annoncer aux Chinois l'arrivée de nouveaux vengeurs, et les visages contractés, durcis par l'effort, faisaient prévoir de rudes batailles. C'était l'image vivante de la France venant encore une fois prendre part aux combats et défendre les siens, et nous nous sentîmes fiers et forts à la fois. La confiance nous revint, nous espérâmes la délivrance prochaine de nos malheureux amis de Pékin.

Aujourd'hui les chefs militaires ont une réunion dans laquelle est arrêté le plan d'une attaque contre les forts et la cité qui sera exécutée après-demain : les Russes et les Allemands marcheront par la rive gauche, les Français, les Japonais, les Américains et les Anglais, par la rive droite.

Mais on redoute l'arrivée des troupes du Chan-toung, les fameux soldats de Yuan che Kai. Une reconnaissance a été envoyée dans le sud sans rapporter aucun renseignement utile. On parle aussi de plusieurs autres armées chinoises atten-dues à Tien-Tsin. Ce ne sont que des bruits,

puisqu'on est sans relation avec l'ennemi, mais
cela suffit à impressionner beaucoup d'officiers, et
on les entend dire qu'avec les dix mille hommes
actuellement réunis à Tien-Tsin nous ne sommes
pas en état de résister aux attaques de ces armées
chinoises. Ces officiers semblent être passés d'un
extrême à l'autre. Ils s'attendaient à rencontrer
des Chinois armés d'armes antiques et inoffen-
sives, comme en 1860, ou encore des Chinois
lâches et fuyards comme en 1895. Ils les ont
trouvés différents, et la surprise a provoqué dans
leur esprit un revirement un peu exagéré. Il leur
faudra quelque temps pour acquérir une idée plus
exacte de la force des réguliers chinois. Malgré
certaines qualités des soldats et l'adresse des artilleurs, cés troupes ne constituent pas encore une
force militaire sérieuse, car elles manquent de
chefs et de discipline. Les soldats tiennent assez
bien derrière une fortification, leur artillerie tire
juste, mais la quantité de munitions consommées
inutilement est énorme, et il n'y a dans les attaques ni tactique ni commandement. A deux
reprises déjà il a suffi d'un mouvement tournant
ou d'un saut en avant de nos tirailleurs pour déloger les Chinois de fortes positions. Ces armées
des généraux Ma, Tong Fou Siang ou Yuan résis-
teraient-elles à un choc sérieux? J'en doute, je

croirais plutôt qu'elles se disperseraient et préfé-
reraient piller les villages sans défense. Dans ce
cas, la cour de Pékin, éclairée sur la valeur de
ces troupes que les conseillers de l'impératrice se
plaisent à représenter comme invincibles, ne tar-
derait pas à demander l'*aman*.

Mais, pour frapper fort, il faudrait une action
combinée de toutes les forces internationales et,
par conséquent, une unité de vues chez les chefs,
tous indépendants les uns des autres. Tel n'est
pas le cas.

Les Russes, après avoir sauvé Tien-Tsin pendant les premiers jours du siège et s'être emparés
du grand arsenal de l'est, semblent décidés à ne
pas agir en ce moment. Le général Stessel attendrait l'arrivée de l'amiral Alexieff, nommé commandant supérieur des forces russes, qu'on annonce chaque jour et qu'on ne voit pas venir. Les
autres commandants sont à peu près d'accord sur
la nécessité, maintenant que notre garnison est
plus forte, de s'étendre et de porter nos lignes plus
en avant, afin de mettre les concessions et les
casernements des troupes à l'abri de la grêle
d'obus et de balles. Mais leurs effectifs étant insuffisants, ils ne peuvent agir seuls. Bref, il n'y a
qu'un mot pour caractériser cette situation, c'est
le gâchis.

3 juillet. — Cette nuit, de dix heures à onze heures et d'une heure à deux heures, on a fusillé sans trêve. Les Chinois, enhardis par notre inaction, ont profité de l'obscurité et de la pluie pour attaquer la gare.

Au jour, le bombardement a recommencé aussi vif qu'au début. Le consulat de France reçoit comme d'habitude sa bonne part de projectiles. Un marin est blessé dans le casernement; un obus éclate sur la table à écrire du commandant de Marolles, qui heureusement venait de sortir. La municipalité est encore éventrée. Des soldats qui l'occupaient doivent l'évacuer. Le combat continue pendant toute la journée avec quelques courtes accalmies. Vers midi, les Japonais de garde à la gare, appuyés par notre artillerie, se portent en avant et refoulent les Chinois assez loin. Cette action coûte cinq ou six tués et une trentaine de blessés. C'est la première fois que les Français combattent avec les Japonais, et nos soldats sont dans l'admiration. « De crânes petits soldats! » me dit un adjudant d'artillerie.

L'hôpital français est de nouveau encombré : Russes, Japonais, Annamites, Américains, y sont soignés avec les nôtres. Médecins, infirmiers et sœurs de charité se multiplient et prodiguent leurs soins à tous ces malheureux, souvent incapables de se faire comprendre autrement que par gestes.

J'y ai vu aujourd'hui une scène qui m'a remué profondément. Un pauvre blessé qui avait reçu une balle dans le ventre agonisait sur un grabat. Le malheureux, en proie à de cruelles souffrances, râlait sourdement. Une jeune sœur de charité aux traits fins et délicats se tenait près de lui, l'éventant doucement pour rafraîchir son front baigné de sueur, essuyant ses lèvres ensanglantées autour desquelles tourbillonnait un essaim de mouches. Elle penchait son beau visage illuminé de charité, empreint d'une pitié infinie, vers le moribond, dont le regard angoissé par l'approche de la mort s'accrochait désespérément à cette apparition de douceur et de bonté féminines qui sans doute éveillait en lui le souvenir de la mère, de la sœur à jamais perdues. Et sur cette salle emplie de souffrances et de misères humaines, ce pur profil de jeune fille à demi caché sous la cornette blanche planait comme l'ange du dévouement et de la miséricorde.

4 juillet. — De trois à cinq heures, ce matin, la gare est si violemment attaquée que les trois cents hommes (Français, Japonais et Anglais) qui la défendent doivent demander du secours aux Russes. Nous avons eu un officier et un matelot tués et sept blessés.

5 juillet. — Canonnade de part et d'autre, ce matin ; les Anglais, qui, dit-on, ont reçu deux pièces de 12, et les Russes ripostent. Enterrement du capitaine Hilaire, tué hier.

6 juillet. — A trois heures du matin, les coups de canon et le sifflement des obus nous réveillent. Il faut aller finir sa nuit derrière un mur. La canonnade redouble dans la matinée ; le consulat reçoit une douzaine d'obus, dont deux sur la toiture, en moins d'une demi-heure. L'artillerie française a tenté d'incendier le yamen du vice-roi. Des épaulements avaient été préparés pendant la nuit au débouché d'une des rues sur le quai, mais dès nos premiers coups les Chinois ont réussi à repérer notre position et ont accablé la batterie sous un déluge de projectiles qui l'ont forcée à se retirer, après avoir eu deux morts et deux blessés.

Cet après-midi, nos artilleurs recommencent, mais modifient leur tactique. En trois coups, ils règlent leur tir ; aussitôt, en l'espace de neuf minutes, nos six pièces envoient soixante obus à la mélinite sur la ville chinoise et se retirent avant que les Chinois aient eu le temps de riposter. Du haut du consulat, on distingue un énorme incendie dans la direction du yamen du vice-roi. Pendant ce temps, les Anglais tirent avec leurs pièces de marine mises en batterie au sud de la concession

anglaise. Pour se venger, les Chinois bombardent
les concessions plus fort que jamais. De deux
heures à quatre heures après midi, le bruit est
infernal. On explique l'intensité des attaques de
ces derniers jours par l'arrivée à Tien-Tsin du
général Ma et de ses troupes, cantonnées jusqu'à
présent à Chang-Haï-Kouan, à la frontière nord du
Tché-li et de la Mandchourie. Au dire du général
Foukoushima, qui commande les troupes japonaises ici et a eu affaire au général Ma pendant la
guerre de 1895, cette armée représente une réelle
valeur militaire, surtout dans la défensive.

Ce soir, on annonce que les chefs militaires ont
décidé de marcher demain sur le canal de Loutai, à
l'est de la cité, où sont installés les canons qui nous
ont fait tant de mal aujourd'hui. Il n'est plus question d'une action sur les deux rives; on craint
d'éparpiller des forces déjà trop faibles. Sera-ce
comme les jours précédents ?

Depuis le 23 juin, nous avons reçu des renforts
de diverses nationalités qui élèvent le chiffre des
forces alliées à plus de dix mille hommes, et
cependant nous n'avons pas fait un pas en avant;
notre position ne s'est guère améliorée. On a perdu
à l'heure qu'il est plus de six cents hommes, dont
une centaine de tués, et nous sommes aussi étroitement enserrés par les Chinois, qui ont bien des

titres à se croire les plus forts. On se borne à
repousser les attaques et à éviter de son mieux
les balles et les obus. L'autre jour, j'ai vu, pendant
un après-midi où le bombardement était très fort,
les troupes, revenues du combat pour se reposer, obligées de rester dehors, derrière un mur,
malgré la pluie torrentielle, et passer ainsi plusieurs heures pour éviter les obus et les balles qui
crevaient leurs casernements.

7 juillet. — L'école de médecine, occupée depuis
le 18 juin par nos marins sous le commandement
de l'aspirant Roquebert et par l'infanterie de
marine, a été attaquée vers minuit avec une violence extrême. L'ennemi, en se dissimulant dans
les ruines des maisons, s'est avancé en si grand
nombre que l'on a pu craindre d'être débordé. On
a réussi cependant à le chasser après une lutte
acharnée.

A peine était-ce fini de ce côté, que l'infanterie
de marine a dû courir à la gare, que les Chinois ont
assaillie à trois heures, pendant que leur artillerie
bombardait les concessions et les quais, et tentait
de détruire le pont de bateaux. On s'est battu jusqu'à deux heures après midi.

Le gâchis continue. L'indécision, le défaut d'entente entre les chefs, paralysent toute initiative,
toute action.

Et les troupes internationales entassées dans les concessions manquent de vivres et d'eau, le Pei-ho étant empoisonné par les cadavres, sont logées dans des maisons que crèvent les obus et les balles.

Les pluies qui tombent depuis quelques jours aggravent encore ces misères. Le chemin de fer de Takou n'étant pas encore rétabli, les communications avec la mer sont extrêmement difficiles. Les Anglais, les Allemands, les Russes, les Américains et les Japonais, bien pourvus de matériel fluvial, réussissent à s'approvisionner et à évacuer leurs blessés; mais les Français en sont réduits à leurs petits canots à vapeur et à une chaloupe que le comte du Chaylard a pu heureusement se procurer.

La concession française, placée en avant du côté de la cité chinoise, est la plus éprouvée; nos marins et nos soldats qui y sont casernés n'ont pas un instant de repos. Nuit et jour, aux tranchées ou dans leurs chambrées, le bombardement et la fusillade les menacent, les alertes les tiennent sur le qui-vive. Comme les Russes, dont le camp est hors du feu de l'ennemi, ou comme les Anglais, les Américains et les Japonais, logés à l'extrémité sud de la concession anglaise, ils n'ont pas la ressource d'aller de temps en temps se reposer et se mettre à l'abri des projectiles. On juge de ce qu'est l'existence de ces malheureuses troupes qui n'ont même pas, pour se soutenir, l'excitation du combat. « Si au moins notre mort devait servir à quelque chose, me disait un soldat grièvement blessé à l'hôpital; mais mourir comme ça, bêtement, au coin d'une rue, d'une balle venue on ne sait d'où, ou dans la chambrée, d'un obus qui éclate soudain, ou encore dans les tranchées, où depuis plus de quinze jours nous sommes terrés sans avancer d'un mètre, c'est décourageant ! »

Et ça l'est en effet; mais heureusement soldats et officiers ne se laissent pas abattre.

Le consul de France a eu aujourd'hui des renseignements fort intéressants d'une personne en relation avec la ville chinoise.

Les mandarins ne s'expliquent pas l'inaction des troupes internationales et les croient très affaiblies et très effrayées. A quinze cents mètres des concessions, l'arsenal de l'ouest est encore debout, et là se trouvent d'énormes provisions de projectiles et d'armes où les Chinois vont puiser chaque jour. On les voit à la lorgnette. Les Boxeurs ont établi leur quartier général dans les faubourgs du nord-ouest; ils ont imposé aux habitants des contributions en riz et en argent et sont très heureux de leur sort. Leur tactique serait de nous lasser, de nous infliger le plus de pertes possible grâce au

bombardement et aux surprises continuelles. L'artillerie serait dirigée par des réguliers fort bien
instruits, par des officiers chinois élevés en Allemagne, mais les attaques seraient faites par des
soldats et des Boxeurs, ceux-ci entraînant ceux-là.
La retraite de la colonne Seymour, le fait de nous
tenir en échec depuis plus de vingt jours, seraient
à leurs yeux de grands succès et auraient accru
leur audace. Des bulletins de victoires lancés dans
la province leur attirent un grand nombre de par-
tisans. Aujourd'hui ils sont vingt mille, ils seront
cent mille dans quelque temps, et si rien ne vient
arrêter ce mouvement, il gagnera la Chine entière.
Les murs de Pékin sont couverts de ces proclamations qui fanatisent la population. Si jamais l'incendie, encore limité au Tché-li, se communique
à d'autres provinces, que feront les puissances ?
Elles réussiront bien à prendre Pékin, à brûler
quelques villes dans le voisinage du littoral ou des
grands fleuves, mais après ? Seront-elles jamais
capables de réprimer l'anarchie et de renouer les
liens sociaux et gouvernementaux faute desquels
cette immense agglomération d'hommes répandue
sur un énorme territoire sera fermée pour longtemps à l'action de la civilisation occidentale? Il
faut agir au plus vite, atteindre le prestige des
Boxeurs. D'abord, prendre l'arsenal de l'ouest, de

là bombarder le quartier général des Boxeurs, puis attaquer la ville, dont les habitants, trop heureux d'être débarrassés des réguliers et des Boxeurs qui les pillent, ne feront pas de résistance. Si les ministres sont encore en vie, la réussite de ce plan les sauvera en intimidant les chefs boxeurs, le prince Touan, le général Tong-fou-Siang et Hsu-tong. Le général Yuan-che-Kaï n'est pas encore arrivé. Malgré plusieurs ordres pressants, il reste au Chantoung, dans l'expectative des événements. Mais cette réserve risque de lui coûter cher si l'insurrection triomphe et, d'autre part, le gouvernement pourrait le tenter par l'appât de hautes récompenses. Raison de plus pour se hâter.

8 juillet. — Ce matin le bombardement recommence à quatre heures avec une intensité qu'il n'avait jamais eue. Il semble que les Chinois veuillent imiter le tir « en rafales » dont notre artillerie leur a donné un exemple l'autre jour. Les obus arrivent en paquet de sept, huit, dix à la fois. Comme toujours, la concession française en reçoit le plus grand nombre. Au consulat nous avons abandonné les chambres du premier, nous nous tenons dans le salon et la salle à manger derrière les gros murs. La toiture est encore une fois trouée. Dans le jardin et dans les magasins Philippot, situés à côté, il tombe une vingtaine d'obus que nous voyons éclater à quinze mètres de nous. Les arbres volent en éclats, des murs sont crevés, le sol est labouré. Le quai est intenable, et, par un surcroît de malchance, la chaloupe et deux chalands amènent de Takou à ce moment le 2ᵉ bataillon d'infanterie de marine avec le colonel de Pélacot.

Le temps de traverser les quais, un homme est tué, un autre a le bras emporté; un obus passe à quelques mètres derrière le colonel. Celui-ci, après avoir installé ses hommes, vient au consulat et nous trouve dans nos costumes de nuit jouant à cache-cache avec les projectiles. Ce début le surprend, on le serait à moins; mais il en prend gaiement son parti.

Arrivée de l'amiral Alexieff, commandant en chef des forces russes. L'amiral tombe de son haut en voyant la situation, car ce qu'on lui a dit à Takou ne s'approchait pas de la réalité.

Cette impression existe, du reste, chez tous les nouveaux arrivants. A Takou, sur les bateaux, on ne se doute de rien, on ne sait rien. Il serait pourtant facile d'être renseigné exactement, car les allées et venues entre Tien-Tsin et la rade sont journalières. A part les amiraux Seymour et Alexieff, les autres paraissent peu curieux.

Cette ignorance est surtout frappante chez nos troupes. On les a expédiées de l'Indo-Chine comme

7

pour venir garnisonner au Tcheli. Elles manquent de tout, de vivres, de munitions, de moyens de transport. Comment feront-elles quand on marchera sur Pékin?

Ce matin on s'est décidé à prendre l'offensive du côté de l'ouest. Notre artillerie, celle des Anglais et des Japonais ont bombardé l'arsenal.

9 juillet. — Suivant l'habitude, établie depuis quelques jours, nous avons une vive fusillade à la gare vers minuit, puis une autre à trois heures, à laquelle, au jour naissant, se joint la canonnade partie de la ville chinoise, si bien qu'il est impossible de dormir et qu'à la pointe du jour il faut abandonner son lit ou sa natte et chercher un abri contre les obus. Ce matin un engagement très vif a eu lieu à l'ouest des concessions; les Japonais, les Russes et les Anglais, avec le concours de notre artillerie, attaquent de nouveau l'arsenal de l'ouest.

L'action dure toute la matinée. La cavalerie japonaise charge de gros rassemblements de réguliers et de Boxeurs réunis au champ de courses ; notre artillerie canonne très heureusement l'arsenal et en déloge tous les défenseurs, au nombre de sept à huit cents, qui s'enfuient vers la cité ; enfin, vers midi, l'infanterie japonaise s'empare de la position. Mais elle ne la conserve pas, se trouvant trop exposée, et l'abandonne après avoir incendié tous les bâtiments.

10 juillet. — Nuit et journée calmes. Tout le monde est éreinté, depuis quelques jours la chaleur est très forte. Arrivée d'une seconde batterie de montagne française.

11 juillet. — Ce matin devait avoir lieu une action importante à l'est de la ville chinoise à laquelle toutes les troupes alliées devaient coopérer, mais un accident survenu au matériel des pontonniers russes a motivé un contre-ordre au dernier moment. Ce nouveau retard produit une mauvaise impression.

A trois heures du matin l'ennemi, qui à la faveur des ténèbres avait réussi à s'approcher jusqu'à deux cents mètres de la gare, a ouvert un feu très vif. La gare était occupée par une compagnie japonaise de cent hommes, cent hommes d'infanterie de marine sous le commandement du capitaine Genty et autant d'Anglais. Soutenus par leur artillerie qui enfile nos tranchées, les Chinois (Boxeurs, réguliers) attaquent très vigoureusement et s'avancent à cent mètres de notre ligne. La position devient très critique. Les Français et les Japonais tiennent bon et demandent des renforts, les Anglais commencent à se retirer. Heureusement deux cents Japonais et un demi-batail-

lon d'infanterie de marine arrivent à la rescousse.
Les Japonais chargent à la baïonnette et repoussent l'ennemi que des feux de salve mettent en
pleine déroute. Mais le recul des Chinois, en déga-
geant le terrain, permet à l'artillerie des forts de
tirer, et, jusqu'à neuf heures, les obus pleuvent
dans les tranchées, y causant de grosses pertes.
Les Français ont dix tués et trente-quatre blessés.
Les Japonais ont une centaine d'hommes hors de
combat; une de leurs compagnies a perdu tous ses
officiers : les uns après les autres on les a vus
monter sur le talus de la tranchée et, calmes,
gantés de blanc, commander le tir comme à un
exercice. La bravoure et le sang-froid de ces petits
hommes sont tout à fait remarquables, mais ils
s'exposent souvent et perdent du monde inutilement.

Pendant l'après-midi, d'une heure un quart à
deux heures et demie, les canons anglais, français,
russes et japonais tirent sur la cité et le fort chinois qui ripostent. Les quartiers chinois de l'ouest
sont en feu.

L'amiral Seymour retourne ce soir à Takou.

Arrivée d'une compagnie d'infanterie de marine :
la chaleur est si forte qu'elle a eu trois hommes
frappés d'insolation et en aurait eu davantage si
elle n'avait eu la chance de rencontrer la chaloupe

française avec un chaland où elle a pu s'embarquer.

Une partie des renforts américains arrivent ce soir également.

On s'énerve de plus en plus : les officiers voudraient évacuer tous les civils sur Takou, mais ceux-ci protestent. Chaque soir on annonce un grand mouvement, et le lendemain apporte un contre-ordre.

On dit que la gare devient intenable, et qu'on ne pourra peut-être plus s'y défendre. Ce serait alors la perte des concessions.

On soutient même qu'il vaudrait mieux abandonner celles-ci et faire camper les troupes en rase campagne pour les mettre à l'abri de ce bombardement qui tient tout le monde sur le qui-vive, nuit et jour, et cause de grandes pertes.

12 juillet. — A la terrible journée d'hier succèdent une nuit et une matinée calmes. Que c'est bon et reposant de ne plus entendre le canon, les obus et les balles !

Le consul étant occupé par des affaires pressantes, j'ai été le représenter à l'enterrement des morts d'hier. Quelle cérémonie lamentable ! Dans cette ville en plein désarroi depuis vingt-cinq jours, tout manque. Ni moyens de transport, ni planches pour faire des bières, ni étoffe pour les linceuls. Les pauvres corps enveloppés et ficelés dans des nattes sont déposés sur le parvis de la chapelle de l'hôpital, en attendant des charrettes qu'on a été chercher je ne sais où ; un piquet de soldats, leurs camarades d'hier, rend les honneurs. Pour occuper l'attente, j'écoute les détails du combat racontés par l'officier, un tout jeune sous-lieutenant, nouvellement sorti de Saint-Cyr, mais déjà endurci par le feu. Enfin les charrettes sont là ! On y empile les pauvres paquets humains, et le triste cortège se met en route, précédé de la croix, suivi de quelques religieux et de quelques officiers et soldats. On va ainsi jusqu'à un grand jardin privé que les Russes, puis les Français, ont choisi pour cimetière. Entre une volière brisée, une maison éventrée et un monceau de débris informes, des tombes, déjà nombreuses, boursouflent le sol. Les douze cadavres sont couchés côte à côte au fond d'une grande fosse — camarades maintenant pour l'éternité — le prêtre dit une prière, le piquet de garde présente les armes, et, quand la dernière pelletée de terre a nivelé le sol, les soldats retournent au combat y trouver peut-être la mort qui les couchera demain dans ce cimetière.

Un courrier de Pékin arrive aujourd'hui, envoyé par le ministre du Japon à son consul à Tien-Tsin. Le message est ainsi conçu : « 29 juin. La situation à Pékin devient des plus critiques. Les soldats chi-

nois assiègent et bombardent les légations étrangères de tous côtés nuit et jour. Les détachements
de la garde combattent avec le plus grand acharnement et résistent à l'attaque, mais les munitions
commencent à s'épuiser, et notre extermination
paraît imminente ; nous attendons avec anxiété
l'arrivée de l'armée de secours qui débloquera la
ville. »

Le porteur rapporte qu'il est parti le 1ᵉʳ juillet et
qu'il a eu toutes les peines du monde à gagner
Tien-Tsin et à pénétrer dans les concessions. Le
bombardement a commencé, après l'assassinat du
ministre d'Allemagne, le 20 juin. Il y a eu parmi les
réfugiés dans les légations quatre tués et treize
blessés, et parmi les escortes dix-huit tués et
quinze blessés. La santé des ministres est bonne.
Les troupes de Tong-Fou-siang occupent le quartier de Young ting men, celles de Yung lu sont
à Anting men. L'est et l'ouest de la capitale sont
gardés par les troupes des bannières. A Toung-
tchéou, le port de Pékin sur le Péi-ho, il y a deux
camps sous le commandement du général Tsang-
Ching. Il n'y a pas de troupes du général Yuan-
che Kai. Le pays entre Toung-tchéou et Tien-Tsin
est vide de troupes ; par contre, cette dernière ville
en est remplie.

A les examiner de près, ces nouvelles ne sont

pas encore aussi mauvaises qu'on pouvait le craindre. Les pertes causées par neuf jours de combat ne sont pas excessives, si l'on considère le nombre total des assiégés : trois mille, dit-on, en y comprenant deux mille chrétiens chinois, et les mauvaises conditions de défense, de logement et de nourriture. On peut en induire que ces attaques sont le fait d'actes isolés de Boxeurs ou de soldats, et non le résultat d'une action d'ensemble de toutes les troupes chinoises, car, dans ce dernier cas, les légations n'auraient pu résister aussi longtemps. Si les assiégés ont encore assez de vivres, et le courrier chinois le prétend, elles peuvent tenir encore. D'autre part, si les Boxeurs avaient réussi dans leurs attaques, la nouvelle en serait venue très certainement à Tien-Tsin, et de là jusqu'à nous. Il est donc permis d'espérer que les malheureux réfugiés sont encore en vie, et que si l'on parvient à frapper ici un grand coup, le retentissement qu'il aura à Pékin opérera un revirement dans l'esprit des Chinois influents.

Après le combat du 11 juillet, le colonel de Pélacot, commandant le corps expéditionnaire français, a pris l'initiative de provoquer une réunion de tous les commandants supérieurs des troupes alliées, dans laquelle on traitera la question d'une attaque immédiate des positions ennemies.

Le général Stessel, commandant des forces russes, fait connaître qu'il marchera par la rive gauche sur les défenses du canal de Loutay et tentera de s'emparer des camps chinois établis au nord de la ville ; il demande le concours d'une batterie française (la 12ᵉ de montagne lui est envoyée) et des forces allemandes. Il attaquera le 13 au petit jour avec trois mille hommes.

Les commandants des forces françaises, anglaises, japonaises et américaines décident en principe que demain toutes les troupes internationales disponibles sur la rive droite attaqueront la ville chinoise par la face ouest, au moment où les Russes agiront sur la rive gauche. Les Français fourniront un bataillon et une batterie ; le bataillon restant placera deux compagnies à l'école de médecine pour garder le nord de la concession française en contact avec les faubourgs chinois, et occupera la gare avec une compagnie pour repousser les Chinois s'ils tentent une diversion.

Les Japonais fournissent deux bataillons et deux batteries, les Anglais et les Américains deux bataillons et une compagnie. En tout trois mille deux cents hommes.

D'après un accord verbal entre les commandants supérieurs, le mouvement se fera en trois colonnes. Le premier objectif sera l'arsenal de l'ouest, pris et incendié le 9 par les Japonais, mais évacué et peut-être réoccupé par les Chinois.

Colonne de droite. — Bataillon français. Sur un sentier longeant le pied d'une grande digue en terre qui fait à peu près le tour de la ville, faubourgs compris, et qui, partant de l'extrémité sud des concessions, passe précisément par l'arsenal de l'ouest.

Colonne du centre. — Japonais. (La batterie française marchera avec l'artillerie japonaise, le sentier suivi par le bataillon d'infanterie de marine étant impraticable pour l'artillerie.)

Colonne de gauche. — Anglais et Américains.

Jusqu'à l'arsenal, les trois colonnes marcheront à la même hauteur et combineront leurs mouvements de manière que celles de droite et du centre y entrent ensemble.

Dès que celles-ci arriveront dans l'arsenal, la préparation de l'attaque par l'artillerie sur les faubourgs avoisinant la ville murée commencera.

Après une préparation suffisante, les infanteries française et japonaise se porteront en avant, enlèveront le faubourg et progresseront jusqu'au pied des murs de la cité chinoise.

La compagnie de pionniers japonais marchera avec les colonnes d'assaut et fera sauter la porte sud, de manière à permettre l'accès de ces colonnes en ville.

Les Anglais et les Américains, pendant ce temps, couvriront le flanc gauche de l'attaque contre toute tentative ennemie venant de la direction de l'ouest et du sud-ouest et formeront une réserve générale.

Le bataillon français franchira la digue à hauteur de la batterie de siège anglaise, à quatre heures du matin, et les deux autres colonnes régleront leur mouvement sur elle. (Extrait du rapport du colonel de Pélacot.)

Le bataillon de marche est composé des compagnies Poch, Verdant du 9ᵉ de marine, Martins, Saillens du 11ᵉ de marine, sous les ordres du commandant Feldmann. La 12ᵉ batterie, capitaine Joseph, est avec les Russes ; la 13ᵉ, capitaine Jullien, participe à l'attaque de la rive droite.

Le lieutenant-colonel Ytasse commande la garde des concessions et a l'ordre de faire une diversion en avant de l'école de médecine au moment où la colonne s'avancera de l'arsenal de l'ouest vers la ville. Un troisième bataillon d'infanterie de marine, commandant Roux, attendu ce soir à Tien-Tsin, servira de réserve éventuelle.

13 juillet. — Réveillé de bonne heure ce matin, j'ai été aux nouvelles. On ne sait rien encore, si ce n'est que les troupes sont parties aux heures fixées et que le combat est engagé partout. Du reste, on

entend une vive canonnade à l'ouest et au nord-
est.

Vers neuf heures, une formidable explosion secoue les concessions. La commotion brise les
carreaux, ébranle des maisons, et l'on distingue
au delà de la gare une énorme colonne de fumée
blanche qui monte à une grande hauteur et s'épanouit en un champignon colossal.

Onze heures. Toujours rien, si ce n'est qu'il y a
de grosses pertes à l'ouest et que l'on s'y bat terriblement. Je monte sur le toit de la mission des
jésuites, d'où l'on découvre à deux kilomètres tout
le champ de l'action ; avec une lunette on en suit
aisément les détails. Dans la plaine marécageuse
qui s'étend à l'ouest de la cité, l'infanterie de marine, reconnaissable à son uniforme bleu, est abritée
derrière des masures. Les Japonais sont près
d'elle, également dissimulés dans des maisons. On
distingue les Anglais et les Américains au delà vers
le nord. Ces troupes sont arrêtées. Mais la canonnade et la fusillade font rage. A l'ouest et au sud,
les canons tonnent sans cesse, et l'on voit les petits
ballons de vapeur blanche produits par l'explosion
des shrapnells planer sur la cité. De celle-ci, on
n'entrevoit qu'une silhouette informe à travers
d'immenses tourbillons de fumée noire que trouent
de temps en temps de grandes langues de flammes.

Çà et là des toits de pagodes émergent au-dessus
de la ligne crénelée des hautes murailles où
s'agitent confusément des formes vagues et d'où
partent des éclairs incessants. Un combat furieux
se livre là-bas. La vieille ville chinoise se défend
désespérément. A l'est également, de grandes colonnes de fumée et le bruit du canon signalent la
marche des Russes. Des incendies dévastent des
villages voisins. Et sous un soleil radieux, la
guerre à mort et sans merci ravage tout.

L'après-midi se passe dans une attente anxieuse.
A l'ouest, le bruit du combat continue, et de mauvaises rumeurs circulent déjà ; on craint un échec,
peut-être faudrait-il battre en retraite. Au nord-est
on n'entend plus rien, cela paraît fini du côté des
Russes. Les Chinois ont recommencé à bombarder
les concessions ; un officier russe est blessé d'un
éclat d'obus dans une rue au milieu de la concession
anglaise. Enfin vers quatre heures on a des nouvelles précises de l'engagement de la rive gauche.

Les Russes, partis à minuit de leur camp et
marchant au nord de l'arsenal de l'est, ont traversé
le canal de Loutai pendant la nuit. Arrivés en vue
des positions ennemies à la pointe du jour, ils les
ont attaquées vigoureusement. Vers neuf heures,
le général Stessel indique au capitaine Joseph,
commandant la batterie française, trois magasins à

poudre situés à huit cents mètres dans les faubourgs nord-est de la ville chinoise, non loin de la citadelle et des batteries, et lui demande s'il peut les faire sauter. — « Très facilement, répond l'autre ; mais il faut faire reculer vos troupes pour les mettre à l'abri de l'explosion. » Les ordres sont donnés et exécutés, et en deux coups les magasins sont atteints par un obus à la mélinite. Une explosion se produit alors, si forte que toute l'armée russe est jetée à terre par le souffle. Le général est culbuté de son cheval, tous les animaux sont renversés. C'est l'explosion que nous avons entendue. (A Takou, situé à cinquante kilomètres à vol d'oiseau, le sol est secoué comme par un tremblement de terre, et le bruit de l'explosion a été entendu d'une façon très intense à bord des bâtiments de guerre mouillés à vingt kilomètres de là.) Profitant du désarroi des Chinois, les Russes chargent les batteries à la baïonnette et les enlèvent après une courte résistance. Le général Stessel, quoique blessé dans sa chute, félicite le capitaine Joseph et ses artilleurs dont l'adresse a contribué si puissamment au succès, et lui offre de faire arborer le pavillon français sur la position. Malheureusement notre batterie n'en possède pas. Dans les positions chinoises on trouve huit canons Krupp des derniers modèles, dont deux de siège. Vers midi, les Russes sont maîtres de cinq camps retranchés. Ils ont eu cent cinquante hommes hors de combat ; le capitaine Joseph est blessé à l'épaule.

A cinq heures le commandant Vidal, attaché militaire de la légation, remplissant les fonctions de chef d'état-major du colonel de Pélacot, accourt au consulat et nous apporte des nouvelles du combat de la rive droite. Mais ici je préfère copier le rapport du colonel.

« *Développement de l'action sur la rive droite.* — Les mouvements ont été exécutés comme il avait été convenu. Les Japonais et les Français arrivent à l'arsenal en même temps vers cinq heures du matin.

« Tandis que les Anglais (3° colonne) s'étendent sur la gauche, sans toutefois dépasser la digue en terre, tandis que les Américains se massent en réserve, une compagnie japonaise et un peloton français sont portés en avant de l'arsenal pour couvrir la mise en batterie de l'artillerie.

« Les batteries française et japonaise cherchent une première position au sud et près de la digue, et ouvrent le feu sur les faubourgs, mais elles n'ont aucune vue.

« Une batterie japonaise est alors portée dans l'arsenal, où elle se met en batterie avec des vues directes. »

Pendant ce temps le bataillon français s'est massé derrière la digue, à l'abri des vues et des feux.

Le colonel commandant le corps expéditionnaire, après reconnaissance, porte sa batterie à gauche de la batterie japonaise, déjà en position dans l'arsenal, avec ordre de préparer l'attaque du faubourg.

Au cours de sa reconnaissance, le colonel avait vu que pour se rendre de l'arsenal aux faubourgs de la ville il n'y a qu'une chaussée de huit cents mètres de long et de quinze mètres de large, bordée à droite et à gauche de mares dont on ignore la profondeur.

Toutefois, sur cette chaussée se trouvent de trois cents mètres en trois cents mètres des groupes de deux ou trois maisons qui peuvent servir d'abri pendant la marche en avant.

Le colonel donne immédiatement ses ordres.
1° Le bataillon va franchir la digue, derrière laquelle il est abrité, pour venir se rassembler à l'extrémité de l'arsenal, derrière des ruines qui se trouvent à l'entrée de la digue.

2° Un peloton sera porté en avant sur la digue jusqu'au premier groupe de maisons, de manière à amorcer le mouvement et à couvrir le rassemblement.

LES RUINES DU OUAN-HAÉ-LO A TIEN-TSIN

TIEN-TSIN AU LENDEMAIN DE L'ASSAUT

3° Dès que la préparation de l'attaque par l'artillerie sera jugée suffisante, et quand l'ordre en sera donné, le bataillon se portera en avant sur le faubourg. Le mouvement se fera sur la digue, successivement, peloton par peloton, au pas de course, de groupe de maisons en groupe de maisons, sans s'attarder à tirer. La baïonnette sera mise au canon dès le départ (celle-ci ayant un grand effet moral sur les Chinois).

Entre temps, notre batterie, ayant épuisé ses munitions, se retire du feu et va se mettre à l'abri derrière la digue, où elle attend son échelon qui est envoyé à la concession pour se réapprovisionner.

Le mouvement de l'infanterie s'exécute point par point comme il a été dit plus haut.

C'est vers huit heures que le colonel lance le bataillon sur la chaussée. La tête du bataillon décolle avec un entrain remarquable ; le reste suit, malgré la grêle de balles que provoque ce mouvement en avant. Moins de dix minutes après, le bataillon se trouve dans le faubourg.

Les Japonais, qui ne veulent pas se laisser distancer, se portent en avant avec nos troupes, moitié sur la chaussée, moitié dans l'eau à droite et à gauche.

Les infanteries des deux nations arrivées dans le faubourg progressent lentement de maison en

maison. Vers neuf heures quarante leur mouvement en avant est enrayé ; les troupes sont à environ cinq cents mètres du mur de la ville
murée.

La batterie Jullien, qui est réapprovisionnée, est
portée à son tour sur la digue, au trot par pièce,
jusqu'à un groupe de maisons situé à huit cents
mètres du mur d'enceinte de la ville chinoise, avec
ordre d'y faire brèche.

Les obus à la mélinite lui faisant défaut, et les
résultats obtenus avec des obus à mitraille étant
insuffisants, la batterie reçoit l'ordre de se retirer
et de se mettre à l'abri.

Le colonel commandant le corps expéditionnaire décide alors de se cramponner jusqu'à la
nuit sur les positions conquises et, au petit jour,
d'amener son artillerie à courte distance pour faire
brèche avec des obus à la mélinite, puis de lancer
son bataillon à l'assaut.

Le général japonais, partageant entièrement
l'avis du colonel, maintient ses troupes au contact.
Le général anglais, hésitant, parlait de retraite,
mais, devant la décision prise par les commandants des troupes françaises et japonaises, il se
décide à porter les siennes en avant.

Celles-ci progressent lentement à gauche du
groupe franco-japonais, tandis que les Américains

avancent à droite. Anglais et Américains s'arrêtent sans s'engager dans les faubourgs.

Les deux ordres suivants envoyés, l'un à onze heures du matin, l'autre à deux heures par le colonel commandant le corps expéditionnaire au commandant Feldmann, dépeignent exactement la situation :

A 500 mètres de la ligne de feu.
Expédié le 13 juillet 1900 à 11 h. 20 du matin.

« Il faut tenir sur place jusqu'à la nuit. Vous êtes trop près de la muraille pour que l'artillerie ennemie puisse quelque chose contre vous. Abritez bien vos hommes et ne dépensez pas vos munitions.

« Nous n'avons en ce moment aucun moyen de faire brèche. Cette nuit je vous ferai renforcer et ravitailler.

« Demain matin la batterie aura des obus à la mélinite ; elle fera brèche, et on donnera l'assaut. »

A 500 mètres de la ligne de feu.
Expédié le 13 juillet 1900 à 2 heures du soir.

« Continuez à tenir ferme en épargnant hommes et munitions. Dès que la nuit sera venue, faites des barricades et des retranchements de manière à conserver ce que vous avez conquis. Couvrez-vous sur votre flanc gauche. Pendant la nuit je vous enverrai de l'eau et des munitions, et je vous ferai renforcer. »

Ce qu'il fallait, dans la circonstance, c'était de la ténacité. Le Chinois, devenu excellent artilleur et assez bon tireur, a encore la terreur de la baïonnette. Il fallait donc le maintenir sous la menace immédiate de cette arme.

De plus, le Chinois se défend avec la plus grande ténacité quand il est derrière des retranchements, mais il se retire dès qu'il est tourné. Il fallait donc attendre le résultat de l'attaque des Russes sur la rive gauche.

Les troupes retenues ainsi immobiles sous le feu, restant sans tirer pendant des heures entières, se tenant simplement prêtes à repousser à la baïonnette toute sortie ou retour offensif des Chinois, furent parfaites de calme et de sang-froid. Tout ce qui sortait de son abri, tout ce qui paraissait sur la digue pouvait être considéré comme perdu, car le feu de l'ennemi, mieux ajusté depuis qu'on ne tirait plus sur lui, était devenu des plus efficaces.

Force est donc d'attendre la nuit pour relever les morts et faire les ravitaillements.

D'après le commandant Vidal, l'élan des troupes lorsqu'elles ont franchi la zone découverte balayée par la fusillade a été merveilleuse, mais, hélas! des rangs entiers ont été fauchés, et une fois à l'abri plus moyen d'avancer. Impossible de relever les blessés. Avec la chaleur excessive d'aujourd'hui les hommes ont horriblement souffert. Beaucoup, torturés par la soif, ont bu de l'eau croupie des ruisseaux infects où pourrissent des charognes. Les murs des masures ne sont pas à l'épreuve des balles, et plus d'un homme a été blessé derrière les abris. Ces souffrances dureront jusqu'à la nuit. On ne pourra faire aucun mouvement tant qu'il fera jour.

C'est la grosse artillerie qui a manqué; les pièces de montagne françaises et japonaises ne pouvaient entamer les murailles.

A la nuit la fusillade s'apaise, le combat a duré quatorze heures; les renforts, avec les vivres, partent pour le champ de bataille, d'où l'on ramène les nombreux blessés.

Pendant que l'on se battait à l'est et à l'ouest de la ville chinoise, d'autres unités françaises étaient engagées à l'école de médecine et à la gare.

1° *Attaque de deux compagnies partant de l'école de médecine.* — Dès qu'il avait aperçu du haut d'un observatoire situé dans la concession le bataillon Feldmann s'engager dans l'arsenal, le lieutenant-colonel Ytasse avait porté en avant deux compagnies du bataillon Roux avec ordre de faire la diversion convenue à l'avance.

Ces compagnies, partant de l'école de médecine à cinq heures trente du matin, s'avancent à travers un dédale de maisons brûlées en repoussant les Boxeurs. Elles arrivent ainsi jusqu'à un terrain vague d'où elles sont prises en flanc par des tirailleurs chinois placés sur l'autre rive du Peï-ho.

Elles s'arrêtent.

D'une part la situation devenant difficile et les pertes devenant sérieuses, d'autre part la digue étant franchie par le bataillon Feldmann, le lieutenant Ytasse retire les deux compagnies lentement jusqu'à l'école de médecine, d'où il se tient prêt à les reporter en avant pour faciliter la retraite du bataillon Feldmann, pans le cas où ce dernier serait obligé de se retirer. Il est sept heures cinquante. Ce combat des rues, qui a duré deux heures vingt, a été très meurtrier.

2° *Combat autour de la gare*. — Les Chinois, refoulés par les Russes, cherchent à enlever le poste de la gare. Mais le feu des défenseurs de ce poste (une compagnie du 9° de marine) les tient à distance.

Cette compagnie n'a ni tué ni blessé par le feu de l'infanterie, mais de même que l'avant-veille les tranchées du poste enfilées par l'artillerie chinoise sont couvertes, à un moment donné, d'obus à mitraille qui lui causent quelques pertes.

Quand ces nouvelles parviennent dans les concessions, elles y causent une profonde émotion. On craint que la journée de demain ne soit très meurtrière et qu'on ne manque de monde.

14 juillet. — Ce matin à six heures du Chaylard m'a réveillé en criant : « Levez-vous ! Le drapeau français flotte sur la cité chinoise ! » Nous avons grimpé sur le toit d'où nous avons vu à travers la brume et la fumée nos trois couleurs flotter sur les murs de la ville chinoise en compagnie du drapeau japonais. Après l'anxiété d'hier soir, quel soupir de soulagement à l'annonce de la victoire ! Bientôt les nouvelles arrivent. Comme je l'ai dit, les troupes avaient couché sur leurs positions après avoir été renforcées ; le bataillon français avait été doublé d'un autre. Toutes les troupes françaises à Tien-Tsin étaient aux avant-postes. La nuit fut relativement tranquille, sauf en grand'garde. Officiers et soldats dormaient sur le sol, entassés dans quelques maisons où ils avaient pu se caser. De temps en temps les Chinois tiraient au hasard des coups de fusil, et plusieurs de ces balles perdues causèrent des blessures. L'une d'elles, après avoir traversé un mur et être passée sous le corps du colonel Pélacot, atteignit à l'épaule son chef d'état-major, le commandant Vidal, qui dormait à côté de lui.

A trois heures, un peu avant le lever du jour, des pionniers japonais s'approchent de la porte de l'ouest, malgré les coups de fusil, et y placent un pétard de dynamite. Le fil électrique qui devait faire exploser à distance est coupé par un projectile, et on doit mettre le feu à la main. La porte vole en éclats, et aussitôt les colonnes françaises et japonaises se précipitent par l'ouverture; elles se heurtent à une seconde porte placée en arrière d'une demi-lune, et, comme on n'a pas de dynamite, quelques soldats escaladent la muraille avec une échelle et en s'aidant des trous et des aspérités du parement. Ils atteignent le sommet, tuent ou chassent les Chinois et redescendent de l'autre côté pour ouvrir les portes. Dès ce moment la ville est prise. Suivant ce qui avait été décidé entre le général Foukoushima et le colonel de Pélacot, les Japonais s'emparent de toute la partie de la ville et des remparts situés à droite de la grand'rue ouest-est de la cité, les Français prennent la partie gauche.

Les soldats chinois, fatigués sans doute de la résistance acharnée qu'ils ont opposée la veille, démoralisés par la ténacité des troupes étrangères et par la nouvelle des succès des Russes à l'est, craignant d'être tournés, avaient évacué la cité pendant la nuit. Rapidement Français et Japonais couronnent les murailles, d'où à leur tour ils fusillent les derniers Boxeurs et soldats chinois attardés.

A cinq heures les pavillons japonais et... anglais étaient arborés sur les murs de la cité; quelques instants après nos trois couleurs flottaient à leur tour. Comment se fait-il que les Anglais, entrés les derniers, aient planté leur drapeau avant nous qui étions les premiers avec les Japonais? La raison en est simple : un peu avant l'assaut, les Anglais, qui étaient à la gauche, envoyèrent quelques groupes de trois ou quatre soldats se mêler aux colonnes françaises et japonaises; ils entrèrent ensemble et, pendant que nos soldats étaient occupés à chasser les derniers Chinois, plantèrent le drapeau britannique en bonne place, à la gauche de la porte d'entrée, là où nous venions de passer.

A sept heures, en l'honneur de la fête nationale et pour célébrer la prise de Tien-Tsin, le comte du Chaylard hisse son pavillon, et un quart d'heure après les Chinois, qui, décidément sont bons pointeurs, lui envoient leur *p. p. c.* sous la forme de trois obus qui heureusement ne blessent personne.

C'est la fin du bombardement.

Il a duré du 17 juin au 14 juillet, 28 jours.

Cette victoire a coûté cher, 940 hommes sur 4,000 sont hors de combat, c'est-à-dire plus du cinquième des effectifs engagés.

Les pertes se répartissent à peu près ainsi :

Français, 94 blessés, dont 6 officiers hors de combat ; 22 tués, dont un officier.

Japonais, 400.

Américains, 200.

Anglais, 50.

Parmi les morts on signale un officier français, le lieutenant Piquerez, le colonel commandant le détachement américain, de nombreux officiers japonais.

Les grosses pertes des Américains sont dues à l'inexpérience des soldats, qui ne savent pas s'abriter et s'avancent en ordre compact. Celles des Japonais tiennent à leur mépris du danger, qui fait l'admiration de tous ceux qui en ont été les spectateurs. Ils marchent sous la fusillade aussi calmes qu'aux manœuvres. Un officier d'artillerie dont la batterie était à huit cents mètres de la muraille se tenait debout en gants blancs, dirigeant le tir de ses canons comme à une école à feu. Une des pièces a eu successivement tous ses servants tués. C'est très brave. Mais quelques précautions épargneraient la vie de beaucoup de ces soldats sans rien compromettre.

Au cours de cette journée, comme durant les derniers combats à la gare, Japonais et Français ont combattu côte à côte en bons camarades d'armes et se sont aidés mutuellement.

CHAPITRE V

16 juillet. — Hier j'ai suivi un détachement de nos soldats qui allaient chercher dans la ville chinoise des charrettes, des chevaux et des jonques : les moyens de transport qui seront nécessaires quand on partira pour Pékin.

De grand matin nous sommes partis; j'avais le revolver à la ceinture, l'appareil photographique à la main. Passé la barricade au nord de l'école de médecine chinoise, on entre dans les faubourgs où l'on s'est battu pendant vingt-sept jours. Sur près d'un kilomètre toutes les maisons sont brûlées, les ruines éventrées par les obus. Des cadavres et des débris à moitié consumés jonchent le sol. Une puanteur cadavérique, une odeur de brûlé empoisonnent l'air. Des bandes de chiens affamés errent dans les décombres et dévorent ces carcasses que l'on n'a pas encore eu le temps d'enfouir. Grâce à eux nous éviterons peut-être quelque épidémie.

Vite nous franchissons cette scène de dévastation. Nous gagnons la porte sud par laquelle les
troupes alliées sont entrées. Les faubourgs où nous
sommes maintenant ont moins souffert; beaucoup
de maisons sont encore debout, et l'on aperçoit
quelques habitants effarés qui se dissimulent ou
s'enfuient à notre approche. En témoignage de
leur soumission ils ont arboré sur leurs demeures
le pavillon des armées étrangères ou en tiennent
un à la main. Le drapeau japonais est en majorité,
soit que les soldats de l'empire du Soleil levant en
aient distribué en grande quantité, soit parce qu'il
est plus facile à confectionner ; un morceau de
cotonnade blanche avec un rond rouge au milieu

Autour de la porte, les traces du combat d'avant-
hier sont encore vivantes ; les murs écrêtés, dé-
foncés par les obus, les débris de la porte pendant
encore aux gonds, les drapeaux au bout d'une per-
che plantée à la hâte sur le terrain à peine conquis,
des cadavres, des débris d'armes, tout cela encore
dans le pêle-mêle de la bataille. Nous passons la
voûte que gardent un marsouin et un soldat japonais. Dans la cité murée, l'aspect est d'une horreur
indescriptible : maisons brûlées ou encore en feu,
cadavres d'hommes et d'animaux amoncelés, parfois à moitié carbonisés, un chaos de choses sans
nom; et dans l'air, cette odeur infecte de cadavres

brûlés qui prend à la gorge et vous soulève le cœur. Ici on a l'impression saisissante de ce qu'ont été les journées des 13 et 14 juillet.

Pendant que les assiégés combattaient du haut des remparts, une partie de la cité flambait derrière eux, et la populace, profitant du désordre, se ruait au pillage des riches magasins, des monuments publics, des demeures particulières, massacrant ceux qui tentaient de la repousser. Et le pillage a continué. Sous nos yeux des mendiants, des miséreux dévalisent les monts-de-piété, les greniers, les boutiques, les yeux ardents de convoitise féroce ; des rixes éclatent, souvent mortelles. Et, comme dans une fourmilière, c'est un grouillement de loqueteux, hommes et femmes, adultes et enfants, qui se hâtent à travers les rues et les décombres, attirés vers les bons endroits, les uns encore les mains vides, les autres chargés de paquets volumineux et pesants, qu'ils s'empressent d'aller cacher je ne sais où. Aux carrefours des sentinelles des diverses nations arrêtent ces pillards et les forcent à jeter leur butin, mais il y en a trop, il faudrait les chasser à coups de fusil. Les soldats harassés, trop peu nombreux, se contentent de garder certains édifices et quelques grands magasins.

Nous sortons par l'ouest, mais l'incendie qui

dure encore de ce côté nous repousse vers le nord, où le faubourg est à peu près intact.

Quel soulagement d'échapper à l'odeur et à la vue de ces abominations !

Ce pays est extraordinaire : là-bas, à quinze cents mètres, la populace met la ville à sac ; ici la vie est presque normale. Les gens vont et viennent sans trop d'effarement. Il y a même des boutiques ouvertes où l'on vend et l'on achète, des colporteurs qui crient leur marchandise. La plupart des maisons sont closes, portes barricadées de l'extérieur ; d'autres ont le petit drapeau étranger qui les sauvegardera, le japonais de préférence, ou encore un écriteau dans ce genre : « Soumission aux puissances occidentales et aux Japonais » ; ou bien : « Ami de la civilisation. » Les passants, peu nombreux, tiennent bien en évidence un petit drapeau ou un écrit du même genre, à moins qu'ils n'aient au cou une passe signée d'une autorité militaire ou consulaire. Cela donne au quartier un faux air de fête populaire.

Dans des auberges abandonnées où les réguliers étaient casernés, nos soldats ont découvert des canons, des armes et des munitions dissimulés sous de la paille, dans des dépendances du yamen du vice-roi des charrettes et des chevaux, et sur le Pei-ho des quantités de jonques abandonnées.

Pendant qu'ils ramènent ces prises à la concession française, je continue mon exploration avec un compagnon.

Le yamen du vice-roi est désert, pas un être humain ; j'erre dans un dédale de grandes salles, de cours, de petits jardins, de réduits bizarres. Il ne reste plus rien, absolument rien, sauf des monceaux de fusils démodés et de nombreuses caisses de cartouches à moitié vides. Le vice-roi a dû quitter son palais depuis longtemps. Le quai aux abords du yamen est garni de casemates solides.

Nous poussons jusqu'aux ruines de l'église commémorative des massacres de 1870, que nous avons vu brûler le 15 juin.

Comme en 1870, seul le clocher surmonté de la croix est debout. Tout le reste est anéanti, émietté ; les tombeaux, les stèles qui les surmontaient, et surtout celle qui se dressait à la porte et où était gravé le décret impérial autorisant la construction de l'édifice, ont été pulvérisés. Un gros tas de briques cassées, de débris de granit et de marbre, c'est tout ce qui subsiste.

A deux cents mètres de là, le drapeau japonais flotte sur la citadelle, le fameux fort noir, d'où, prétendait-on à tort, les Chinois nous bombardaient. Les canons de cette citadelle se sont tus durant tout le siège. Ce sont de braves canons se chargeant par la bouche, lançant des boulets ronds et tout au plus bons à donner aux embrasures un aspect menaçant. Les Chinois les ont dédaignés. La citadelle n'a servi que d'écran aux batteries de siège, établies à cinq cents mètres plus au nord, dans les camps retranchés.

Pour aller à ces camps il faut franchir le Pei-ho sur un pont de bateaux, derrière le yamen du vice-roi. A une courte distance de la rive gauche, dans l'espace limité par le mur en terre de Tien-Tsin et le canal de Loutaï, il y a cinq grands ouvrages garnis de hauts murs en terre où étaient campés la plus grande partie des troupes régulières et des Boxeurs. Dans le principal de ces forts, où est cantonné un bataillon russe, nous avons la bonne fortune de rencontrer un officier que je connais et qui fort aimablement se fait notre cicerone. Ses explications ont une saveur particulière, car c'est lui qui, le 14 à la tête de sa compagnie, s'est emparé des deux principales positions.

Le camp retranché où il nous conduit est une véritable forteresse entourée de murailles épaisses, hautes de huit à dix mètres, avec une large plate-forme où l'artillerie Krupp était en batterie ; elles ont la forme d'un quadrilatère de cent cinquante mètres de côté environ. A l'intérieur il y a des

logements pour les troupes, des écuries, une pagode, une tour de guet, d'où notre aimable guide
nous montre le champ de bataille des 13 et 14 juillet. Maisons, tombeaux, tranchées, marais, bouquets de bois, rivière, canal, tous les obstacles
naturels sont réunis sur ce terrain, et permet-
taient aux Chinois, armés comme ils l'étaient,
d'opposer une résistance formidable. Mais s'ils
tiennent derrière un retranchement, ils l'abandonnent dès que l'assaillant marche sur eux ou décrit
un mouvement tournant. C'est ce qui arriva le
13 et le 14 et permit aux Russes de s'emparer
sans trop de pertes, relativement s'entend, de
positions aussi redoutables.

Une circonstance les aida aussi : un de leurs
obus tomba sur la poudrière d'un de ces forts, et
l'explosion affola les défenseurs, qui s'enfuirent
en désordre. La débâcle commencée s'étendit aux
autres positions. L'officier russe qui nous conduit
se trouvait à cinq cents mètres de là, dissimulé avec
sa compagnie derrière des maisons. Il demanda
à son chef la permission de donner l'assaut; celui-
ci hésitait, lorsqu'on vit les Japonais hisser leur
pavillon sur le fort noir situé sur l'autre rive.
L'ordre fut alors donné : les Russes s'élancent,
jettent un grappin sur la muraille, l'escaladent et
aperçoivent les Chinois en déroute à quelques

centaines de mètres dans le nord. Plusieurs
pièces Krupp étaient sur la plate-forme du rempart. Rapidement, on les retourne, on les pointe
sur les fuyards, et on les canonne avec leurs
obus.

La quantité d'armes et de munitions trouvée
dans les magasins est énorme, canons de siège, de
campagne, de montagne, canons-revolver, mitrailleuses, etc.; le tout des derniers modèles, de pro-
venances allemande et anglaise. Il est impossible
d'évaluer le nombre des pièces et des projectiles.
Mais on ne risque pas de se tromper en affirmant
que plus de cent pièces modernes ont été saisies à
Tien-Tsin et à l'arsenal de Hsi-gou. Dans cet établissement, bien que la colonne Seymour, lors de
son passage, en ait détruit de gros stocks, les
Russes en ont encore trouvé beaucoup sous les
décombres qui n'avaient même pas été sorties de
leurs caisses d'emballage. L'approvisionnement en
fusils était à l'unisson.

Que penser des renseignements donnés au commencement du siège par des officiers européens,
anciens instructeurs de l'armée chinoise, d'après
lesquels les Chinois ne possédaient qu'une batterie
Krupp de campagne avec quatre-vingts coups par
pièce? Les fournisseurs allemands et anglais, dont
plusieurs habitent à Tien-Tsin et ont eu leurs mai-

sons endommagées ou détruites, ne pouvaient ignorer ce qu'ils avaient vendu.

En visitant ces forts, que les alliés n'ont jamais bombardés, si ce n'est les 13 et 14 juillet, on se demande si leur existence même était connue.

24 juillet. — Dix jours se sont écoulés depuis la prise de Tien-Tsin; la ville est redevenue plus calme, les avant-postes russes sont à l'arsenal de Hsi-gou, à sept kilomètres environ au delà de la ville chinoise, dans la direction de Pékin, et les patrouilles de Cosaques ont poussé jusqu'à Peïtsang, à cinq ou six kilomètres plus loin, où elles n'ont pas rencontré de forces chinoises sérieuses La prise de Tien-Tsin paraît avoir mis l'ennemi en déroute et brisé subitement sa résistance opiniâtre. Il est encore trop tôt pour escompter l'effet moral de notre victoire, car nous ne savons pas ce qui se passe à Pékin, mais on est en droit d'espérer que les forces de l'ennemi ont été amoindries. Nous serons fixés sous peu; de nombreux émissaires ont été dépéchés à la capitale dès le 15 juillet, et la facilité avec laquelle ils ont accepté cette mission est de bon augure: jusqu'à ce jour on ne trouvait personne pour accomplir ce voyage, malgré les offres d'argent les plus tentantes.

Comme je m'étonnais, un jour du siège, de l'impossibilité de décider un chrétien, les seuls Chinois restés dans les concessions, à porter une lettre à Pékin, moyennant cent ou deux cents taëls (1), le missionnaire auquel je m'adressais répondit : « Les lignes ennemies sont infranchissables pour les chrétiens ; les Boxeurs occupent toutes les routes, arrêtent tous les passants, les fouillent et les forcent à faire des prostrations rituelles devant les idoles. — Mais il est aisé de dissimuler un petit bout de papier grand comme un timbre-poste. — Oui, mais les prostrations ? — Eh bien, ils les feront ; ce simulacre n'a pas d'importance ; au besoin vous l'autoriserez. — Non pas ! C'est absolument défendu, et aucun motif ne permet d'enfreindre cette règle. C'est ainsi que les premiers chrétiens comprenaient leur devoir et qu'ils sacrifiaient leur vie plutôt que de se prosterner devant les faux dieux. Je n'irai pas jusqu'à dire que tous les Chinois chrétiens comprennent ainsi leur devoir, mais il y en a beaucoup. »

D'après un numéro de la *Gazette de Pékin*, trouvé dans la ville chinoise, Li-Hung-Chang, le vice-roi actuel de Canton, aurait été par décret impérial du 10 juillet nommé vice-roi du Tché-li. Le prince Touan, chef des Boxeurs, dont l'influence était dans ces derniers temps souveraine à la capitale, ayant

(1) Le taël vaut 3 fr. 80.

toujours été l'adversaire acharné du vieux Li, la nomination de celui-ci indique que le père du prince héritier a perdu sa toute-puissance et que le parti de l'ordre et de la paix est plus écouté.

Les nouvelles de source chinoise recueillies de divers côtés corroborent cette supposition.

A Tché-Fou le bruit court avec persistance qu'à la date du 9 ou du 10 juillet le personnel des légations était sain et sauf, et que le mouvement des Boxeurs était en voie d'apaisement à la capitale.

De divers côtés on rapporte que le 15 juillet la situation des ministres et de leur entourage s'était un peu améliorée. Ils auraient même abandonné la légation d'Angleterre pour se réfugier tous au Pei-tang, l'établissement principal de la mission catholique, situé dans la ville impériale et par conséquent plus facile à garder si le gouvernement le veut. Tous ces renseignements sont d'origine chinoise, et par conséquent sujets à caution ; mais leur concordance est significative. Au surplus, la rapidité avec laquelle la mort du ministre d'Allemagne nous est parvenue prouve que si de nouveaux crimes avaient été commis, les Boxeurs s'en seraient vantés et nous l'auraient appris. Espérons donc toujours.

La prise des forts de Takou et de la ville de Tien-Tsin a été accomplie au prix de difficultés si sérieuses, dans des conditions si aventureuses, que malgré leur succès les chefs militaires sont unanimes à déclarer qu'une marche sur Pékin ne peut être entreprise sans une préparation rationnelle. Quelque hâte que l'on éprouve, on ne peut critiquer ces sages dispositions.

Il n'y a eu que trop d'imprudences commises, et un nouvel échec aurait un retentissement énorme dans toute la Chine,

Le Japon a, dit-on, décidé d'envoyer vingt mille hommes au Tché-li, et chaque jour ses navires débarquent à Takou des soldats et du matériel. Avec cette troupe et les renforts attendus de différents côtés on pourra marcher au secours de Pékin.

C'est l'occasion pour cette jeune puissance de montrer à ses aînées ce dont elle est capable ; elle n'y manque pas, et jusqu'ici elle a droit d'être satisfaite. Officiers et soldats de toutes nationalités sont unanimes dans leurs éloges ; tous louent la bravoure naturelle des Japonais, leur discipline, leur endurance, leur sang-froid au feu, leur bonne organisation et leur tenue parfaite. Quant à nous, l'entrain de ces petits hommes toujours propres, toujours gais, a conquis toutes nos sympathies Nous nous souvenons que des officiers français ont été leurs premiers instructeurs militaires ; des liens de camaraderie se sont formés sur les champs de bataille que l'avenir resserrera sans doute.

Les circonstances ont servi le Japon, mais il les prévoyait à une échéance plus ou moins rapprochée et s'y préparait Dès les premières nouvelles il avait envoyé des troupes, et ses effectifs atteindront à la fin de la campagne le chiffre de vingt mille hommes environ; c'est un corps homogène parfaitement équipé et instruit sur le pays où il opère. Aussi agit-il avec méthode et décision. A Takou il participa à la prise des forts lorsque l'artillerie des canonnières eut réduit au silence celle des Chinois. Il occupa le fort du nord-est et y créa un solide point de débarquement. Il y trouva des canons, des magasins, du matériel et des logements. A Tien-Tsin, il fut un des plus actifs à l'attaque de la ville chinoise et, dès l'occupation des quartiers indigènes, il mit la main sur les principaux yamens et édifices publics, où était entassé un butin considérable, canons Krupp des derniers modèles, munitions et argent en lingots. Sur la rivière, il organisa un service de transports avec les embarcations prises à Takou, puis avec une flottille de petits vapeurs venant directement du Japon sans rompre charge. On peut prévoir que dans les premiers jours d'août le corps japonais, fort de douze mille combattants environ, sera

réuni à Tien-Tsin, complètement équipé et approvisionné pour une longue campagne.

Les Russes ont été aussi parmi les plus actifs.
A la première nouvelle des troubles, leurs bateaux
mouillèrent devant Takou et, lorsque la situation à
Pékin devint menaçante, mirent à terre de forts
détachements, puis amenèrent aussitôt de Port-
Arthur un régiment d'infanterie dont la présence
à Tien-Tsin, du 16 au 24, sauva les concessions
d'une destruction générale. Ce fut encore un régiment russe qui vint de Takou à marches forcées, en
livrant des combats pendant quarante-huit heures,
secourir les étrangers de Tien-Tsin et délivrer la
colonne Seymour assiégée dans l'arsenal de Hsi-gou.
A l'attaque des forts de Takou, leurs canonnières et
leurs compagnies de débarquement prirent une part
prépondérante et subirent des pertes énormes. Ils
se sont attribué un des forts du sud, un autre dans
le Peï-ho, des ateliers, un torpilleur, des remorqueurs et des embarcations diverses. Une de leurs
compagnies du génie répare la voie ferrée de Takou
à Tien-Tsin et en assure le service depuis le
20 juin. A Tien-Tsin ils occupent le grand arsenal de
l'est, doté des machines les plus perfectionnées et les
plus modernes pour la fabrication des canons, des
fusils et des munitions, la frappe des monnaies, le
tout en excellent état et largement approvisionné.

C'est une prise qui représente un nombre respectable de millions. Dès le 15 juillet leurs détachements s'établirent à l'arsenal de Hsi-gou, d'où ils lancèrent des reconnaissances vers Peitsang et Yangtsoun. Dans les premiers jours d'août la Russie, qui doit en ce moment réprimer une révolte en Mandchourie, aura ici huit mille hommes en état de marcher sur Pékin.

L'action anglaise ne semble pas avoir été aussi importante que l'auraient désiré les résidants britanniques en Extrême-Orient. Engagée au Transvaal et au pays des Achantis, l'Angleterre a pu faire une démonstration navale imposante à Takou, mais a été au bout de ses moyens après avoir débarqué quelques centaines de marins. La tentative de l'amiral Seymour échoua malheureusement ; la presse de Shanghaï et de Hong-Kong a annoncé à grand fracas que les troupes anglaises marchant avec les Russes au secours de Tien-Tsin étaient arrivées les premières ; on sait ce qu'il faut penser de ces racontars. Depuis, une compagnie de Chinois de Weï-Haï-Weï, puis un régiment de Sikhs sont arrivés, et l'on attend sous peu de gros contingents indiens. Les Anglais ont eu l'habileté de s'emparer à Tien-Tsin des chaloupes à vapeur et remorqueurs du vice-roi, qui leur permettront de ravitailler par le Peï-ho la colonne qu'ils lanceront sur Pékin.

Le rôle de l'Allemagne, sans être négligeable, n'a pas été en rapport avec ses visées politiques en Chine. Ses deux canonnières *l'Iltis* et *le Jaguar* prirent une part décisive à l'attaque des forts de Takou et à leur occupation, et subirent de fortes pertes. A Tien-Tsin, trois cents marins allemands gardaient la concession allemande. La plupart furent incorporés dans la colonne Seymour, dont ils formèrent avec les Français le noyau le plus solide. Le 13 juillet, ils combattirent vaillamment à côté des Russes. N'ayant que peu de soldats au Tché-li, l'empereur Guillaume veut néanmoins marquer sa sympathie aux malheureux réfugiés dans les légations et les aider. C'est sans doute la raison de son télégramme à l'amiral Bende-mann, qui a été par les soins du consul d'Alle-magne affiché sur les murs de Tien-Tsin, et dont voici la traduction :

« Je donne ma parole impériale de payer mille taëls pour chacun des étrangers de différentes nationalités enfermés à Pékin, s'ils sont remis vivants aux mains des autorités allemandes ou d'autres nationalités étrangères.

« Toutes les dépenses faites pour transmettre ce message à Pékin seront remboursées.

« GUILLAUME II. »

On ne peut que louer la générosité de cette pensée ; mais il est permis de douter de son efficacité. Outre que les sommes promises ne sont pas excessives, j'ai déjà dit qu'au prix de cent taëls on n'avait pu pendant le bombardement trouver un courrier, elles sont offertes à un moment où l'argent lui-même est sans effet. Nous n'avons pas de communications avec les Chinois, et il n'est pas possible de leur faire part des offres de l'empereur d'Allemagne ; des fanatiques enragés comme le prince Touan et Tong-Fou-Siang sont les maîtres de Pékin, et leur haine contre l'étranger, ainsi que celle de leurs soldats, les rend sourds à toute proposition.

Les États-Unis ont figuré jusqu'à ce jour dans toutes les opérations importantes : l'attaque de Takou, où leur canonnière *Monocassy* a souffert beaucoup, la marche au secours de Tien-Tsin de concert avec les Russes et les Anglais, la prise de la ville chinoise. Depuis le 14, ils ont reçu des renforts et de grandes quantités de matériel, avec lesquels ils pourront marcher sur Pékin avec les autres forces alliées.

Le commandant en chef de notre division navale de l'Extrême-Orient se trouvait heureusement sur les côtes du Tché-li dans le courant de mai ; il était même allé faire une visite à Pékin avec plusieurs officiers de son état-major, car personne ne pré-

voyait alors de dangers imminents, et eut la chance
de quitter la capitale l'avant-veille de la destruction
de la voie ferrée. Il put donc se concerter immédiatement avec notre ministre et notre consul général à Tien-Tsin sur les mesures à prendre. Indé-
pendamment du premier détachement qui parvint à
Pékin, il mit à la disposition de l'amiral Seymour
un contingent de cent cinquante hommes sous les
ordres du capitaine de vaisseau de Marolles. Il ren-
força la garnison française de Tien-Tsin, qui fut de
cent trente marins environ pendant la période du
siège du 16 au 23 juin. La canonnière française
Lion coopéra très efficacement à l'attaque de
Takou, car son artillerie était plus puissante que
celle des autres navires engagés, et avait un champ
de tir plus étendu. Nos marins défendirent avec les
Cosaques la station de Chang-lien-chan et empê-
chèrent la destruction totale de la voie jusqu'à
Tan-Kou. A Tien-Tsin, du 15 juin au 14 juillet,
nos marins d'abord, l'infanterie et l'artillerie de
marine ensuite défendirent la concession française
placée en flèche au milieu des faubourgs chinois
et couvrant les autres concessions. Enfin, le 13 juillet, nos troupes opérèrent en première ligne à
l'ouest avec les Japonais, à l'est avec les Russes,
et seules au centre. Leur chef, le colonel de Pélacot, exerça une influence décisive dans les con-

seils de guerre, et réussit à mettre fin aux lenteurs, aux hésitations qui retardaient l'attaque de la ville murée et prolongeaient la désastreuse situation des alliés. Dans toutes ces opérations elles firent preuve des plus belles qualités militaires, la science et l'expérience de nos officiers furent hautement appréciées.

Notre marine et notre petit corps expéditionnaire, malgré leur infériorité numérique, ont donc joué le rôle qui correspond à l'importance de nos intérêts en Chine. Ils ont été dignes de leurs aînés de 1860 et ont ajouté quelques pages glorieuses à l'histoire de nos fastes militaires. Notre artillerie s'est particulièrement distinguée. On la classe la meilleure parmi celles des autres troupes.

Il est à craindre malheureusement que Tien-Tsin soit le terme des efforts de nos soldats si les renforts attendus de France et partis le 23 juin sur le *Guichen* et la *Nive* n'arrivent pas avant le départ des Japonais et des Russes pour Pékin. Nos soldats, déjà éprouvés par le climat de la Cochinchine et du Tonkin, ont souffert plus que les autres par suite de la position dangereuse de leurs cantonnements. N'ayant pas eu un instant de repos depuis plus d'un mois, ils sont très fatigués. Maintenant que l'excitation du combat est tombée, la malaria, la dysenterie, la fièvre typhoïde remplissent l'hôpital que le docteur Depasse et le consul de France ont eu la précaution d'organiser dans l'école de médecine chinoise. Et puis en auraient-elles la force que nos troupes ne pourraient que difficilement faire colonne étant venues de l'Indo-Chine sans moyens de transport et n'ayant trouvé à Tien-Tsin que quelques charrettes et jonques, en nombre insuffisant. Beaucoup d'officiers soutiennent, il est vrai, qu'on a tout le temps de se préparer, qu'on ne peut marcher avant la fin de la saison des pluies, c'est-à-dire les premiers jours de septembre, et qu'il est nécessaire d'attendre l'arrivée des gros contingents attendus d'Europe. Dans l'état des forces chinoises Pékin est imprenable avec moins de soixante mille hommes, sous peine de s'exposer à un échec. Les diplomates ont atteint le maximum d'imprévoyance ; il n'y a plus d'imprudence à commettre. En vain leur objecte-t-on que les Japonais, mieux renseignés que qui que ce soit, ne cachent pas leur intention formelle de partir après avoir achevé la concentration de leurs vingt mille hommes, c'est-à-dire dans la première quinzaine d'août.

27 juillet. — Le général Frey est arrivé avant-hier ; il vient prendre le commandement du corps expéditionnaire français, hélas ! bien réduit par les maladies et par le feu. Un télégramme nous a annoncé le passage du *Guichen* à Singapore le

21 juillet. Nous souhaitons que les renforts qu'il amène, cinq cents hommes, dit-on, arrivent à temps.

Les Japonais ont en effet promis aux Russes de ne pas partir avant la première quinzaine d'août. Il paraît de plus en plus probable qu'ils entraîneront les autres corps, qui ne sont pas en état de prendre cette initiative ou ne le veulent pas. Néanmoins dans certains milieux on persiste à croire qu'il faut réunir soixante mille hommes et attendre les premiers jours de septembre.

Les nouvelles de Pékin manquent toujours, les nouvelles directes tout au moins, car des bruits nous reviennent de Shanghaï et Tché-Fou ; les légations auraient été massacrées, et l'on donne des détails horribles qui affoleront les pauvres familles à l'étranger.

Bien que très inquiet, on ne croit pas ici à un massacre, car, s'il avait eu lieu, on l'aurait appris depuis longtemps ; les Chinois seraient trop heureux de nous le faire savoir. On considère que ce silence, quelque pénible et angoissant qu'il soit, est plutôt de bon augure.

. *29 juillet*. — Enfin on a reçu plusieurs messages de Pékin, provenant du ministre d'Angleterre, du chargé d'affaires d'Allemagne, de sir Robert Hart, ce dernier du 23 juillet.

Les réfugiés tenaient dans la légation d'Angle-terre, la seule qui ait été épargnée par le feu et le bombardement. La légation de France serait détruite par les obus, mais notre détachement en occuperait toujours les ruines. Au 23 juillet les pertes totales étaient de cinquante-quatre tués et quatre-vingts blessés environ. Les malheureux assiégés se défendaient avec une énergie inlassable, combattant jour et nuit, creusant des tranchées et éteignant les incendies. Leurs munitions devenaient rares, mais ils avaient des vivres en abondance, du riz et du cheval. Les attaques des Chinois avaient cessé depuis le 16, et le 20 Yung-lu aurait proposé un armistice, que sir Claude Macdonald aurait accepté, à la condition que les Chinois se tinssent éloignés. On ne nous dit pas ce qui est advenu.

Le bruit court ici que le commandant des forces militaires américaines aurait reçu de son gouvernement l'ordre de délivrer Pékin coûte que coûte. Si ce renseignement est exact, il indique que l'opinion publique aux États-Unis s'impatiente des retards mis à la marche sur Pékin, mais n'en saisit pas les motifs. L'Europe partage peut-être ces sentiments. Il faut cependant laisser aux généraux le temps d'achever leurs préparatifs. Ici, nous sommes dans une profonde anxiété sur le sort des malheu-

reux réfugiés à la légation d'Angleterre et au
Pei-tang, dont les nouvelles nous parviennent goutte
à goutte pour ainsi dire. Mais nous connaissons par
expérience les forces de l'ennemi et les difficultés
d'une marche de cent cinquante kilomètres sur
Pékin, à travers les plaines détrempées du Tché-li,
sous un soleil de feu, dans une région entièrement
dévastée. Si les troupes dont on dispose ici étaient
réunies sous un commandement unique, elles
pourraient être déjà en mouvement, bien des
lenteurs, des discussions, etc., eussent été évitées.
A qui la faute ? Ce n'est pas aux chefs militaires,
mais aux rivalités politiques qui, malgré tout, ne
désarment pas complètement. A ceux qui ont déve-
loppé ces rivalités et les ont aggravées dans ces
dernières années de faire leur *meâ culpâ*. En ce
moment il reste encore quelque chose des luttes
d'hier, et cela suffit à susciter des défiances qui
engendrent des retards.

4 août. — Avant-hier, quelques nouvelles de
Pékin ont filtré jusqu'à nous. Yung-lu et le
prince King auraient engagé des négociations avec
les ministres pour les engager à évacuer Pékin; il
y aurait eu une suspension d'armes, et le gouvernement chinois approvisionnerait les légations.

Certaines personnes soutiennent que ces renseignements sont donnés par les Chinois dans le but

d'égarer les gouvernements et de permettre à la diplomatie chinoise de préparer quelque piège. Les puissances ne doivent pas envisager sans répugnance l'éventualité d'une expédition avec toutes les complications politiques qui en découleront; si le gouvernement chinois réussissait à les convaincre qu'il n'est pas complice des Boxeurs et qu'il lutte contre eux, peut-être lui accorderaient-elles des délais, ou tout au moins le bénéfice des circonstances atténuantes. S'il arrive malheur aux légations, le gouvernement chinois soutiendra peut-être que la marche sur Pékin a mis le comble au fanatisme des Boxeurs et qu'il a été impuissant. Tous ces calculs sont vraisemblables de la part des Chinois, mais ce serait une faute de s'y arrêter maintenant. Dans la situation actuelle, la cour et ses conseillers ne céderont qu'à la force.

Déjà l'effet de la victoire de Tien-Tsin s'efface. Les indigènes pacifiques perdent confiance, commencent à croire que nous sommes à bout de forces et s'éloignent de Tien-Tsin. Ceux qui sont foncièrement hostiles reprennent courage, attaquant les étrangers ou les soldats isolés, empêchant le ravitaillement en vivres frais. Il est grand temps de faire un mouvement en avant.

Les généraux se sont enfin décidés à attaquer Peitsang, à une douzaine de kilomètres, où, dit-on,

PEI TANG (ou Peitsang)

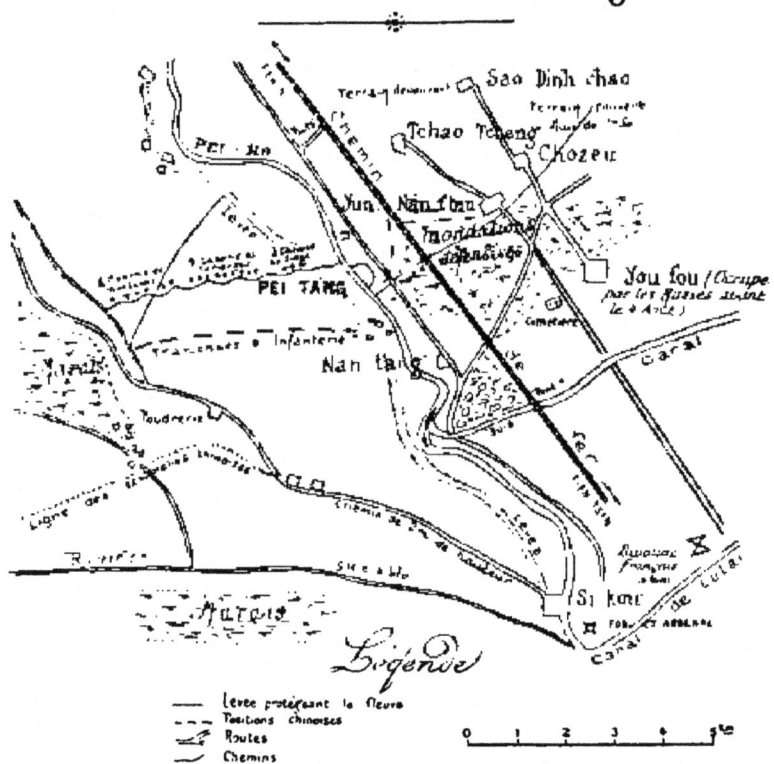

Légende

— Levée protégeant le fleuve
--- Tranchées chinoises
⌐ Routes
Chemins

0 1 2 3 4 5 km

l'armée chinoise s'est retranchée. Les troupes ont commencé leur mouvement aujourd'hui.

Peitsang est un gros bourg sur la rive gauche du Peï-ho, en amont du confluent de cette rivière et d'un affluent de la même rive qui arrose une plaine en contre-bas. Ce terrain protégé par des levées de terre a été inondé par l'ennemi. Sur la rive droite, le sol est légèrement relevé jusqu'à une vaste dépression marécageuse située à cinq ou six kilomètres à l'ouest. En avant de cette hauteur, les Chinois ont établi de fortes défenses, une ligne de tranchées à deux et trois étages de feux, des épaulements d'artillerie abritant vingt et une pièces, six de montagne, neuf de campagne, trois de siège et trois de calibres divers.

L'attaque aura lieu contre le front par le gros des troupes alliées, Japonais, Anglais et Américains; sur le flanc gauche par les Russes et les Français, qui décriront un mouvement tournant par les chemins hauts, à l'est de la ligne du chemin de fer. En se dirigeant de You-fou vers Yun-Nan-Chin et Tchao-Tcheng, ils tenteront de couper la retraite de l'ennemi.

Japonais, Anglais (Sikhs) et Américains sont partis hier; Russes et Français vont bivouaquer ce soir au nord du canal de Loutaï. De longues files de jonques suivront les troupes en remontant

la rivière et transporteront les bagages et approvisionnements. La voie n'est pas encore réparée
au delà de Tien-Tsin. Elle est ouverte dans la direction de Takou, grâce à l'intelligente activité du
colonel russe Keller, commandant un régiment de
pionniers qui, depuis un mois et demi, a accompli
un travail considérable.

5 août. — A la pointe du jour, j'ai gagné à cheval le terrain de l'action. J'ai suivi le chemin de la
rive gauche en traversant les camps retranchés
occupés par les Russes. La campagne est absolument déserte. Sauf un long convoi de charrettes
russes revenant vers Tien-Tsin et une estafette
portant un pli, je n'ai pas rencontré âme qui vive.
Un peu avant Hsi-gou, ma route rejoignant la
rivière, j'ai retrouvé les jonques françaises remor-
quées par un canot à vapeur. Dans le lointain on
entend une canonnade, mais on ne voit rien. Je
pousse plus loin, le long du Peï-ho. A la hauteur
de l'arsenal de Hsi-gou, quelques soldats se reposent; plus loin, près d'un village de l'autre rive,
une batterie d'artillerie anglaise est arrêtée. Je
passe près d'un grand canon de siège abandonné
au milieu des champs, sans doute une des pièces de
l'arsenal de Hsi-gou avec lesquelles la colonne Seymour s'est défendue, et je traverse encore deux ou
trois villages où ne restent que quelques vieillards

ou infirmes qui n'ont pu s'enfuir. Presque toutes les maisons sont intactes, portes closes. Il est dix heures, et le soleil en cette saison est terriblement chaud. J'aperçois enfin quelques troupes, des Français reconnaissables à leurs vêtements bleus, à deux kilomètres dans la plaine, et je lance mon cheval à travers les sorghos dans leur direction. Il y a là deux batteries russes et une batterie de campagne française. Toutes les troupes russes sont sur la rive droite, les chemins de la rive gauche ayant été coupés et la plaine inondée. Seul, le général Frey, avec la 12ᵉ batterie de montagne et quelques soldats français et russes, s'est avancé dans la direction de Yun-Nan-Chin. On l'a entendu canonner l'ennemi, mais on n'a pas de nouvelles. Pendant que j'écoute ces vagues renseignements, l'ordre arrive aux batteries de revenir vers le fleuve, et je reste seul dans la plaine, au milieu des herbes géantes. Du haut de mon cheval, mon regard rase l'immense tapis de verdure d'où çà et là émergent des bouquets d'arbres, la grisaille d'un village ou le monticule d'un four à briques. C'est d'un de ces villages, là-bas, à deux kilomètres environ, que des obus sont partis tout à l'heure; mais l'ennemi vient de l'abandonner. Dans le nord-ouest, le bruit du canon retentit encore de temps en temps, de plus en plus affaibli; mais on ne voit à l'horizon que le scintillement de l'inondation où le mirage crée de légers fantômes. Le combat paraît terminé ou tout au moins déplacé.

Un peu désappointé, je retourne vers le Peï-ho, où je déjeune dans un petit temple abandonné. Les jonques ont reçu l'ordre d'avancer vers Peit-sang. Elles arborent les couleurs de l'armée qui les a affrétées, ce qui permet de constater que les Japonais en ont le plus grand nombre. Les reporters anglais et américains ont aussi la leur. Et la file interminable s'avance lentement, au pas des coolies attelés par six ou par huit, sous la surveillance des soldats.

Sur le point d'arriver à Peitsang, une dernière déception m'attend : la digue est coupée sur huit à dix mètres de largeur. Impossible d'aller plus loin. Et je reviens un peu déconfit de ma journée de bataille. En fait d'émotion je n'ai eu qu'un bain inattendu dans une mare où mon cheval s'est plongé.

A Tien-Tsin, on sait déjà que Peitsang a été enlevé par les troupes de la rive droite qui ont poursuivi les Chinois. Le combat a été très meurtrier pour les Japonais, qui ont eu cinquante tués et deux cent soixante-neuf blessés. Dans le cantonnement ennemi, on a délivré un missionnaire français, le père Déhus, dont l'aventure est assez extraordinaire.

Il administrait une chrétienté à une centaine de kilomètres de Tien-Tsin, lorsque les troubles éclatèrent. Réunissant ses paroissiens dans un village convenablement situé, les armant avec quelques vieux fusils, il organisa une résistance assez forte pour repousser les Boxeurs. Cela durait depuis plus d'un mois, lorsque des réguliers cernèrent la position. Une première attaque fut repoussée, mais le chef chinois prévint le missionnaire qu'il allait bombarder le village si les chrétiens ne retournaient pas chez eux. Dans ce cas, il leur garantissait la vie sauve. Après avoir obtenu un engagement écrit qu'il envoya au consul de France, le père se rendit et les chrétiens se dispersèrent. Le 4 août, on le conduisit devant le général Ma, à Peitsang, qui lui promit de le renvoyer à Tien-Tsin. Dans la nuit le missionnaire était éveillé par le fracas de la fusillade et l'explosion des obus. Ses gardiens tentaient de l'emmener, puis s'enfuyaient, le laissant dans un tête-à-tête dangereux avec des malfaiteurs déjà occupés à piller. Heureusement, les Japonais survinrent. C'était la délivrance.

6 août. — Les détails arrivent de tous côtés sur le combat de Peitsang. Le 5, à deux heures du matin, six mille Japonais, trois mille Anglais et deux mille six cents Américains partaient de Hsigou, sur la rive droite. Au lever du jour, les Japonais s'emparaient d'une batterie à l'extrême droite, et les canons anglais commençaient à tirer. Les Chinois répondent vigoureusement, et ce duel d'artillerie dure jusqu'à cinq heures et demie. A ce moment, les Japonais donnent l'assaut à la première ligne des positions ennemies et dans un élan superbe l'enlèvent à la baïonnette. Le retranchement principal est pris de même une demi-heure plus tard, malgré une fusillade terrible. A neuf heures, les Chinois sont en pleine déroute, le feu a cessé, Peitsang est occupé.

Sur la rive gauche, les Français et les Russes avaient bivouaqué, le 4 au soir, près de You-fou. Ils devaient, dans la nuit, remonter la route de Yun-Nan-Chin et franchir la zone inondée avant le jour. Au moment de partir, une reconnaissance vint prévenir que les routes venaient d'être coupées et que les eaux rendaient le passage impraticable. Il avait été prévu que dans cette éventualité les troupes de la rive gauche passeraient sur la rive droite et appuieraient l'attaque de front, mais le général Frey fit remarquer que de You-fou, occupé par une compagnie russe, on pouvait, avec de l'artillerie, faire une diversion sur le flanc gauche de l'ennemi, qui diminuerait, dans une certaine mesure, la résistance sur le front, et marqua son intention de s'y porter avec une batterie

de montagne et de l'infanterie de marine. Le
général russe franchit donc seul le Peï-ho avec
ses troupes et le gros des troupes françaises, afin
de prendre part à l'attaque sur la rive droite.

Avec la 12ᵉ batterie de montagne et une quarantaine de fantassins, le général Frey gagna You-
fou que tenait la compagnie de volontaires russes
du capitaine Gorki. Ces volontaires sont recrutés
dans différents régiments pour tenter les coups
d'audace les plus risqués.

Il reconnut que le terrain était praticable pour
une troupe légère comme la sienne et s'avança
dans la direction de Cho-Zeu et Yun-Nan-Chin. Un
corps de cavalerie chinois assez considérable était
à quinze cents mètres environ de lui, abrité derrière des retranchements et formant l'extrême aile
gauche de l'ennemi. Les volontaires russes s'offrent à les tourner par l'est pendant que notre
artillerie les canonnera, ce qui est immédiatement
mis à exécution.

Les premiers obus tombent au milieu des cavaliers chinois, les surprennent et les mettent en
fuite. Les volontaires russes, qui ont pu atteindre
l'est de Cho-Zeu, ouvrent un feu de mousqueterie
qui enfile les positions chinoises. L'ennemi, se
croyant attaqué par des forces supérieures, commence à fuir. La déroute ne s'arrêtera plus.

Il est six heures lorsque la petite colonne franco-russe atteint la hauteur de Tchao-Tcheng, d'où nos canons de montagne tirent sur le flanc et l'arrière des positions de Peitsang. A ce moment, Japonais, Russes, Anglais et Américains attaquaient le front, et les Chinois commençaient à plier.

Les obus à la mélinite de la 12e batterie tirés de Tchao-Tcheng, tombant dans les tranchées à l'ouest de Peitsang, y causent des ravages, transforment la retraite en panique et permettent aux assaillants du front de s'avancer plus rapidement.

La victoire était gagnée, Peitsang au pouvoir des alliés ; l'ennemi en déroute avait dû abandonner la plus grande partie de son artillerie.

Le succès eût été plus complet si le mouvement tournant avait été exécuté comme il avait été projeté. Si, en effet, le général Frey avait disposé de deux à trois mille hommes et de deux batteries à Tchao-Tcheng et au pont n° 6, vers six heures du matin, au lieu de deux cents seulement, il lui eût été possible de couper la retraite de l'ennemi, de l'anéantir ou de le faire prisonnier. L'effort principal dans l'attaque de front a été donné par les Japonais.

Les pertes se répartissent ainsi :

Anglais (Sikhs), un tué, 24 blessés.

Japonais, 50 tués, 269 blessés.

Russes, 6 blessés.

7 août. — Yangtsoun a été pris hier, et l'on dit que les alliés s'avancent sur Pékin. Le 5, après la prise de Peitsang, les troupes campèrent sur la rive droite du Peï-ho. Elles repartirent le lendemain à quatre heures. Le corps français était coupé en deux, une partie, sous les ordres du général Frey, ayant continué sa marche en avant par la rive gauche, le gros, commandé par le colonel de Pélacot, composé de cinq compagnies réduites et de deux batteries, s'étant joint aux Russes. Ceux-ci repassent sur la rive gauche au pont de Peitsang, et les deux groupes français se réunissent sous le commandement du général Frey.

Yangtsoun est enlevé d'assaut après deux heures de combat. Les Américains ont 7 tués et 61 blessés ; les Sikhs, un tué et 38 blessés ; les Russes, 2 tués et 17 blessés.

Enhardi par ces succès, renseigné sur l'état d'esprit de l'ennemi, le général japonais Yamaguchi déclare aux autres généraux qu'il a l'intention de poursuivre les Chinois démoralisés complètement et désormais incapables de résistance. Cette décision surprend, car dans le conseil de guerre tenu à Tien-Tsin, le 3 août, il n'avait été question que de la marche sur Peitsang et Yangtsoun, dans le but d'y transporter la base des futures opérations. Plusieurs généraux cependant s'étaient prémunis contre toute éventualité en se faisant suivre de convois et d'approvisionnements. Les Russes s'y attendaient, à en juger par l'incident suivant que me rapporte un témoin.

Après la bataille de Peitsang, les Français campèrent à côté des Russes et, le soir, eurent le spectacle imposant de la prière récitée par toute l'armée. Empoignés par cet acte de foi accompli si simplement, sur le terrain même du combat, les Français poussent le cri de : Vive la Russie ! les Russes répondent par un formidable hourra, et le général Linévitch se précipite vers le colonel de Pélacot, lui serre les mains avec effusion et l'invite à marcher ensemble sur Pékin.

Le colonel est sans ordres de son chef, ses soldats éreintés n'ont que deux jours de vivres; mais Pékin l'attire, — Pékin où les alliés vont entrer dans quelques jours. Nos troupes resteront-elles en arrière? Notre légation, nos missionnaires seront-ils délivrés par des étrangers? C'est impossible. Le colonel consent alors à pousser jusqu'à Yangtsoun, espérant d'ici là recevoir des instructions.

Telle serait la scène que m'a racontée un témoin. Si elle est exacte, elle tendrait à prouver que dès la victoire de Peitsang les Russes projetaient de pousser jusqu'à a capitale.

Les alliés doivent prendre un jour de repos à Yangtsoun et poursuivre ensuite leur route pour atteindre la capitale en cinq jours.

8 août. — Le général Frey vient de revenir à Tien-Tsin pour terminer les préparatifs de la petite colonne qu'il emmène à Pékin. Car dès que la marche en avant fut décidée il a pris ses dispositions pour y participer. Les Français seront à la prise de Pékin en 1900 comme en 1860. Réduits à huit cents hommes valides, et encore ! ils doubleront les étapes pour rattraper la colonne internationale. Éprouvés comme ils l'ont été par le siège et les maladies, l'effort qu'ils vont faire sera rude ; mais tous, officiers et soldats, veulent arriver coûte que coûte et arriveront. Quel malheur que les cinq cents hommes de renfort du *Guichen* ne soient pas ici ! Ce bateau s'est arrêté à Saïgon on ne sait pourquoi. Il était attendu pourtant bien impatiemment.

Déjà les deux batteries de montagne, les bonnes petites pièces qui ont fait merveille à Tien-Tsin et à Peitsang, sont en route, avec la batterie de campagne et quatre compagnies ; demain deux autres compagnies partiront d'ici. Le général Frey a proposé aux Allemands, aux Autrichiens et aux Italiens, qui ne sont pas représentés dans la colonne, de se joindre à lui afin de coopérer à la prise de Pékin.

Ils ont accepté avec enthousiasme et se mettront en route demain seulement.

Le général compte retourner à Yangtsoun demain soir et rejoindre à marche forcée la tête de la colonne. Il a bien voulu m'autoriser à l'accompagner; je lui en suis très reconnaissant.

10 août. — Ce matin, quelques minutes après minuit, le général Frey, son état-major et moi, nous nous sommes embarqués dans une jonque légère qu'un canot à vapeur remorquera jusqu'à Yangtsoun.

Nuit superbe, éclairée par la lune dans son plein. Rapidement le paysage défile sous nos yeux, paysage fantastique, de réalités et de fantômes, de douces lumières et d'ombres menaçantes évoquant le souvenir des dangers passés. Et ces premiers pas vers Pékin avec l'armée libératrice qui va secourir les malheureux assiégés, où je compte tant d'amis, me causent une joie intime à l'idée de la délivrance et de la réunion prochaines. Mais seront-ils encore vivants quand les alliés pénétreont dans la vieille capitale? Tant de mystères planent sur leur sort !... En ce moment, les Chinois, voyant approcher l'heure de la défaite, n'ont-ils pas résolu leur perte, et la douce lumière qui nous enveloppe n'éclaire-t-elle pas la tuerie finale?

Quel affreux cauchemar !

Trois heures du matin.—Le sifflet du canot à vapeur jette des appels stridents. Nous sommes à Peitsang; la rivière est fermée par un pont de bateaux que gardent les Japonais. Le passage ouvert, nous reprenons notre course entre deux rives bases plantées de roseaux. De la campagne nous ne distinguons que la lisière des champs de sorgho, de temps en temps interrompue par quelques hameaux enfouis sous les arbres. La solitude est presque complète; de loin en loin un convoi de jonques est arrêté sous la garde d'une sentinelle.

Et peu à peu le ciel s'éclaircit, la lune à son déclin a pris une teinte jaunâtre, les étoiles pâlissent, l'aube naît. Les flots du Peï-ho, où se reflétait tout à l'heure encore la voûte étoilée, sont devenus une eau limoneuse où flottent toutes sortes d'épaves immondes.

Huit heures.—Arrêt au pont de Yangtsoun.—Les formes géométriques des grandes travées sont gauchies, les Boxeurs ayant enlevé les cales et allumé des brasiers gigantesques qui ont tordu les poutrelles en fer.

Nous transbordons dans le canot à vapeur qui nous conduit à quinze cents mètres plus loin, au pied d'une pagode de la rive droite, en face de la ville. C'est là que se trouve le colonel de Pélacot avec les troupes qui partiront ce soir en même temps que nous. La journée se passe en préparatifs divers, ordres de route, organisation des convois, instructions pour les troupes attendues. C'est au colonel de Pélacot qu'incombe la délicate fonction de ce service d'arrière qui assurera l'existence de la petite colonne, et l'éminent officier doit, le cœur serré, j'imagine, renoncer à l'honneur de conduire ses vaillants marsouins à l'assaut de Pékin, comme il l'a fait à Tien-Tsin.

La colonne internationale est partie d'ici le 8, et a couché à quinze kilomètres, à Tsai-Tsoun; le 9, elle était à Housivo; ce soir elle couchera à Matou. Elle a donc plus de cinquante kilomètres d'avance. Elle n'a rencontré aucune résistance ; l'ennemi paraît être complètement démoralisé et en pleine déroute.

La 12e batterie de montagne la suit de près avec deux compagnies; l'autre batterie de montagne et la batterie de campagne avec deux compagnies sont un peu en arrière ; ce soir part une compagnie et un petit convoi, et demain matin ce sera le tour d'une autre compagnie attendue d'un moment à l'autre de Tien-Tsin avec les détachements allemands, autrichiens et italiens. L'ordre est de marcher pendant la nuit et la matinée, de se reposer pendant le fort de la chaleur, de laisser tout bagage encombrant qui n'est pas strictement

nécessaire, de n'emporter que les armes, les cartouches, quelques vivres et une couverture. Heureusement le beau temps nous favorise.

Six heures. — Nous montons à cheval quelques
instants après le départ du petit convoi. Le général
n'emmène avec lui que les officiers de son état-
major, moi et cinq ou six cavaliers d'escorte. En
tout une douzaine de personnes. Nous dépassons
les dernières maisons de Yangtsoun et nous nous
engageons sur une route largement frayée. La nuit
tombe lentement sur les champs, voilant peu à
peu l'horizon. Et comme nos regards errent sur
ces étendues mélancoliques, là-bas, devant nous, au
fin fond de la plaine, un éclair surgit de derrière
les arbres, une fumée blanche se dresse en colonne
et s'épanouit en un champignon gigantesque; quelques minutes se passent, et un sourd grondement
ébranle l'air. C'est évidemment quelque explosion
causée par les Chinois ou par les alliés. Et pendant
quelques minutes nous nous amusons à considérer
ce nuage qui repère notre route et que colore de
rose le soleil couchant.

A quinze cents mètres de Yangtsoun nous rat-
trapons le convoi, pauvre convoi fait de charrettes
et de rickshaws à moitié brisés, que traînent des
animaux éclopés, attelés avec des cordes. Des coolies ramassés un peu partout, au hasard de la ren-

contre, poussent à la roue; les soldats eux-mêmes donnent un coup de main de temps en temps, et cette caravane pitoyable avance malgré tout assez rapidement. Mais quels efforts faudra-t-il accomplir pour franchir les cent cinquante kilomètres qui séparent du but!

Un incident. Le général vient de remarquer un soldat qui titube. Le malheureux, un enfant de vingt ans, à figure de gavroche, s'est enivré en buvant tout d'un coup la ration de tafia qu'on lui avait distribuée pour quatre jours.—Qu'on le renvoie à Yangtsoun, commande le général. — Le pauvre petit a compris, et aussitôt il a pensé qu'il ne serait pas à la prise de Pékin. Il supplie qu'on lui pardonne; il veut être là-bas pour la grande bataille finale où peut-être a-t-il rêvé d'accomplir quelque action d'éclat. Il se débat et dans sa détresse se lamente! Mais l'ordre est inflexible, et comme on ne peut le faire accompagner par un soldat, il n'y en a pas de trop, on charge un coolie éprouvé de le soutenir et de rapporter le fusil.

Et, en effet, l'idée d'atteindre la grande ville mystérieuse dont on parle depuis des semaines, où une poignée d'étrangers luttent désespérément, d'égaler les anciens de 1860 et de planter le drapeau français sur le palais du Fils du Ciel à côté de ceux des autres nations, est la pensée unique de ces soldats qui marchent jour et nuit, sans souci de la faim ni de la soif, surmontant la fatigue excessive. C'est une obsession qui les pousse irrésistiblement en avant. Et si parfois, trahis par leurs forces, ils abandonnent leurs compagnons et s'arrêtent un moment, ils reprennent bientôt leur chemin, lentement, mais avec la persévérance qui triomphe de tout.

La route serpente à travers les champs de sorghos géants, tantôt se rapprochant du Peï-ho, tantôt s'en éloignant. La nuit s'est faite, mais la lune brille de tout son éclat, et nous apercevons les voiles des jonques remontant la rivière sous la poussée du vent du soir. Le convoi est dépassé, et notre petit groupe, maintenant seul, trotte dans la campagne silencieuse. Si quelques Chinois avaient l'inspiration de tendre une embuscade dans les fourrés qui bordent le chemin, nous serions pris aisément. Mais on a le sentiment qu'une panique souffle sur le pays à la nouvelle de l'arrivée de ces « barbares de l'Ouest » qu'il y a deux mois on jurait de jeter à la mer. Tous les campagnards se sont enfuis ; quant aux soldats, ils ont dû se débander pour aller piller.

9 heures 30. — Traversons sans nous arrêter Tsaitsoun, la première étape. Un long convoi de petites charrettes japonaises s'y repose, les con-

ducteurs dorment, couchés sur la route. Toutes
les maisons du village sont ouvertes, saccagées.
Pas un être vivant.

Passé les dernières habitations, nous traversons
les restes d'un campement; des boîtes de conserve,
des cadavres de chevaux, des charrettes et des
rickshaws brisées jonchent le sol. Et de loin en
loin des traces semblables nous révéleront le passage de la colonne internationale. Du reste, nous
ne pouvons nous égarer, car deux fils télégraphiques sont déjà posés le long du chemin. De temps
en temps nous faisons halte pour laisser souffler
les chevaux, tantôt au bord du Peï-ho, où les jonques s'égrènent toujours en chapelet sans fin,
tantôt au milieu d'un champ. Mais nous tenons nos
chevaux par la bride, prêts à sauter en selle à la
moindre alerte.

11 août. — Minuit passé. Qui vive? Halte-là!
Une sentinelle nous arrête à l'entrée d'un village, à
une lieue environ d'Housivo, où nos deux batteries
et nos deux compagnies ont fait halte. Sur une
esplanade au centre des maisons, le camp est installé, pièces alignées avec leurs caissons, chevaux
attachés, les hommes étendus sur le sol et profondément endormis.

Le commandant du détachement, prévenu de
l'arrivée du général, vient au rapport. Les soldats

sont pleins d'entrain, et le trajet depuis Yangtsoun s'est accompli sans incident. Pas de malades, ni de retardataires. On est arrivé dans ce village vers huit heures, et l'on doit en repartir à une heure. Le réveil va sonner dans un instant.

Bientôt les éclats de la trompette retentissent dans le village endormi, et ces sonorités familières dans ce lieu étrange, déchirant soudainement le silence qui nous enveloppe depuis Yangtsoun, produisent une impression singulière. Les corps écrasés sur le sol remuent lourdement, peu à peu le camp s'anime, la vie renaît. Chaque homme accomplit sa besogne réglementaire. Les bêtes sont harnachées, bâtées, attelées, les hommes équipés avalent leur café, et la colonne en ordre de marche s'ébranle à l'heure fixée. Le général, satisfait, recommande de presser l'allure et prend les devants.

Deux heures du matin. — Housivo. — Le chemin suit le sommet d'une digue; à gauche et à droite nous distinguons des silhouettes vagues de maisons sous de grands arbres. Un détachement anglais est arrêté à cet endroit, et son chef donne quelques renseignements. L'explosion d'hier soir a eu lieu ici. C'est une poudrière que les Anglais ont fait sauter. Les Chinois avaient tenté d'inonder la contrée en pratiquant une large brèche dans la digue; mais, surpris par l'arrivée de l'avant-garde des alliés, ils se sont enfuis sans résistance. Les Japonais sont en tête de la colonne internationale, les Russes les suivent de près, les Anglais et les Américains sont un peu en arrière. Pendant cette conversation, deux Cosaques à cheval arrivent et remettent au général Frey un billet du général Linévitch le renseignant sur la situation et lui recommandant de se hâter pour prendre part à l'attaque de Pékin.

Sortis d'Housivo, nous reprenons notre course à travers champs. Le jour se lève sur un paysage pareil à celui de la veille, des champs de sorghos, de maïs, de millet indéfiniment, quelques bouquets d'arbres abritant des maisons, et, sur notre droite, à travers les échappées de verdure, les voiles des jonques, tantôt loin, tantôt près, se promenant lentement dans la grande plaine verte. Maintenant la route est encombrée de traînards, d'éclopés, Américains, Sikhs, Japonais, affalés le long de la chaussée, maraudant dans les villages ou marchant péniblement.

Nous traversons plusieurs villages tous abandonnés. Le soleil monte, et la chaleur devient accablante. Il y a seize heures que nous marchons, la fatigue et la faim se font sentir.

Encore des traces de campement, des abatis de

sorghos, des boîtes de conserve, des cadavres de chevaux.

Enfin, vers onze heures, nous rejoignons le détachement de tête, la 12ᵉ batterie et deux compagnies; les hommes et les animaux, quoique fatigués, sont en bon état. Nous ne sommes plus loin de Matou, où la colonne internationale a campé cette nuit.

On fait halte pour déjeuner dans une grande ferme.

Trois heures et demie. — Départ. — On a découvert quelques indigènes, et l'un d'eux accepte de nous guider. Matou est à deux kilomètres plus loin. L'arrière-garde de la colonne internationale s'y trouve encore. Dans le lointain, gronde une canonnade assez vive qui doit partir de Chang-Kiahouan.

Quatre kilomètres plus loin nous rejoignons et dépassons le corps américain marchant lentement, mais en bon ordre.

Le canon gronde toujours, maintenant plus distinct; les traînards sont plus nombreux. Des charrettes chinoises, des pousse-pousse encombrent le chemin, avançant cahin-caha.

Sept heures. — A la tombée de la nuit, nous entrons dans Chang-Kiahouan, d'où les Japonais viennent de chasser les Chinois. La colonne internationale est campée au nord du village.

A tâtons, nous nous sommes installés dans une

maison abandonnée. Nous n'avons rien à manger,
tout notre avoir se compose de quelques boîtes
d'allumettes. Avec deux officiers d'ordonnance, le
capitaine Bobo et l'enseigne de Mandat-Grancey,
nous avons été fouiller les environs et, dans le
chaos des logis saccagés, chercher de quoi manger.
Pendant plus d'une heure nous remuons à l'aveu-
glette des tas de choses invisibles où nos pieds
s'enfoncent et trébuchent. Notre persévérance est
enfin récompensée, et nous rentrons au logis tout
fiers de nos trouvailles : un sac de riz, une bassine
et une petite lampe où reste un peu de pétrole.
Nos compagnons dorment à poings fermés, et un
moment nous avons envie de les imiter. Le feu
allumé, la marmite posée sur quatre pierres, nous
nous improvisons cuisiniers. Nous avalons le riz à
peine cuit, et jouissons enfin de la béatitude de
nous étendre sur le sol.

12 août. — Lever au jour, déjeuner avec les
restes de la veille, et aussitôt en selle. Le premier
détachement français a rallié cette nuit et campé à
côté des Russes; le second est assez près. Les Japonais ont levé leur camp cette nuit pour attaquer
Tong-Tchéou, distant de cinq kilomètres. La course
continue.

A travers les encombrements des convois, où
toutes les armes sont confondues, nous avons

gagné Tong-Tchéou. Le général Yamaguchi s'en était emparé sans coup férir vers quatre heures du matin. Cinq cents réguliers de l'armée du général Lung, laissés à la garde de la ville, avaient fui à l'approche des Japonais, et ceux-ci n'ont eu la peine que d'enfoncer les portes de la ville. Déjà, en signe de soumission, les habitants ont pavoisé leurs maisons aux couleurs de l'empire du Soleil levant. Cela s'est fait comme si un mot d'ordre avait été donné d'avance. La population, est du reste, calme et paraît rassurée; les boutiques sont ouvertes, la vie ordinaire fonctionne, on vend, on achète. Nous allons cantonner dans les faubourgs du nord, entre la tête du canal de Pékin et le fleuve. Il s'y trouve plusieurs grandes maisons où nos soldats s'installent à côté des propriétaires. Le général Frey voit le général Yamaguchi, qui ne lui cache son intention de continuer dès demain matin la marche en avant. Pékin est à une vingtaine de kilomètres, on peut l'atteindre aisément demain soir. Déjà la cavalerie japonaise occupe le pont de Pali-Kao, à quatre kilomètres.

Pas de nouvelles des légations.

Dans l'après-midi, les généraux décident d'accorder vingt-quatre heures de repos à leurs soldats. On passera la journée de demain à Tong-Tchéou, et on se remettra en route dans la nuit du 13 au

14. Toutes les troupes indistinctement sont éreintées. La chaleur très forte a causé de nombreux cas d'insolation. Les Japonais, dit-on, ont laissé sur le chemin un grand nombre de malades et d'éclopés. Cette halte facilitera la concentration et permettra de prendre des dispositions d'ensemble pour l'attaque de Pékin. On ne sait en effet quelle résistance on y rencontrera. Les Chinois se défendront-ils comme à Tien-Tsin, ou lâcheront-ils pied comme à Chang-Kiahouan?

Vers le soir, la panique commence à s'emparer des habitants. Ils désertent leurs logis, emportant avec eux quelques objets, et gagnent la campagne. Ce sont des cohues lamentables de familles que la peur chasse irrésistiblement de chez elles. Riches et pauvres confondus se hâtent vers les champs, chargés de fardeaux, les femmes claudiquant sur leurs petits pieds estropiés, les enfants criant et pleurant.

13 août. — Ce matin, après une nuit de repos délicieux, nous avons été, l'interprète du général, M. Wilden, et moi, explorer les environs.

Le défilé des fuyards a duré toute la nuit et continue ce matin. On a tenté de les raisonner : les soldats n'ont commis aucun acte de violence, mais les maisons abandonnées les inciteront à piller; peine perdue. La peur leur ferme les oreilles et les pousse droit devant eux, n'importe où, pourvu qu'ils s'éloignent.

Nous avons été jusqu'au pont de Pali-Kao, et comme nous allions le franchir, vers sept heures, nous avons rencontré le général Yamaguchi, entouré d'un état-major imposant, s'avançant dans la direction de Pékin, à la tête d'une colonne d'infanterie et d'artillerie. Les Japonais nous brûleraient-ils la politesse pour arriver bons premiers? Dans la course de vitesse qui s'est engagée depuis Pei-tsang, tout est possible. Informations prises, l'armée japonaise va camper à mi-chemin de la capitale.

Dans la journée, les dernières dispositions sont arrêtées entre les généraux.

Plusieurs routes conduisent de Tong-Tchéou à Pékin. La principale, pavée, suit d'abord la rive sud du canal qui relie les deux villes, et au pont de Pali-Kao passe sur la rive nord; elle aboutit à la porte Si hoa men. La seconde route, une large piste, est tracée sur la rive nord jusqu'au pont de Pali-Kao, le franchit en sens contraire, longe la rive sud et conduit à la porte Tong pien men.

Le plan d'attaque est ainsi fixé : toutes les troupes alliées aborderont la capitale par l'est, les Japonais à droite par les portes de la ville tartare Tsihoa men et Tongche men; les Russes à leur

gauche par Tong pien men; les Français ensuite,
puis les Américains et les Anglais, ces derniers
allant jusqu'à la porte orientale de la ville chinoise.
Le mouvement commencera dans la nuit du 13
au 14; toutes les troupes camperont à quatre
ou cinq kilomètres des murs, et une conférence
ultérieure sera tenue, le 14 au soir, pour décider
l'heure de l'assaut, si les Chinois n'ont pas, au
préalable, fait des propositions pacifiques.

Les troupes alliées au départ de Tien-Tsin comprenaient :

Une brigade russe;

6,000 Japonais;

3,000 Sikhs;

2,500 Américains;

1,000 Français.

En tout seize à dix-sept mille hommes. Mais
les deux combats de Peitsang et de Yangtsoun, les
marches forcées, la chaleur, les privations ont réduit ces effectifs d'un quart. Tous nos détachements ont rejoint, et le général Frey dispose de six
cents hommes et de trois batteries. Jusqu'au dernier moment on a espéré que les renforts du *Guichen* seraient débarqués à temps pour nous rejoindre, mais il a fallu y renoncer.

Le général m'a permis d'accompagner l'officier
d'état-major chargé de choisir le cantonnement, le

capitaine de Lardemelle, et vers minuit, après un violent orage, nous sommes partis.

Le ciel s'est rasséréné, et la lune éclaire notre route. En sortant de Tong-Tchéou, nous suivons la route nord du canal jusqu'au pont de Pali-Kao, que nous franchissons pour changer de rive, car l'état-major russe nous a indiqué que nous devions marcher au sud du canal. (C'était une erreur, mais malheureusement nous ne le sûmes que plus tard.) Le chemin étroit, encaissé entre les sorghos, est assez bon. Des cavaliers nous précèdent à cent pas, six autres nous suivent, l'œil et l'oreille aux aguets, les armes prêtes, car les fourrés où nous nous enfonçons sont propices aux surprises. Soudain, vers deux heures, le crépitement lointain d'une fusillade, le grondement d'une canonnade retentissent. Nous avons arrêté nos chevaux pour écouter, Pékin est à une douzaine de kilomètres, les troupes alliées en sont encore loin, croyons-nous, et nous nous demandons avec inquiétude si ce n'est pas l'attaque finale des Chinois qui doit emporter les légations. Maintenant les coups se pressent en un fracas ininterrompu, une lutte furieuse est engagée. L'anxiété nous talonne, nous pressons l'allure.

A trois heures, nous traversons un bivouac d'Américains ; tous les soldats dorment sous la protection de deux sentinelles.

A un kilomètre de là, nous sommes rejoints par le général et le détachement français, qui a activé la marche en entendant le bruit du combat. Il est trois heures et demie, le jour se lève.

A six heures, nous sommes à six kilomètres des murailles. Le bruit du combat a diminué et cesse de temps en temps. A ce moment des coups de feu partent à cent mètres de nous. Une reconnaissance est lancée dans cette direction, et dans le même temps des groupes de cavaliers américains et de lanciers du Bengale passent à côté de nous lancés au galop. Pour empêcher toute surprise, le général place ses troupes sur une éminence à cinquante mètres du canal, fait abattre les sorghos qui arrêtent la vue. Les coups de feu continuent. Des cavaliers reviennent au triple galop. Le général est perplexe. Les Russes, qu'il comptait rencontrer ici d'après leurs indications, sont introuvables. Il ignore ce qui se passe à sa gauche et à sa droite, n'ayant pas de cavaliers pour aller aux renseignements. Il se croit en flèche, et avec sa faible troupe il peut craindre d'être débordé.

Vers huit heures, le corps américain nous rejoint, et le général Chaffee explique au général Frey que la rive sud lui est réservée; la place des Français est sur la rive nord. L'erreur est regrettable, mais peut être aisément réparée grâce à un pont que la reconnaissance signalé dans un village situé à deux kilomètres et dont elle vient de s'emparer.

Les Américains ne savent rien ou ne veulent rien dire, et nous cessons le contact avec eux. La canonnade éclate à notre droite, mais le son est trop assourdi par les arbres et les sorghos qui nous environnent pour qu'il soit possible de distinguer la direction. Du haut des arbres on ne voit rien que des fourrés inextricables de verdure. On n'aperçoit même pas les murailles, dont nous sommes assez près. Sans nouvelle de ce qui se passe, le général, se basant sur l'ordre arrêté la veille, fait reposer ses hommes pendant le fort de la chaleur et attend l'heure convenue pour la réunion des généraux.

Vers trois heures de l'après-midi, avec un officier russe arrivé de Tien-Tsin la nuit dernière et qui nous a rejoints ce matin, je vais à la découverte. En faisant un détour vers l'est, nous gagnons la grande route dallée de Tong-Tchéou à Pékin. Les Japonais l'occupent, et leur artillerie bombarde la porte de Si hoa men. Le général Foukoushima, chef de l'état-major japonais, m'apprend que l'avant-garde russe a attaqué dans la nuit la porte de Tong pien men et a pénétré dans la ville chinoise. Les Japonais ont alors bombardé la porte de Si hoa men, ont tenté de la pétarder, mais ont été

repoussés avec de grosses pertes. Ils recommenceront dans un instant et, dans tous les cas, comptent enlever la position cette nuit. Nous galopons
alors dans la direction des Russes, qui sont en effet
à cinq cents mètres de la porte. Le général Stessel
s'apprête à entrer en ville avec le gros des troupes, le
général Linévitch doit être déjà dans la ville tartare.

Lorsque vers sept heures je rapporte ces nouvelles inattendues au camp français, le général
Frey vient de partir à son tour à la recherche des
généraux, et ce n'est que deux heures plus tard
qu'il peut envoyer l'ordre d'avancer.

A dix heures du soir, notre colonne est à la
porte de Tong pien men, où un encombrement l'arrête. Un bataillon russe est couché dans les maisons avoisinantes, les soldats écroulés sur le sol
dans l'accablement de la fatigue. Un officier qui
veille me raconte, en excellent français, la prise
de la porte.

Ce matin, vers une heure, le général Linévitch
s'était approché de la ville avec une forte avant-
garde d'infanterie et d'artillerie. Il détacha une
section des volontaires du capitaine Gorki, pour
reconnaître l'état des remparts; celle-ci s'avança
jusqu'à la porte, où elle trouva un poste chinois
endormi. En un clin d'œil et sans bruit elle tue à la
baïonnette les soldats chinois, s'approche de la porte

fermée et envoie demander d'urgence des renforts.

Le général Linévitch accourt avec un canon qui est mis en batterie. Mais le bruit réveille l'ennemi, qui ouvre un feu très meurtrier du haut des remparts de la ville chinoise et de la ville tartare. On réussit néanmoins à enfoncer la porte et à s'en emparer. La position est critique : à droite, des murs de la ville tartare, l'ennemi tire en plongeant, et en face une forte armée occupe la ville chinoise. Les Russes essuient un feu terrible et perdent beaucoup de monde ; un de leurs colonels est tué, le général chef d'état-major est blessé ; cependant ils réussissent à chasser les Chinois qui sont devant eux et à gagner des maisons hors de la vue des remparts. Dans la ville chinoise, aucune résistance, les réguliers fuient ; les Russes gagnent, par un détour, la grande rue qui conduit à la porte de Tsien men A coups de canon, ils font sauter cette porte et pénètrent dans le quartier des légations.

Vers dix heures et demie l'entrée est dégagée, et nous pénétrons à notre tour dans l'enceinte chinoise. Les maisons sont étroitement closes, un silence de mort règne dans les rues, d'où les chiens se sont enfuis, et cette marche sans bruit dans cette ville morte est saisissante.

15 août. — Deux heures du matin — un orage

12

violent nous transperce de la tête aux pieds en un clin d'œil. Impossible d'avancer, on ne voit plus rien. On s'abrite sous les auvents des maisons pour laisser passer cette trombe. Notre présence réveille les voisins, des portes s'entr'ouvrent, on nous offre du thé chaud et des cigarettes. Ces Chinois sont étonnants !

A quatre heures la pluie cesse, et, avec le jour, nous entrons dans la ville tartare par la porte de Ha ta men. L'aspect de la rue des Légations est inimaginable. Des ruines à droite, à gauche, partout des restes de maisons incendiées, éventrées. Devant nous, barricades sur barricades, un entassement de décombres sans nom. La chaussée n'existe plus ; pour avancer il faut faire des détours dans les ruines voisines où l'on a pratiqué des passages. La légation d'Italie n'est qu'un tas de briques avec quelques pans de mur encore debout. Plus loin, une barricade formidable, des excavations profondes, deux lions en pierre noyés sous des briques, marquent l'emplacement de la grande porte de la légation de France. A cent pas de là notre pavillon flotte à une hampe de fortune. La seconde porte de notre légation est masquée par un entassement de briques. Des morceaux de fils télégraphiques pendent lamentablement à des mâts hachés par les balles.

Cliché de M. d'Anthouard.

LA RUE DES LÉGATIONS
LE JOUR DE LA DÉLIVRANCE

Cliché du Dᵣ Matignon.

LA PORTE D'HONNEUR DE LA LÉGATION
AU MOMENT DE LA DÉLIVRANCE

Au son des clairons des têtes de matelots apparaissent au-dessus des murailles, faces amaigries, ravagées par les souffrances, où brille la joie de la délivrance. Et la vue des uniformes français leur arrache des cris de : « Vivent les marsouins ! Vive la France ! » auxquels répondent ceux de : « Vivent les marins ! »

Devant l'hôtel de Pékin, encore une barricade, puis une autre vingt mètres plus loin devant la légation du Japon. Le pont du canal est barricadé des deux côtés. De véritables remparts de plusieurs mètres de haut défendent l'entrée de la légation d'Angleterre, dont les maisons sont garnies du haut en bas de sacs de terre.

C'est là qu'habitent dans un petit pavillon le ministre de France et Mme Pichon, ainsi que tout son personnel marié. Et sous le coup d'une émotion profonde, je retrouve enfin les amis que j'ai cru perdus depuis deux mois.

CHAPITRE VI

A PÉKIN. — LE SIÈGE DES LÉGATIONS. — LA DÉLIVRANCE.
PRISE DU PALAIS IMPÉRIAL.

Les communications avec la capitale avaient été
rompues le 4 juin. Depuis, on n'avait reçu que des
nouvelles vagues et incomplètes. C'est à cette date
que je reprends le récit des événements.

4 juin. — Le chemin de fer de Tien-Tsin est
coupé pour la seconde fois, et sa destruction est
poursuivie pour ainsi dire méthodiquement. Un
missionnaire anglais est tué, un autre fait prisonnier à Yung-Tsing, aux environs de la capitale. On
apprend que dans une réunion du corps diplomatique les ministres ont résolu de télégraphier à
leurs gouvernements de donner des instructions
aux amiraux pour délivrer les étrangers réfugiés
dans Pékin, si la capitale tombait définitivement
au pouvoir de l'insurrection.

5 juin. — Les Boxeurs sont de plus en plus
nombreux en ville ; ils se réunissent d'une manière
ostensible et apposent des affiches où ils annon-

cent l'incendie des établissements des légations. Quelques personnes parlent de battre en retraite sur Tien-Tsin ; la question ne résiste malheureusement pas à l'examen. Sans chemin de fer, impossible de partir. Le serait-ce, que les missionnaires refuseraient d'abandonner leurs chrétiens, et que les ministres ne pourraient laisser derrière eux ces otages.

6 juin. — Conférence des commandants des escortes pour organiser la défense. Une foule considérable ne cesse de stationner autour du Pei-tang et du Nan-tang, mais, grâce aux mesures prises par le gouverneur de Pékin, l'ordre n'a pas été troublé et les attaques annoncées n'ont pas eu lieu. Trente marins français et dix marins italiens défendent le Pei-tang. Les frères et les sœurs de Cha-la-Eul se réfugient au Nan-tang. Les missionnaires catholiques envisagent la situation sous les couleurs les plus sombres ; ils estiment les effectifs des détachements de marins insuffisants, car les Boxeurs seraient très nombreux, bien armés et résolus à combattre ; à leur avis, plusieurs milliers d'hommes seraient nécessaires.

Les missionnaires américains de Tong-Tchéou, à 20 kilomètres de Pékin, demandent du secours ; leur ministre refuse, un docteur de l'*American Board Mission* y va seul et ramène dix personnes.

Le corps diplomatique devait se réunir pour
arrêter les termes d'une démarche collective qu'il
se proposerait de tenter auprès de l'impératrice
afin de lui signaler les dangers de la situation et
les responsabilités qu'elle encourt; mais cette
réunion n'a pas eu lieu. Le Tsong-li-Yamen aurait promis de faire réparer immédiatement le
chemin de fer de Tien-Tsin et de sévir énergiquement contre les Boxeurs.

Au lieu d'user de moyens coercitifs, le gouvernement impérial tente de composer avec les chefs de
l'insurrection et de les persuader de renoncer à
leurs projets. Est-ce de la faiblesse ou de la complicité? Un décret impérial que reproduit la *Gazette
de Pékin* adresse quelques menaces, bien faibles,
aux Boxeurs, ajoutant, sans doute pour en atté-
nuer encore l'effet, que lesdits Boxeurs sont, au
même titre que les chrétiens, les enfants affec-
tionnés de l'empereur.

7 juin. — On a essayé cette nuit d'incendier les
communs de la légation de France donnant sur la
rue des Légations.

Les missionnaires anglais sont très inquiets et
réclament des troupes pour les protéger, mais le
Tsong-li-Yamen refuse de laisser monter ces soldats; la voie ferrée est du reste impraticable. Les
Chinois pacifiques sont très anxieux; ils redoutent

pour eux-mêmes les attaques des Boxeurs. A Tong-
Tchéou les missionnaires américains ont dû fuir,
leurs établissements sont détruits.

8 juin. — C'est le tour des missions russes ; celles
qui se trouvent aux environs de la capitale sont
saccagées. Le gouvernement chinois, loin de
réparer la voie ferrée, comme il l'avait promis le
6 juin, semble plutôt vouloir en activer la destruction ; on assure qu'il aurait retiré les troupes
du général Nieh qui gardaient la ligne, sous prétexte qu'elles auraient traité trop durement les insurgés. En même temps la *Gazette de Pékin* annonce
le retour à la capitale de l'empereur et de l'impératrice en résidence au palais d'été depuis le mois
d'avril.

9 juin. — M. Pichon, accompagné de son personnel, se rend au Pei-tang. La ville paraît calme,
mais la foule est plus arrogante ; dans les rues on
remarque un nombre considérable de soldats armés
de fusils modernes tout neufs.

Les troupes du général Tong-fou-Siang enva-
hissent la ville, et cette horde de bandits est un danger très grave pour les étrangers. Est-ce la conséquence du retour à Pékin du souverain ? Le désarroi gagne, dit-on, le gouvernement, dont beaucoup
de membres seraient complètement affolés et se
considéreraient comme perdus. On commence à

dire ouvertement que l'insurrection agit sous la direction de l'impératrice et de ses conseillers.

Sir Robert Hart, l'inspecteur général des douanes, fixé en Chine depuis 1856, est très pessimiste. Son personnel est armé et organisé en corps de volontaires, sous la direction de M. Von Strauch, ancien officier allemand. Les femmes et les enfants ont été évacués dans les légations centrales. Nuit agitée ; tout le monde est sur le qui-vive.

10 juin. — Télégramme de Tien-Tsin annonçant le départ d'une colonne de onze cents marins environ sous le commandement de l'amiral Seymour. D'après le consulat d'Angleterre à Tien-Tsin, la voie pourrait être réparée assez rapidement pour permettre la circulation des trains.

Au cours de l'après-midi le fil de Tien-Tsin est coupé définitivement.

A une heure on envoie des charrettes à la gare de Makiapou chercher les bagages des troupes que l'on attend. Elles reviennent à vide.

Le prince Touan est nommé directeur du Tsong-li-Yamen ; trois autres chefs boxeurs avérés sont nommés membres de ce conseil. Pour marquer l'entrée en fonction de ces nouveaux éléments, le Tsong-li-Yamen fait savoir que la venue de nouveaux détachements étrangers à Pékin constituerait un acte antiamical (!), après lequel le gouvernement ne répondrait plus de l'attitude de ses troupes.

11 juin. — Toujours pas de détachement! Quelques membres des légations vont encore ce matin à Makiapou. Dans l'après-midi le chancelier de la légation japonaise, qui se rend en charrette à la gare, est assassiné à la porte sud de la ville chinoise, Yong ting men, par des soldats de Tong-fou-Siang. Le conducteur chinois raconte que la charrette ayant heurté un étendard des troupes musulmanes, ces soldats auraient saisi aussitôt le malheureux Japonais et l'auraient massacré, sur l'ordre d'un de leurs officiers, séance tenante. Cette nouvelle cause un émoi bien compréhensible parmi la communauté étrangère, qui craint que cet assassinat ne mette en goût les bandits de Tong-fou-Siang.

La ligne télégraphique de Kalgan, qui reliait encore Pékin à l'Europe, est coupée à son tour.

Le gouvernement chinois fait des démarches auprès de plusieurs membres du corps diplomatique pour arrêter les détachements qui sont en route. Cette demande, coïncidant avec l'entrée au Tsong-li-Yamen des chefs avérés de l'insurrection, c'est-à-dire avec l'union définitive de la cour et des insurgés, est repoussée énergiquement; les ministres déclarent en outre que toutes les précautions sont

prises pour que force reste aux puissances alliées
dans le cas où Pékin serait bloqué.

12 juin. — La nouvelle de l'assassinat du chancelier de la légation du Japon a causé une grande
effervescence parmi les Chinois; pendant la nuit
gongs et conques retentissent, mais aucun désordre
grave n'est signalé.

La Banque russo-chinoise déménage ses papiers
et envoie les femmes et les enfants de son personnel à la légation de Russie.

La ligne télégraphique de Kiachta ayant été ré-
tablie, on apprend que deux mille Russes ont débarqué à Takou le 11 juin.

Plusieurs ministres sont d'avis de se refuser à
toute relation avec les nouveaux membres du
Tsong-li-Yamen connus comme chefs boxeurs;
d'autres sont d'un avis contraire, ils espèrent raisonner ces intraitables et les convaincre.

Nouvelle démarche du Tsong-li-Yamen, cette
fois auprès du ministre de France, à propos de la
venue des nouveaux détachements. Les réponses
de M. Pichon sont catégoriques et ne laissent aucun doute sur la volonté des gouvernements étrangers de protéger leurs légations et de suppléer par
leurs propres moyens à l'incurie et à la faiblesse du
gouvernement chinois. La ligne télégraphique de
Kiachta est de nouveau coupée.

Deux Boxeurs revêtus de leurs insignes et armés de sabres ont l'audace de venir dans la rue des Légations proférer des menaces contre les étrangers. L'un d'eux est arrêté par le ministre d'Allemagne, le baron de Ketteler ; le nouveau gouverneur de la ville, Boxeur avéré, et le prince Lan, frère du prince Touan, viennent le réclamer en promettant de le punir conformément à la loi chinoise. Cette promesse confirme le baron de Ketteler dans son intention de garder son prisonnier et de le punir lui-même.

Vingt marins français, dix italiens et quinze allemands, guidés par des interprètes des légations, tentent de s'emparer de quelques Boxeurs réunis dans une maison du quartier des légations ; mais ayant été signalés, ils trouvent le logis vide et ne rapportent que des armes et des insignes abandonnés. Dans les papiers saisis on découvre des preuves de l'organisation de la société, car ils sont timbrés de la mention « section du quartier de Kiang-mi-Hiang », le nôtre.

M. Pichon reçoit une lettre du capitaine de vaisseau de Marolles, commandant le détachement français en route pour Pékin. Une colonne internationale sous les ordres de l'amiral Seymour et comprenant dix-sept cents hommes était le 11, à cinq heures du soir, à mi-chemin de Pékin, et n'avançait que très lentement à cause des dégâts de la voie ferrée.

A la nuit, des incendies s'allument tout autour du quartier. Les missions protestantes anglaises et américaines au nord de la porte de Ha ta men brûlent vers huit heures et demie; puis une mission russe; la grande église catholique du Tong-tang prend feu à dix heures, le Nan-Yuan, bâtiment de la douane, à minuit; enfin la maison des élèves interprètes français, appartenant au ministre de Chine à Paris, M. Yu-Kang. Le curé du Tong-tang, M. Garrigues, est martyrisé; on le crucifie au-dessus d'un bûcher. Dans les légations, tout le monde est sur pied, des patrouilles parcourent le quartier. On tente de secourir les missions protestantes et catholiques, des marins et des volontaires s'y transportent et repoussent les Boxeurs; ils atteignent la porte de Ha ta men, la ferment, et M. Chamot, patron de l'hôtel de Pékin, en emporte la clef.

14 juin. — Dans la nuit, des volontaires français partent pour le Nan-tang, établissement des missions catholiques, distant de trois kilomètres environ des légations, et en ramènent trois missionnaires, des frères et des sœurs. Après leur départ, les Boxeurs et les soldats chinois pillent et incendient les bâtiments, où ils massacrent encore quelques chrétiens chinois qui ne se sont pas sauvés à temps. Sept ou huit membres de la famille de Tching-tchang, l'ancien ministre de Chine à Paris, y sont martyrisés.

Durant la matinée, le feu est également mis au Si-tang, autre établissement des missions catholiques. Le curé, M. Doré, est massacré au milieu de ses chrétiens.

Depuis hier, les Italiens ont construit une barricade dans la rue, devant leur légation ; cet exemple est suivi, et les extrémités du quartier des légations sont fermées ; on interdit aux Chinois de circuler sans une passe délivrée par un des membres du corps diplomatique.

A la tombée de la nuit, les Allemands chassent à coups de fusil des Boxeurs qui tentent d'incendier la ville chinoise. La foule se rassemble alors au pied de la muraille et pousse des hurlements épouvantables. Ces cris n'ont plus rien d'humain, ce sont des rugissements de bêtes féroces, et on frissonne à la pensée d'une irruption de ces forcenés dans les légations. Que faire contre une pareille multitude ?

La nuit se passe à entendre ces clameurs sauvages. A neuf heures, la légation d'Autriche est menacée, mais ses marins repoussent les assaillants ; un peu plus tard c'est au tour de la légation d'Angleterre de se défendre.

15 juin. — La légation de Belgique, assez éloignée des autres, a été attaquée pendant la nuit et défendue par le ministre aidé de son personnel, auquel des marins français et autrichiens ont été porter secours. Des Boxeurs ont été tués, d'autres faits prisonniers. La gare de Makiapou doit être également incendiée. Trois cents femmes chrétiennes ont été massacrées au Tong-tang avant-hier avec des raffinements de cruauté terribles.

Nouvelle expédition au Nan-tang, à neuf heures du matin, pour délivrer quelques centaines de chinois chrétiens assiégés par les Boxeurs. Devant l'église, les volontaires, au nombre de treize, découvrent tout à coup quinze cents à deux mille réguliers postés sur la muraille et qui les mettent en joue. Heureusement, les officiers chinois retiennent leurs hommes et à coups de trique les empêchent de tirer. Mais au même moment une foule de Boxeurs se précipitent sur les volontaires, aux cris de « Cha! Cha! » (Tuez-les! Tuez-les!) et tentent de les entourer. Sur les remparts, les réguliers se démènent, mais ne tirent pas. Les Boxeurs accourent à grands cris en faisant les contorsions et incantations habituelles; les plus jeunes, des enfants de douze à quinze ans, sont les plus fanatiques. Malgré trois décharges successives. ces forcenés s'avancent jusqu'à quelques mètres, puis brusquement lâchent pied et s'enfuient, abandonnant leurs morts et leurs blessés. Les volontaires l'ont échappé belle. Ils ramènent quelques chrétiens, à moitié morts de faim et d'épouvante, que l'on installe dans un yamen contigu aux légations de France et du Japon. Deux cents Chinois protestants sauvés par les Anglais ont été logés au même endroit.

16 juin. — Cette nuit, on a tenté d'incendier la légation de Belgique en y jetant des torches enflammées ; heureusement le feu a été éteint rapidement. Le Pei-tang a été attaqué, mais s'est défendu avec succès, tuant ou blessant un grand nombre d'assaillants.

Vers neuf heures du matin, le feu prend dans la ville chinoise, aux alentours de la porte de Tsien men. Bientôt, le vent aidant, tout le quartier ouest flambe et se transforme en un brasier immense. A la nuit, le spectacle devient fantastique, d'énormes langues de feu s'élèvent vers le ciel et rampent sur le sol, dévorant des maisons entières. La chaleur est telle que la porte de Tsien men brûle à son tour, et bientôt l'énorme donjon à cinq étages qui la surmonte est atteint par les flammes. Des tourbillons de feu et de fumée sortent par ses fenêtres et s'élèvent en un gigantesque panache pailleté d'étincelles, éclairé de lueurs sinistres. Ce spectacle, sublime d'horreur, dure plusieurs heures, jusqu'à ce que l'énorme édifice s'effondre dans un tourbillon de flammèches avec un bruit retentissant, salué par les clameurs de la foule des Boxeurs en délire. La vieille porte des Ming, qui s'ouvrait pour l'empereur seulement, n'est plus qu'un monceau de cendres et de débris calcinés.

Comme l'a prouvé l'aventure du Nan-tang, certains réguliers chinois ne manifestent pas encore d'hostilité ; au cours de l'incendie de la ville chinoise, plusieurs personnes des légations regardaient du haut de la muraille à côté des soldats portant la casaque bleue du prince King et causaient avec eux. Ces soldats sont inquiets ; l'incendie de Tsien men les a impressionnés. C'est l'ordre du ciel, disent-ils, c'est un mauvais présage.

17 juin. — Les Chinois abandonnent le quartier des légations et emportent ce qu'ils ont de plus précieux.

A sept heures du soir, un incendie est allumé par un soldat chinois à trois cents mètres de la légation de Russie ; les marins russes y courent, l'éteignent et tuent l'incendiaire que la foule leur désigne.

A la fin de l'après-midi, des Allemands qui gardaient l'usine électrique reçoivent des pierres lancées de la rue par-dessus le mur ; ils sortent et

TIEN-TSIN
Camps retranchés derrière la citadelle.

Cliché du Dr Matignon.

INCENDIE DE TSIEN-MÈNE, LE 16 JUIN 1900.

chassent la foule à coups de fusil; cinq réguliers sont touchés, une balle traverse le palanquin d'un haut mandarin qui passait à l'extrémité de la rue. Au bruit, des Anglais et des Autrichiens accourent par la rue de la Douane, et en arrivant dans la ruelle de l'usine électrique reçoivent des coups de fusil tirés par des soldats chinois perchés sur la muraille de la ville impériale. C'est une riposte; il y a eu évidemment manque de sang-froid de la part des soldats allemands, qui ont tiré sur une foule déjà en fuite. Le baron de Ketteler fait punir le sous-officier et s'excuse auprès du Tsong-li-Yamen.

18 juin. — Rien de saillant à signaler. Les pertes causées par l'incendie de la ville chinoise sont énormes, dit-on; elles sont évaluées à vingt millions de taëls, soit soixante-dix millions de francs; vingt-six banques importantes, beaucoup de grands magasins de soies et de marchandises précieuses, les principaux théâtres, hôtels et restaurants, enfin deux mille maisons ont été détruites. Un grand nombre d'incendiés campent provisoirement au pied de la muraille tartare, entre **Ha ta men** et **Tsien men.**

Que devient la colonne Seymour? C'est la question que l'on se pose depuis huit jours; on ne peut comprendre pourquoi elle n'est pas encore arrivée.

Elle est retardée, dit-on, par les réparations de la voie; mais elle n'a pas pour objectif de réparer le chemin de fer, sa mission est de délivrer les légations d'urgence. C'est ce que les ministres ont demandé à leur gouvernement de télégraphier aux amiraux. Ces troupes sont en route depuis le 10 au matin, et le 18 elles ne sont pas encore parvenues à destination, quoique d'après l'enquête du consul anglais de Tien-Tsin la voie fût facilement réparable. Le 15 elles étaient à mi-chemin. Qu'ont-elles fait depuis? Sans doute des travaux sur la voie, mais pendant ce temps la situation des étrangers à Pékin devient de jour en jour plus critique. Tels sont les propos que l'on tient sur leur compte. On a appris aussi que les Russes étaient partis de Tien-Tsin le 15 avec de l'artillerie et de la cavalerie; depuis, pas de nouvelles d'eux. Ce silence qui enserre et étreint la petite communauté étrangère a quelque chose d'angoissant contre lequel les plus calmes ont toutes les peines du monde à réagir.

La légation de Belgique n'est plus tenable. Depuis plusieurs jours elle est attaquée, et défendue par le ministre, ses deux secrétaires, quelques volontaires et des marins français et autrichiens. Mais la situation s'aggravant, on craint d'envoyer aussi loin des renforts qui peuvent d'un moment à l'autre être cernés. M. Joostens se décide donc à l'évacuer et à se retirer à la légation d'Autriche. Cependant, comme on lui affirme que les légations seront défendues si besoin est par les troupes impériales, il retourne chez lui. Mais déjà sa maison est envahie, les communs incendiés; il n'a que le temps de se mettre en sûreté.

19 juin. — Toujours des rondes et des patrouilles, maintenant on veille nuit et jour. L'exode des Chinois du quartier continue; c'est un mauvais signe.

Vers cinq heures du soir, une communication officielle du Tsong-li-Yamen est remise aux ministres : « Du Chaylard (*sic*), y est-il dit, a demandé la reddition des forts de Takou dans les vingt-quatre heures. Dans ces conditions, les puissances semblent vouloir rompre la bonne amitié qui n'avait jamais cessé d'exister, et il serait bon que les ministres et leurs escortes quittassent la capitale dans les vingt-quatre heures. Une escorte bien choisie leur serait envoyée demain à quatre heures du soir. »

En présence d'une mise en demeure aussi inattendue, les ministres ont au premier moment quelque peine à s'entendre. Les uns penchent pour le départ, les autres veulent rester. Il est à peu près certain qu'un départ aussi rapide et sans la moindre garantie équivaut à une condamnation à mort pour la plupart de ceux qui l'effectueront. Mort pour mort, mieux vaut encore rester ici, où l'on pourra se défendre pendant quelque temps. Le corps diplomatique, décidé à rester, veut tout d'abord gagner du temps, et se borne en conséquence à demander au Tsong-li-Yamen une audience pour demain matin.

On renforce les barricades de la Douane et de la légation d'Italie.

20 juin. — Le corps diplomatique se réunit à huit heures à la légation de France pour se concerter avant d'aller au Tsong-li-Yamen. N'ayant pas reçu de réponse à sa lettre de la veille, il rédige une note par laquelle il demande au gouvernement chinois de rétablir les communications avec les amiraux et de faciliter la venue des détachements jusqu'aux portes de Pékin, de telle sorte qu'il puisse se rendre au milieu d'eux et gagner Tien-Tsin sous leur protection. Le baron de Ketteler, ministre d'Allemagne, déclare qu'ayant déjà annoncé sa visite ce matin, il se rendra au Tsong-li-Yamen et y attendra ses collègues. Ceux-ci insistent pour le retenir, car de mauvais bruits circulent, et on peut tout craindre. C'est en vain; le baron de Ketteler part un peu avant neuf heures, en chaise verte, avec le cortège habituel qui établit sa qualité aux yeux de la foule. Un quart d'heure après, son mafou revient au galop annoncer qu'il vient d'être tué à coups de fusil, ainsi que son interprète, par des soldats apostés sur le chemin.

Le guet-apens est évident : le coup était préparé contre tous les ministres étrangers, la mort du baron de Ketteler les a sauvés. Le poste allemand court à l'endroit indiqué, mais déjà le corps a été enlevé par les Chinois. Un missionnaire anglais raconte que l'interprète, M. Cordès, n'est que blessé ; il a pu gagner une mission protestante où il a reçu les premiers soins et d'où on le ramène bientôt sur une civière. Sa blessure est grave, une balle dans le bas-ventre. Les soldats étaient embusqués dans un poste de police voisin du Tsong-li-Yamen ; ils ont tiré à bout portant sur le ministre et l'ont tué raide. Au coup de feu, l'interprète s'est levé dans sa chaise, mais aussitôt il a été visé et atteint à son tour. Il s'est alors enfui sous une pluie de balles, poursuivi par un soldat qui l'a ensuite abandonné sur le point de le rejoindre. A grand'peine, il a pu atteindre la mission protestante où il a été recueilli. On imagine l'effet de ces nouvelles ; la consternation est générale.

A midi, lettre ambiguë des ministres chinois qui reconnaissent qu'il y aurait du danger à faire le

voyage de Tien-Tsin et même à venir au Tsong-li-
Yamen. A une demande de renseignements sur ce
qu'il est advenu au baron de Ketteler, le Tsong-li-
Yamen ne répond pas, mais vers quatre heures il
renouvelle l'avis que « les ministres, secrétaires et
interprètes doivent se garder avec soin de se rendre
en personne au Yamen, ce qui pourrait amener des
malheurs ». Ce conseil n'est évidemment qu'une
manœuvre misérable tendant à dégager la responsabilité du gouvernement chinois ; mais la ruse est
trop grossière, puisque, au moment où le baron de
Ketteler tombait sous les coups des assassins, le
Tsong-li-Yamen allait envoyer une convocation
pour dix heures du matin aux représentants des
puissances.

Pendant l'après-midi, les femmes et les enfants
se réfugient à la légation d'Angleterre, choisie
comme réduit central, d'après le plan de défense
élaboré par les officiers. On y transporte également
des matelas, des provisions de toutes sortes. C'est
un perpétuel va-et-vient dans la rue des Légations.

Quatre heures. — Des coups de feu partent du
mur de la ville impériale, au nord de la légation
d'Angleterre, et du poste de police de la rue de la
Douane. Les Anglais, craignant d'être débordés,
évacuent une barricade établie sur le pont au nord

de leur légation. Les Autrichiens, pour la même raison, suivent cet exemple et se replient sur la légation de France. La Douane est également évacuée, si brusquement que sir Robert Hart part de chez lui sans rien emporter. Le premier moment d'émotion passé, on envisage la situation avec plus de sang-froid et on décide de reprendre, avec l'appui de renforts français, la légation d'Autriche; c'est en vain — un de nos matelots est tué raide, c'est la première victime, un marin autrichien est blessé. L'escorte autrichienne s'établit alors à la légation de France, dont les défenseurs sont au nombre de quatre-vingt-deux, quarante-sept Français, trente-cinq Autrichiens, commandés par sept officiers.

Au moment où la fusillade commençait au pont de la légation d'Angleterre, un missionnaire anglais s'est précipité entre les combattants pour tenter d'arrêter le feu et a été tué.

Pendant toute la nuit, la fusillade crépite. C'est la première attaque sérieuse; désormais c'est un siège en règle qui commence. Les assaillants sont des soldats armés de fusils des derniers modèles, et non plus ces militaires grotesques munis d'arcs, de lances ou de sabres fantastiques, dont on avait l'habitude de plaisanter. Qu'en adviendra-t-il?

La légation de Belgique a été incendiée la nuit dernière, ainsi que les missions méthodistes américaines, la légation d'Autriche et d'autres maisons voisines. Fusillade assez vive pendant toute la journée.

22 juin. — Encore une fausse manœuvre, réparée à temps fort heureusement, car les conséquences en eussent été désastreuses. Le bruit ayant couru que les Américains et les Allemands auraient évacué la Muraille, les légations d'Italie, d'Allemagne, de France, du Japon, d'Amérique et de Russie ont été évacuées par leurs escortes. Dès qu'ils en sont avertis, les ministres réunis à la légation d'Angleterre donnent l'ordre de reprendre les positions coûte que coûte. Se laisser enfermer dans la légation d'Angleterre serait désastreux; il faut élargir le cercle de la défense le plus possible, dans la mesure que permet le nombre des défenseurs. Mais le temps écoulé a déjà été mis à profit par les Chinois, car la légation d'Italie est en feu et la nôtre envahie. Nos marins réussissent cependant à en chasser l'ennemi, en lui infligeant des pertes sérieuses. Le feu est à la Douane; toutes les archives de sir Robert Hart, le fruit de trente-sept ans de travail, sont détruites.

Pendant ce mouvement, les balles pleuvent sur les légations de Russie et de France, venant de

toutes les directions à la fois. On suppose que de
Tsien men les soldats du prince King, les « bleus »,
comme on les appelle, tirent sur les soldats de
Tong-fou-Siang, les « rouges », à cause de la couleur de leur uniforme, qui campent dans le quartier
de Ha ta men. C'est du moins ce qu'assurent
quelques membres des légations qui affichent une
confiance peut-être exagérée dans ce qu'ils nomment
le « parti de l'ordre », c'est-à-dire le groupe dirigé
par le prince King. Les mêmes personnes déclarent
que l'impératrice favorise en secret le prince King.
La suite dira si elles ont raison; pour l'instant
elles paraissent douées de beaucoup d'optimisme.

L'escorte italienne s'installe au Sou-Wang-Fou,
grand yamen au nord de la légation du Japon,
qu'elle défendra avec les Japonais. Vers cinq heures,
un incendie est allumé dans le voisinage immédiat
de la légation d'Angleterre ; après une heure et
demie de travail, tout danger est conjuré.

Les Américains ont une grande quantité de cartouches, mille par homme, dit-on, et trente mille
pour leur mitrailleuse. Les Français sont approvisionnés à trois cents par homme, les Italiens en
ont très peu.

Toujours pas de nouvelles de l'amiral Seymour,
et il y a douze jours qu'il est parti.

Pendant des accalmies, quelques personnes vont

chercher des provisions dans les maisons chinoises du voisinage ; elles trouvent du riz et du blé. On amasse de la sorte un stock en prévision d'un long siège. Le propriétaire de l'hôtel a la chance de découvrir un dépôt de blé et de riz considérable. C'est un convoi arrivé il y a peu de jours et entreposé provisoirement aux environs de Tsien men. Quel bonheur inespéré !

23 juin. — A onze heures et demie, nouvel incendie près de la légation d'Angleterre, dans une annexe de la fameuse « Académie impériale de Han-lin ». Il faut plus de deux heures de travail pour arrêter le feu qui menace des écuries où sont installés des avant-postes importants. Les Anglais réussissent à s'emparer d'une partie incendiée du Han-lin où ils trouvent encore quelques précieux livres et documents, dont une partie est sauvée. Quelques volumes d'une très vieille encyclopédie sont recueillis par des amateurs.

Dans l'après-midi, toute la partie ouest du quartier des légations est en flammes ; la légation de Hollande, la banque russo-chinoise, l'usine électrique sont incendiées. Devant la légation d'Angleterre et en travers du canal on construit un chemin couvert pour communiquer avec le Fou.

Cinq heures. — Le feu reprend d'une façon très intense aux bâtiments du Han-lin, menaçant les

maisons voisines de la légation d'Angleterre. On
accourt et au prix d'efforts acharnés, les femmes
faisant également la chaîne pour apporter l'eau,
on réussit à conjurer le péril. Mais la superbe biblio-
thèque de cette académie, qui contenait, dit-on,
des trésors inestimables, n'existe plus. La haine
de l'étranger est décidément plus forte chez les Chinois que tout autre sentiment.

Les stèles impériales sur lesquelles étaient
gravés les décrets de plusieurs souverains, et qui
étaient en si haute vénération que le fait d'y toucher
était un crime de lèse-majesté, n'ont même pas
trouvé grâce.

On reçoit d'assez bonnes nouvelles du Pei-tang,
où tout va bien.

Les Chinois envoient quelques obus aujour-
d'hui.

24 juin. — Depuis l'aube on se bat sur la Muraille
avec des alternatives de succès et de revers. La
plate-forme, balayée par l'artillerie chinoise, est
difficile à tenir. On avance, on recule. A huit
heures du matin, on réussit à gagner du terrain ;
dix Français, dix Autrichiens appuient les Allemands en haut, six Français commandés par un
second maître tiennent la rue en bas, au sud de la
légation d'Allemagne.

A huit heures et demie, le Fou demande du

secours ; dix Français vont aider les Italiens et les Japonais.

A neuf heures, les Américains, confiant leur légation aux Russes, s'élancent à l'assaut d'une barricade chinoise établie sur la Muraille du côté de Tsien men.

A onze heures, on demande dix Français à la légation d'Angleterre, où l'émoi est grand. A la faveur d'incendies allumés aux environs, Boxeurs et réguliers, poussant des hurlements féroces, tentent de s'emparer des murs de clôture. Ils sont repoussés et laissent plusieurs des leurs sur le terrain.

A la légation de France, on lutte aussi contre l'incendie et l'on repousse plusieurs attaques. Nos marins tuent vingt et un Boxeurs.

La banque russo-chinoise est détruite.

A trois heures de l'après-midi, la situation a tellement empiré que quelques personnes la jugent désespérée. Les détachements des légations d'Allemagne, de France, du Japon, ainsi que celui du Fou, reçoivent l'ordre de battre en retraite, mais sur les observations des officiers commandants l'ordre est retiré. Les Allemands sont priés de soutenir les Américains sur la Muraille, car ceux-ci commencent à faiblir, et leur position est capitale pour la défense. Américains et Allemands réussissent

à tenir jusqu'à la nuit, et profitent de l'obscurité
pour construire de solides barricades.

Ce soir, la défense occupe :

A l'est, une barricade sur la Muraille, défendue
par les Allemands, la légation d'Allemagne, une
barricade franco-allemande coupant la rue des
Légations, la légation de France ;

Au nord, le Fou, la légation d'Angleterre ;

A l'ouest, les postes avancés des légations
d'Angleterre et de Russie, une barricade russo-
américaine dans la rue des Légations ; enfin, sur la
Muraille, face à Tsien men, la barricade américaine.

A la légation d'Angleterre, l'incendie a tari les
puits, l'eau est rationnée.

Aux environs de la légation d'Allemagne, le capitaine Labrousse, Français, et un Américain surprennent un grand nombre de Chinois et les
chassent dans des conditions extraordinaires.
Comme le capitaine revenait de la Muraille, où il
avait été aider les Allemands, il rencontra un
soldat américain, tireur émérite, qui lui fit signe de
venir avec lui. Ils se dirigent ensemble vers des
maisons en avant du club, où ils découvrent une
vingtaine de réguliers préparant un incendie. Le
Français et l'Américain les attaquent aussitôt, l'un
avec son revolver, l'autre avec sa carabine. Les

Chinois, surpris, résistent, mais en un instant plusieurs sont mis hors de combat et les autres se sauvent.

25 juin. — A dix heures du matin, la fusillade et la canonnade partent de tous les côtés à la fois. Cela dure jusqu'à cinq heures du soir. Du côté de la défense, on a recommandé d'économiser les munitions, sans se laisser émouvoir par le vacarme. On ne tire qu'à coup sûr. Du reste, les Chinois environnant le quartier des légations, qui n'a pas plus d'un kilomètre dans sa plus grande dimension, et tirant de partout, doivent s'entre-tuer avec les balles perdues.

La Muraille est encore très difficile à garder, les Américains l'abandonnent, puis la reprennent. La légation de Russie est sur le point d'être abandonnée. Au Fou, les assaillants parviennent au pied des murs qu'ils tentent de démolir ; là on éprouve de sérieuses pertes, un marin français, un Japonais, un Allemand tués, de nombreux blessés.

Cinq heures. — La sonnerie lugubre des trompettes chinoises retentit, le feu cesse aussitôt. Une grande affiche vient d'être apposée par les Chinois sur le pont au nord de la légation d'Angleterre. Les interprètes s'arment de longues-vues et déchiffrent le texte suivant : « Reçu un édit impérial ordonnant de protéger les ministres et défendant de faire feu. Dépêche transmise au pont du Canal impérial. » Qu'est-ce que cela signifie? On se perd en conjectures. Les optimistes affirment que les membres du Tsong-li-Yamen vont venir aux légations, et, comme le temps s'écoule sans rien apporter de nouveau, ils accusent un Italien qui a tiré sur un Chinois d'empêcher la reprise des relations. C'est excessif. En réalité ce n'est qu'une trêve due à une cause inconnue; elle permet de réparer les pertes et de renforcer les points faibles de la défense, de sorte que lorsque le feu reprend un peu plus tard, on est paré, comme disent les marins.

26 juin. — De minuit à une heure, la fusillade redouble de violence, puis décroît. Elle reprend vers le soir de tous les côtés à la fois. Mais les nerfs s'habituent, et on laisse passer les projectiles en se garantisssant de son mieux. Un volontaire français, M. de Giéter, a reçu une balle au-dessus du cou, à l'extrémité du cuir chevelu, qui heureusement n'a produit aucune lésion grave.

On fortifie l'intérieur de la légation d'Angleterre en construisant des casemates. Un missionnaire américain, le révérend Gamewell, dirige ces travaux d'une manière remarquable. Le système de défense qu'il a imaginé fera de cette légation une forteresse capable de résister aux plus durs assauts pendant plusieurs jours.

Le propriétaire de l'hôtel de Pékin s'est encore acquis de nouveaux titres à la reconnaissance des assiégés. Avec quelques Chinois chrétiens il a franchi les lignes pendant un moment de calme et s'est emparé d'un troupeau de vaches dans le voisinage de la légation de Belgique. Il a eu la chance de ne pas être blessé.

27 juin. — Fusillade intermittente durant la matinée. A dix heures du matin attaque générale jusqu'à huit heures du soir. Les Chinois entreprennent de faire une brèche à coups de fusil dans le mur d'enceinte de la légation de France. Embusqués à quelques mètres de distance, ils tirent sans discontinuer sur une partie de la muraille qui s'effrite petit à petit et à la longue finit par s'écrouler.

Vive alerte au Fou, où l'ennemi est sur le point d'entrer. Des renforts y sont expédiés en hâte, et, au moment où s'effondre le mur que les Chinois sapent, les Japonais retranchés en arrière ouvrent des feux de salve qui repoussent les assaillants.

Dix heures et demie. — Fusillade très vive, mais courte, à la légation d'Angleterre.

Bien que la défense soit loin d'être organisée sous une direction unique, c'est de la légation d'An-

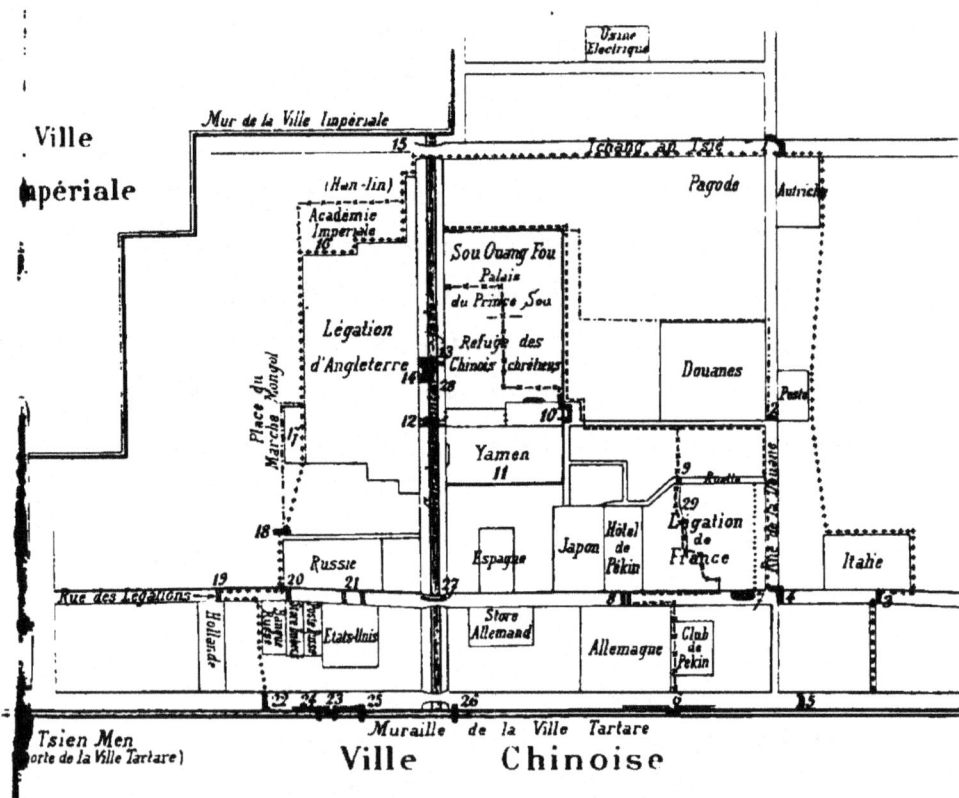

Ville
Impériale

Mur de la Ville Impériale

Usine
Electrique

Tchang An Kié

Ville Chinoise

Tsien Men
(Porte de la Ville Tartare)

Muraille de la Ville Tartare

Rue des Légations

A. QUARTIER DES LÉGATIONS

++++ Ligne de défense des assiégés,
le matin du 20 juin.

------ Ligne de défense des assiégés,
le 20 juin, à 4 heures du soir.

——— Ligne de défense des assiégés,
le 22 juin.

..... Ligne de défense des assiégés,
le 29 juin.

-+--+- Ligne de défense des assiégés,
le 13 juillet, au soir.

1. Barricade de la légation d'Autriche.
2. — de la Douane.
3. — de la légation d'Italie.
4. — de la légation de France.
5. — allemande sur la Muraille.
6. —
7. Porte de la légation de France.
8. Barricade de l'hôtel de Pékin.
9. — française.

10. Barricade japonaise.
11. Yamen occupé par les réfug
tiens.
12. Passage couvert en travers (
13. Barricade italo-japonaise.
14. Porte de la légation d'Angl
15. Barricade anglaise abando
20 juin.
16. Barricades anglaises.
17. —
18. Barricade de la légation de
19. — russo-américaine
20. —
21. — de la légation de
22.
23.
24. } Barricades américaines.
25.
26.

gleterre, où se réunissent presque tous les ministres, que partent les ordres et les renseignements.
Malheureusement plusieurs ministres ne paraissent
pas comprendre l'importance des postes avancés
de la légation de France et ne voient dans leur
conservation qu'une satisfaction d'amour-propre
national. M. Pichon réagit énergiquement contre
ces tendances et veille à ce qu'on ne prenne aucune
mesure qui puisse compromettre la défense du
quartier est des légations. Plusieurs de ses collègues voudraient concentrer toutes les escortes à la
légation d'Angleterre, le réduit central. M. Pichon
s'y oppose de toutes ses forces. L'effort principal
des assaillants est dirigé contre la légation de France
et le Fou qui couvrent à l'est la légation d'Angleterre; il importe avant tout d'élargir le cercle de la
défense le plus possible; il sera toujours temps de
se replier sur le centre, mais ce jour-là la résistance
ne pourra durer longtemps. Fréquemment, et le
plus souvent au fort des attaques contre les avant-
postes de l'est, la légation d'Angleterre demande
des renforts aux autres légations. Les officiers protestent vivement et refusent quelquefois d'obéir à
ces ordres; ils se plaignent que le président du
comité de la défense, sir Claude Mac Donald, a une
tendance marquée à ménager les soldats anglais
et à faire marcher de préférence les autres

soldats, ainsi que les volontaires de la Douane.

De graves dissentiments ont éclaté parmi les ministres. C'est ainsi que le chargé d'affaires d'Au triche, **M.** de Rosthorn, après une discussion très vive avec sir Claude Mac Donald, a quitté la légation d'Angleterre où il s'était retiré avec sa femme après l'incendie de sa légation, jurant de mourir plutôt que d'y retourner. N'ayant pas de nationaux parmi les assiégés, il considère qu'il n'a plus rien à faire comme agent diplomatique et s'engage parmi les volontaires de la légation de France, comme simple particulier.

28 juin. — Pendant toute la nuit la légation de France subit un assaut furieux. Les postes franco-autrichiens comptent déjà cinq tués dont un sous-officier et plusieurs blessés, néanmoins ils envoient en permanence dix hommes au Fou, cinq Français, cinq Autrichiens. Les combattants sont à quelques mètres de distance ; la largeur de la rue de la Douane, une dizaine de mètres, les sépare. Les assaillants embusqués dans les ruines des maisons ou grimpés sur les pans de mur de la légation d'Italie tirent sur les défenseurs abrités derrière le mur est de la légation, ou couchés sur les toits. L'ennemi a arboré trois grands pavillons et pousse des cris féroces. A cette distance tous les projectiles sont bons ; briques, pierres, tessons de bouteilles voltigent en l'air au milieu des balles. De part et d'autre part on y joint même des invectives et des provocations, comme au temps d'Homère. On entend les officiers chinois exhorter leurs hommes à charger, mais ceux-ci répondent invariablement : « Pou ching! » (Ce n'est pas possible!) et les volontaires qui parlent chinois de se moquer d'eux. On se lance aussi des brandons de paille imbibés de pétrole ; les Français réussissent de la sorte à incendier une barricade ennemie. Tout le monde travaille avec une ardeur frénétique ; la courageuse femme de M. de Rosthorn aide son mari et est blessée par une torche qui la brûle aux jambes et à la figure.

A la légation d'Angleterre le canon a détruit en partie une maison. On travaille ferme aux barricades.

Menu du siège jusqu'à ce jour : mouton, cheval, pain et vin.

29 juin. — L'attaque commence à sept heures du matin, elle est générale. Vers une heure l'incendie prend au Fou. Des renforts sont envoyés de la légation d'Angleterre, et l'on parvient à se rendre maître du feu.

La légation de France subit un assaut terrible et a besoin de renfort. Les Chinois sont parvenus à pratiquer une brèche dans le mur de clôture, et

les nôtres doivent reculer. Oh! pas de beaucoup,
d'une quinzaine de mètres seulement. Leur ligne
de défense est maintenant constituée par la façade
est des bâtiments. « Situation très grave, mais non
désespérée », écrit le brave lieutenant de vaisseau
Darcy, qui avec ses marins montre une intrépidité
admirable. Officiers et matelots autrichiens rivalisent avec les nôtres. Une perte cruelle vient
grossir la liste de nos morts, l'aspirant de marine
Herber est tué au début de l'attaque sur le toit de
la maison du ministre. Il est enterré en plein
combat dans le coin du parc qui a été transformé
en cimetière et se peuple bien vite, hélas! Pendant la cérémonie, à quarante mètres des barricades, les balles sifflent de tous côtés, par miracle
personne n'est atteint. Tous les marins sont au
feu, quatre coolies portent le corps enveloppé dans
un drap. Le P. d'Addosio dit les prières des morts.

A dix heures, la fureur des assaillants se tourne
vers la légation d'Angleterre, et un orage terrible
qui éclate pendant une bonne partie de la nuit ne
parvient pas à la calmer. Les Chinois combattant
a nuit et sous la pluie, voilà qui est nouveau.
Décidément, la Chine du bon vieux temps s'en va.

30 juin. — Après l'assaut d'hier, la légation de
France jouit d'un calme relatif qui lui permet de
fortifier la nouvelle ligne de défense. Malheureu-

sement on manque de monde, les Chinois catholiques sont très paresseux, et les deux missionnaires
qui en ont la charge ne savent pas les diriger avec
la fermeté que déploient leurs confrères protestants.
A chaque instant ils quittent le travail et vont se
cacher dans quelque coin. Puis on manque d'outils,
la légation d'Angleterre ayant tout réquisitionné au
début pour le service général et refusant maintenant d'en prêter.

Dans la matinée fusillade à la légation d'Angleterre, où l'on travaille toujours aux fortifications,
puis au Fou dans le courant de la journée.

Le temps est pluvieux. Si les pluies commencent, la délivrance devient incertaine, car les
troupes de secours avanceront très difficilement.
Cependant le colonel Shiba affirme que si les
troupes japonaises débarquent, elles seront organisées et équipées de manière à passer malgré les
pluies.

On ne sait toujours rien de ce qui se passe. Est-
ce l'abandon? Considère-t-on que les légations
sont déjà perdues? S'occupe-t-on d'envoyer des
secours? Le Pei-tang résiste-t-il encore? On le
suppose, car on entend une canonnade de ce côté,
mais sans en être sûr, toutes communications
étant rompues depuis le 23 juin.

1er juillet. — Dans la nuit un malentendu qui

pouvait être désastreux s'est produit : la barricade allemande de la Muraille a été abandonnée. Au moment du changement de garde, tout était si tranquille que les hommes sont partis sans attendre la relève, mais quand celle-ci est arrivée elle a trouvé la place occupée par les Chinois !

Les Américains ont aussi quitté leur barricade qui fait face à Tsien men. Plusieurs membres du comité supérieur de défense insistent pour que ces positions importantes soient reprises, car si les Chinois s'y fortifiaient, ils seraient bientôt maîtres des légations. Sir Claude Mac Donald envoie des ordres dans ce sens, et les Américains, aidés des Russes, reprennent leur barricade. Les Allemands tentent aussi de réoccuper la leur, mais ils ont trois hommes de tués en un rien de temps et y renoncent.

A la légation de France un coup de canon parti de cent cinquante mètres environ a démoli un mur et tué un volontaire, M. Wagner, employé de la douane, fils d'un ancien ministre plénipotentiaire. Par suite d'une information inexacte apportée au commandant du détachement et d'après laquelle les Allemands se repliaient sur la légation d'Angleterre, nos marins et les Autrichiens avaient battu en retraite vers l'hôtel de Pékin. L'erreur a été de courte durée heureusement, et réparée aussitôt ; les

Chinois n'étaient pas entrés, et l'on dit même, ce qui est vraisemblable, qu'en entendant sonner la retraite ils ont cru à une attaque et se sont enfuis.

Depuis le début du siège il y a eu un grand nombre d'erreurs et de malentendus, dont un ennemi plus alerte et plus audacieux aurait profité. C'est ainsi qu'ont été perdues les légations d'Autriche et d'Italie. Cela tient à l'absence d'une direction unique de la défense.

Les ordres partent de la légation d'Angleterre, où sont réunis presque tous les ministres, et sont donnés par sir Claude Mac Donald, qui, en sa qualité d'ancien officier, a été chargé de la direction générale. Mais son autorité n'est pas toujours acceptée, car il est mal placé pour juger l'ensemble de la situation ; il vit dans une atmosphère énervante créée par les non-combattants, hommes, femmes et enfants qui l'entourent, et en subit quelquefois l'influence fâcheuse. Il eût été préférable de concentrer la direction générale de la défense entre les mains des officiers en activité. Le colonel Shiba, Japonais, est l'officier le plus élevé en grade, et, à défaut de ce titre, la façon remarquable dont il défend le Fou dénote chez lui une intelligence militaire de premier ordre qui le désigne pour le commandement supérieur.

Les ordres sont portés par M. Fliche, élève

interprète français, qui, avec un courage et un mépris du danger remarquables, circule continuellement à travers les rues balayées par la mitraille.

On regrette que le ministre d'Angleterre ne visite pas les postes avancés de l'est et ne se mette pas en état d'apprécier *de visu* leur importance.

Les obus ayant en partie détruit plusieurs bâtiments de la légation de France, les Chinois s'emparent de maisons situées au sud afin de préparer un mouvement sur le flanc.

Au Fou on se bat ferme aussi ; au cours de l'après-midi on tente une sortie pour prendre un canon ; mais on ne réussit qu'à faire tuer deux hommes et blesser un officier italien et un quartier-maître français.

Enterrement de Wagner dans la soirée sous les balles et les obus. Le ministre de France et presque tout son personnel, ainsi que les agents de l'administration des douanes, y assistent. Cérémonie particulièrement triste dans un cadre de destruction et de désolation.

Une heureuse nouvelle vient à point changer le cours des idées. Le ministre d'Angleterre affirme avoir aperçu, la nuit dernière, des projections électriques semblables à celles qu'emploie l'armée anglaise, et dont elle s'est servie pour la première fois en Afrique, lorsque la colonne Buller tenta de secourir Ladysmith. Ces signaux doivent avoir été faits avec les appareils du *Terrible*. Sir Claude n'a aucun doute à ce sujet et estime que les troupes de secours sont à quarante-huit heures de marche de Pékin. Dieu fasse qu'il dise vrai !

Le même soir les Japonais prétendent avoir vu des signaux lumineux usités dans leur armée.

2 juillet. — Le Fou est attaqué très violemment pendant la journée, et les Japonais doivent reculer. Le colonel Shiba se demande combien de temps il pourra encore tenir.

Pluie torrentielle. Les inondations n'arrêteront-elles pas la marche de la colonne de secours ?

A la légation de France la ligne de défense est constituée maintenant par la façade orientale des bâtiments en bordure de la rue de la Douane. Les murs sont percés de meurtrières, et les défenseurs passent leur journée à l'affût. Quelques marins semblent avoir perdu tout espoir, mais sont décidés à vendre chèrement leur vie. La nouvelle des signaux aperçus hier leur a causé une grande joie, hélas ! de courte durée. « Bon Dieu ! si c'était vrai ! » crie l'un d'eux. (Celui-ci était destiné à ne plus revoir sa chère Bretagne, car quelques jours plus tard il était enseveli par l'explosion d'une mine.)

On a maintenant la preuve que les signaux aperçus hier étaient faits par les Chinois, à moins

qu'ils n'aient été l'effet d'une hallucination ce qui
est possible, car ce soir-là le temps était orageux.

3 juillet. — Dans la nuit les Américains et
les Russes ont enlevé à la baïonnette une barricade
que les Chinois avaient élevée à vingt-cinq mètres
d'eux sur la Muraille. Ils se sont installés dans cet
ouvrage très solide qui renforce beaucoup la défense
de ce côté où l'on était fort exposé. Beaucoup de Chinois ont été tués, dont un porte-étendard ; les Américains ont eu leur capitaine blessé et deux marins
tués.

Le commencement de l'après-midi est calme, la
pluie qui tombe à torrents force les combattants à
s'abriter, et l'on cause, toujours du même sujet, de
l'arrivée des secours. Les uns croient que la délivrance est proche, les autres désespèrent. On cal-
cule les jours de marche, on suppute les retards
causés par les pluies, on examine le pour et le contre,
et les discussions s'échauffent, car l'énervement
gagne les plus calmes.

Une question qui passionne également est celle
de savoir si la Chine est en guerre avec toutes les
puissances. Il y en a qui soutiennent que le gouvernement impérial n'en veut qu'à l'Allemagne et
au Japon, et ils invoquent, comme preuve à l'appui,
que seuls le baron de Ketteler et le chancelier de la
légation du Japon ont été assassinés ; ils omettent

,ependant d'expliquer l'origine de cette inimitié
,articulière. Aux barricades on n'a pas d'opinion
sur ce sujet : on constate simplement que les coups,
destinés peut-être aux Allemands et aux Japonais,
pleuvent sur tous. Cela coupe court à toute discussion.

A trois heures, les Chinois profitent d'une
éclaircie pour se concentrer autour de la légation
de France avec huit bannières déployées et l'attaquent à coups de canon et de fusil ; heureusement
ils ne réussissent pas à faire beaucoup de mal.

4 juillet. — Pendant la nuit, forte attaque contre
les Allemands, qui demandent du renfort à la légation de France.

Plusieurs personnes affirment encore avoir
aperçu des signaux dans le sud-sud-est.

Les fusils se taisent pendant la journée, mais les
canons tonnent, et un statisticien a la patience de
compter deux cents coups environ. L'hôtel de
Pékin est visé particulièrement : le premier étage
est criblé.

Les pertes à ce jour, le quatorzième du siège,
sont de trente-huit tués se répartissant ainsi :

Français   7
Allemands   6
Italiens.   6
Américains.   6

Japonais	5
Autrichiens.	3
Russes	3
Anglais.	2
Total.	38

Nous avons la place d'honneur dans cette nécrologie, car nous occupons une position avancée qui commande la défense et est, pour ce motif, spécialement désignée aux coups de l'ennemi. Le Fou est également visé : là sont réfugiés deux mille chrétiens chinois, dont la présence parmi les étrangers exaspère les Boxeurs. De ce côté, Italiens et Japonais opposent une héroïque résistance qu'ils payent chèrement.

Les vivres diminuent, on n'a plus que du cheval et du mulet.

5 juillet. — Dans la nuit on a aperçu, très nettement cette fois, des signaux lumineux. Ils doivent être faits par les Chinois, car bien que plusieurs personnes aient décidé que les secours arriveraient aujourd'hui, il ne semble pas que les alliés soient près de Pékin.

Journée relativement calme et sans pluie. Dans l'après-midi un volontaire anglais, M. Oliphant, est tué en s'exposant imprudemment sur un arbre où il était monté pour scier des branches.

D'après l'examen des projectiles, les Chinois emploieraient quatre pièces d'artillerie : un Krupp de sept centimètres et un de cinquante-cinq millimètres, un petit canon rayé de trente-sept millimètres et un canon lisse de cinq centimètres, plus un certain nombre de vieilles pièces lançant des boulets ronds de trois, six et douze livres. Ils se servent aussi d'énormes fusils de rempart longs de deux mètres et lançant de la mitraille ou des balles rondes du calibre 10.

Ils allument les incendies avec des brandons jetés à la main ou attachés à de longues perches ; enfin, au moyen de tubes spéciaux ils lancent des fusées, garnies de poix et munies d'une pointe barbelée, qui se fixent dans les toits. Ces fusées sont propulsées par la combustion d'une certaine quantité de poudre comme nos pièces d'artifice.

Le bombardement de la légation de France continue. Marins français et autrichiens ainsi que volontaires campent au milieu de cette dévastation sans que la bonne humeur les abandonne un instant.

6 juillet. — Le Fou, qui a été attaqué pendant la nuit, subit un nouvel assaut très violent vers midi ; les Japonais font encore une sortie pour s'emparer d'un canon chinois, mais échouent et perdent un officier, ainsi que deux matelots.

Un volontaire russe, qui venait de séjourner dans

la cave du club, s'est montré à découvert près de
la barricade voisine de l'hôtel de Pékin ; il est tombé
blessé à la tête, puis a été tué d'une balle en pleine
poitrine. Les Chinois ont pu s'emparer du cadavre,
malgré les Autrichiens qui leur ont tué cinq hommes
et n'ont réussi qu'à sauver le fusil.

Derrière le mur de la ville impériale, qui s'élève
à une centaine de mètres de la légation d'Angleterre, les Chinois construisent une plate-forme pour
de l'artillerie ; elle est garnie d'épaulements et de
meurtrières.

7 juillet. — Les commandants des détachements
français et autrichiens assurent qu'on entend
depuis minuit de nombreux coups de canon dans
la direction du sud. Ils supposent qu'une bataille a
lieu à dix kilomètres de Pékin. Est-ce encore une
illusion ? Dans l'état d'énervement où l'on se trouve,
il faut se défier de ses sens.

A la légation de France, courte attaque dans
l'après-midi. Les soldats chinois entrent dans l'enclos par une brèche et mettent le feu. Ils s'enfuient
aussitôt que l'alarme est donnée, non sans laisser
quelques-uns des leurs, dont on prend les armes et
les munitions. Mais notre ligne de défense doit
être reportée un peu en arrière.

A la légation d'Angleterre tout est calme ; on fa-
brique des obus pour un petit canon italien dont

les munitions sont épuisées. On se sert pour cela
d'étain trouvé dans des maisons chinoises, et de
vieilles douilles.

L'armurier du détachement américain a mis en
état un vieux canon hors d'usage, découvert au
fond d'un magasin, pour lequel on confectionne
aussi des projectiles. Cette pièce antique a été
baptisée « the Empress dowager », « l'Impératrice douairière », ou plus simplement « Betsy ».
On la charge avec des obus que le détachement
russe a apportés et qu'il ne peut utiliser, son canon
étant resté à Tien-Tsin. « Betsy » tonne avec un
fracas qui paraît impressionner les Chinois. Que
d'ingéniosité et d'efforts pour suppléer au manque
d'artillerie ! C'est qu'en effet un bon canon rendrait
les plus précieux services. On ne s'explique pas
pourquoi nos marins n'ont pas amené une de leurs
petites pièces de débarquement.

Les pessimistes ont perdu tout espoir ; d'après
eux, l'issue de la lutte n'est pas douteuse : c'est la
mort pour tous. Heureusement les optimistes espèrent contre tous et malgré tout. Ils ont maintenant
fixé au 10 la date de la délivrance.

Ce matin on a entendu des coups de canon dans
le sud.

8 juillet. — Cette nuit, vive fusillade dans la ville
chinoise. Dans la journée, bombardement formi-

dable du côté de l'est. Le Fou et la légati
spécialement visés. Dans ce dernier endro
hommes sont blessés coup sur coup par de
d'obus. Le lieutenant de vaisseau Darcy ve
retirer les hommes d'un point particuli
visé ; le commandant autrichien Thoman et
contraire. A ce moment, comme celui-c
devant le mur du « hall des abeilles », u
éclate devant lui et un éclat l'atteint en ple
trine. Il est midi moins un quart. Le capit
brousse, qui est à côté de lui, n'a que le ter
recevoir dans ses bras. Il meurt presque
sans reprendre connaissance. La mort de
officier consterne la petite garnison de la
de France, où il était aimé et admiré. Le c
de vaisseau Thoman était enfermé dans Po
hasard. Il y avait accompagné le détacher
marins autrichiens fourni par son bateau
et n'avait pu rejoindre son bord par suite
terruption des communications. Il est en
cours de l'après-midi, avec les honneurs m
et en présence des représentants de plusier
tions. L'émotion est telle que plusieurs a
ne peuvent retenir leurs larmes. Le petit c
de la légation de France se peuple de jour
dix morts, dont six Français et quatre Autr
Les tombes se pressent les unes à côté des

Cliché du Dʳ Matignon.

TRAVAUX DE LA TRANCHÉE BARTHOLIN
A LA LÉGATION DE FRANCE

Cliché du Dʳ Matignon.

DRAPEAU PRIS A L'ENNEMI PAR M. PELLIOT
VOLONTAIRE DE LA LÉGATION

renfermant souvent plusieurs corps, Autrichiens et Français, confondus dans le dernier sommeil. Mais ce repos ne sera-t-il pas troublé, et les Chinois, s'ils s'emparent du terrain, ne se livreront-ils pas à quelques odieuses profanations?

Au cimetière de la légation d'Angleterre, qui compte déjà douze morts, nous avons encore deux des nôtres.

9 juillet. — Trois prisonniers, faits par un des volontaires français, M. Véroudart, sont interrogés. Ce sont des coolies que les soldats poussent devant eux pour faire les travaux de barricades, creuser les tranchées, saper les murs, incendier les maisons, reconnaître le terrain et ramasser les morts. Les réguliers chinois sont si lâches qu'ils se refusent à faire ces corvées. Ces coolies en profitent pour piller pour leur compte. Les trois qui ont été capturés s'accordent à dire que le Pei-tang est toujours debout, malgré les attaques des Chinois.

Une à une, les maisons de la légation s'écroulent sous les obus. A la barricade de la porte nord, on tue un incendiaire qui porte l'uniforme des soldats de Jung-Lu. Et l'on disait que ce prince luttait contre l'insurrection et employait ses soldats à combattre les Boxeurs!

Nos coolies chinois coupent la tête de l'un de ces soldats et la jettent par-dessus le mur est de la lé-

15

gation, dans les tranchées ennemies. Cette lutte de désespérés rend féroce !

Pendant la nuit on entend des coups de canon lointains dans la direction du sud.

D'après des nouvelles reçues par des Américains, Pékin serait tranquille, la *Gazette officielle* continuerait à paraître, l'impératrice serait au palais; mais on ne sait rien des troupes européennes !

10 juillet. — Canonnade pendant toute la journée. Fusillade très vive au Fou. Les positions à ce jour sont les suivantes : à la légation de France, on occupe toujours les maisons à l'est, plus le blockhaus devant la grande porte. En deçà, la rue des Légations est barrée par la barricade de l'hôtel de Pékin, baptisé le « fort Chabrol ». Les Allemands gardent une barricade au pied de la muraille. Les Américains tiennent le haut de la muraille par une barricade formidable, œuvre du missionnaire américain Gamewell, le Vauban de la défense. En bas, ils ont aussi une barricade qui commande un passage couvert. La rue des Légations est fermée à l'ouest par la barricade russo-américaine. Au marché mongol, les volontaires de la Douane occupent des postes très solides. La légation d'Angleterre est fortifiée à l'est et au nord de telle façon qu'elle est à l'abri du canon. Le Fou, défendu par les Japonais et les Italiens, est également protégé par des ouvrages importants dus au colonel Shiba.

11 juillet. — De grand matin, des chrétiens viennent prévenir les défenseurs de la légation de France que les Chinois pillent une maison du voisinage. M. Picard-Destelan et deux matelots y courent aussitôt et coupent la retraite à dix-huit pillards qui, se voyant pris, essayent de se défendre. Avec le secours d'un autre volontaire, M. Pelliot, on en tue plusieurs à coups de fusil et à la baïonnette. Deux sont capturés. Ils racontent que les soldats chinois les emploient à creuser une mine, mais on ne les croit pas. Les Chinois sont incapables de creuser de longues galeries, les terres s'ébouleraient, etc. Cependant on exécute quelques travaux pour mettre à découvert un égout qu'ils ont indiqué.

Les prisonniers prétendent ne rien savoir au sujet des troupes de secours.

Les légations et les missions sont-elles donc abandonnées à leur triste sort? Les rivalités politiques s'opposent-elles à leur délivrance? Ou bien la résistance des Chinois est-elle trop forte? Et les difficultés du chemin arrêtent-elles la marche des troupes jusqu'à la fin de la saison des pluies? Autant de questions que l'on discute pendant le jour, chacun d'après la tendance de son caractère, et auxquelles on pense la nuit, pendant les longues veilles.

Au Fou, deux matelots japonais sont tués.

12 juillet. — M. Merghelinck, secrétaire de la légation de Belgique, engagé parmi les volontaires de la légation de France, fait un prisonnier qui donne enfin quelques renseignements : les forts de Takou ont été pris par les alliés ; depuis quinze jours, on le sait à Pékin. On n'ignore pas non plus la présence sur cette rade de nombreux navires de guerre ; les Chinois disent qu'il y en a cent. L'empereur et l'impératrice douairière sont toujours à la capitale ; le pouvoir est exercé par le prince Touan, par Jung-Lu et Tong-fou-Siang. Le prince King se tient à l'écart. La vieille impératrice encourage les attaques contre les légations, qui sont exécutées par les troupes régulières de Jung-Lu et de Tong-fou-Siang, les premières à la légation de France, les secondes à la Muraille et au Fou. Ces troupes auraient perdu plus de deux mille hommes, et, désespérant de venir à bout des assiégés par les canons et les fusils, seraient maintenant résolues à les affamer. La discorde régnerait chez les Chinois de Pékin, les habitants des quartiers de l'est luttant contre ceux de l'ouest. Boxeurs et soldats seraient aussi aux prises, ceux-ci reprochant à ceux-là d'avoir causé les troubles et de se cacher depuis qu'ils ont constaté l'inanité de leur pouvoir surnaturel. Un détail amusant en toute

autre circonstance : un ordre de l'impératrice in-
terdirait de se servir de gros canons et notamment
de ceux datant de l'empereur Kang-hi, non par
commisération pour les étrangers, mais de peur
que les soldats ne se blessent avec cette grosse
artillerie ou que les explosions ne détruisent une
partie de la ville !

Durant la matinée des réguliers appartenant aux
troupes de Jung-Lu pénètrent par une brèche dans
la partie nord-est de la légation de France et plan-
tent deux drapeaux sur les ruines d'une des
maisons. On réussit à les chasser et l'on incendie
ce qui reste des bâtiments. Au cours de cette action un volontaire, M. Pelliot, aidé de deux marins, s'empare d'un des drapeaux. C'est un beau
pavillon en soie blanche sur lequel l'inscription suivante est brodée en rouge brun :

« *Li*

« promu par faveur impériale au rang de général
« de brigade, le premier à être nommé à un poste
« de ce grade, actuellement commandant le camp
« de droite de l'Ou-wei-tchong-Kiun (armée de
« Jung-Lu), ayant le titre de K'oei Yong Batura. »

Rage des Chinois, qui hurlent et ouvrent un feu
violent. Un quartier-maître est atteint à l'épaule ;
Gruintgens, volontaire, est grièvement blessé au
cou ; de Chollet, volontaire, est touché à la main.

Un volontaire italien ainsi qu'un brancardier sont
blessés en transportant Gruintgens.

A la légation d'Angleterre on s'est emparé également d'un drapeau de l'artillerie qui tire de l'intérieur de la ville impériale et appartient à l'armée
de Tong-fou-Siang.

Au Fou, le secrétaire de la légation d'Italie,
M. Gaetani, fils du duc de Sermonetta, qui commande les marins italiens depuis la blessure du
lieutenant de vaisseau Paolini, est renversé et couvert de poussière par l'explosion d'un obus. Il se
relève heureusement sans blessure.

13 juillet. — Toujours la canonnade. Pendant la
nuit on a construit une forte barricade en travers
du canal qui coupe en deux le quartier des légations, car les Chinois tentaient d'intercepter les
communications. Ce travail est l'œuvre d'un ingé-
nieur français, M. de Meyer, employé au chemin
de fer Pékin-Hankow. Le bombardement et la fusillade augmentent à la fin de la journée. A ce moment, vers six heures et demie, à la légation de
France, les notes lugubres des trompettes chinoises
retentissent, marins et volontaires courent à leur
poste, trop vite malheureusement, car une mine
fait explosion sous un des bâtiments où ils pénètrent.
Un quartier-maître, Pesqueur, comptant vingt-deux
ans de service, et un matelot français sont ense-

velis ; le lieutenant de vaisseau Darcy, MM. de
Rosthorn et Picard-Destelan sont pris sous les décombres. On dégage ces trois derniers à grand'-
peine. Une seconde mine fait explosion, heureusement sans atteindre personne ; mais il s'ensuit une
courte panique, les défenseurs vont se rassembler
derrière une tranchée creusée dans le parc par
M. Bartholin, en prévision d'une retraite, et terminée le matin même. On procède à l'appel ; deux
matelots ne répondent pas. (Les corps de ces deux
matelots ont été retrouvés sous les décombres
après la délivrance et enterrés à côté de leurs
camarades. Les Chinois les avaient décapités.) Le
coup a été bien combiné, les Chinois ont attaqué
au nord et au sud, et au plus fort de l'engagement
ont mis le feu aux mines préparées au centre. Par
la brèche produite, l'ennemi a pénétré dans l'enceinte et incendié immédiatement les bâtiments.
Devant l'incendie les défenseurs, qui avaient bien
tenu aux deux extrémités, ont dû se replier.

La nuit tombe sur cette scène de destruction ;
l'ennemi est maître de toute la partie orientale de
la légation de France. Depuis vingt-cinq jours, on
n'a reculé que de cinquante mètres. La défense
occupe maintenant une ligne brisée partant de la
chapelle, contournant le « pavillon des étrangers »,
le kiosque de la musique, la maison du premier

secrétaire, et se prolongeant par une tranchée vers le nord jusqu'au mur de clôture. La moitié du parc environ, soit une trentaine de mètres, sépare les combattants.

Au cours de cet après-midi, les Allemands ont été aussi vivement attaqués; les Chinois s'étaient emparés du club; il a fallu les déloger à la baïonnette.

En vingt-quatre heures, trois cent cinquante coups de canon!

14 juillet. — Fête nationale! Les pavillons chinois sont plantés sur les ruines fumantes de la maison du ministre de France. En face, sur les tranchées et sur les maisons percées de meurtrières, où Français et Autrichiens luttent héroïquement contre les hordes barbares, nos trois couleurs flottent avec le drapeau austro-hongrois. Triste fête! En dehors des parents et amis, songe-t-on en France aux malheureux assiégés? Le brouhaha de l'Exposition ne captive-t-il pas l'attention publique, et ne s'occupera-t-on sérieusement d'eux que lorsqu'il sera trop tard?

Retour d'un messager envoyé au-devant (!) des troupes de secours. Arrêté et battu par les Chinois, il revient avec une lettre de Jung-Lu contenant des propositions de paix! Jung-Lu offre aux ministres de se rendre au Tseng-li-Yamen, par petits

LES APPARTEMENTS DE M. PICHON

LES RUINES DE LA LÉGATION

groupes, sans escorte, sous la protection (?) des troupes impériales, et d'y résider jusqu'au jour où ils pourront regagner leur pays.

La plaisanterie est cynique.

Le ministre d'Angleterre, qui a la faveur de cette communication, y répond comme il convient.

Enterrement d'un volontaire français, M. Gruintgens, et d'un marin italien, à la légation d'Angleterre; depuis hier, le cimetière français, sous le feu de l'ennemi, n'est plus accessible.

15 juillet. — Vives alertes pendant la nuit et canonnade dans la direction du Pei-tang. Que deviennent les quarante marins qui défendent là-bas plus de trois mille personnes?

On se préoccupe d'empêcher les Chinois de creuser de nouvelles mines sous les légations d'Angleterre et de France. Les officiers, instruits par la triste expérience du 13 juillet, se défient. Les égouts sont mis à jour, et l'on creuse de profondes tranchées en travers des directions d'où peut venir le danger. A la légation de France, notamment, on craint pour le « pavillon des étrangers » et la chapelle, situés à vingt mètres environ des ruines où l'ennemi se cache.

16 juillet. — Les balles pleuvent dans les tranchées du Fou; presque en même temps, de grand matin, le capitaine anglais Strouts est blessé mor-

tellement; le docteur Morrison, correspondant du
Times, est atteint à la jambe, et le colonel Shiba
reçoit une balle dans ses vêtements. Cela s'apaise.
Vers midi et durant toute la journée, le calme est
si complet qu'il ne dit rien qui vaille.

Sir Claude Mac Donald, président du Comité supérieur de la défense, vient, pour la première fois
depuis le commencement du siège, visiter les ouvrages de la légation de France. Il ne cache pas sa
surprise. Le fait est que cet enclos de cent cinquante mètres offre un aspect extraordinaire : à
l'est, des ruines pavoisées de bannières chinoises ;
à l'ouest, des maisons éventrées, percées de meurtrières, des tranchées où des hommes restent à
l'affût des journées entières, guettant l'ennemi, ne
tirant qu'à coup sûr ; entre les combattants, un parc
ravagé, semé de tombes, les arbres abattus, hachés
par la mitraille. Matelots français et autrichiens,
officiers et volontaires rivalisent d'entrain et de
courage, malgré les vides que la mort creuse
parmi eux. Le ministre de France, obligé d'habiter à la légation d'Angleterre et d'assister à
toutes les réunions de ministres qui s'y tiennent continuellement, jour et nuit, pour décider
les mesures d'ordre général, vient chaque jour
voir sa pauvre légation et s'entretenir avec les
défenseurs ; la distance n'est pas longue, mais

les obus et les balles pleuvent sur la route.

Six heures du soir. — Enterrement du capitaine Strouts à la légation d'Angleterre.

Un parlementaire, muni d'un drapeau blanc, se présente chez les Allemands et remet une lettre. Jung-Lu aurait depuis hier donné l'ordre de cesser le feu. La lettre est signée « prince King et autres » (!); elle annonce que le gouvernement chinois va faire de nouveaux efforts pour empêcher l'attaque des légations, et demande en retour d'arrêter le feu. Il est difficile de mentir avec plus d'impudence. Les ministres rétablissent la vérité et répondent que le feu cessera dès que l'attaque finira et que les travaux de mines et de tranchées seront arrêtés.

17 juillet. — Nuit et matinée à peu près calmes. Des soldats chinois, agitant des drapeaux blancs, s'approchent de la légation d'Allemagne. Conduits les yeux bandés à la légation d'Angleterre, ils racontent que la veille Jung-Lu a ordonné de cesser le feu, qu'une grande bataille a eu lieu à Tien-Tsin à la suite de laquelle la ville et les forts sont tombés au pouvoir des alliés, que le général Nieh s'est suicidé, et enfin que Li-Hung-Chang a été mandé à la capitale. L'un de ces hommes faisait partie de la musique de la Douane. N'ayant plus de moyens d'existence, il s'est fait Boxeur.

Aux barricades de l'est, les soldats et les coolies chinois se montrent à découvert; les combattants mettent bas les armes et s'approchent pour causer. Les Chinois apportent quelques provisions, oh! bien peu. Ils sont mécontents de leur sort et se plaignent de n'être pas assez payés. Quelques-uns offrent leurs services moyennant finance. Les Japonais profitent de ces bonnes intentions pour acheter des armes et des munitions. L'équipement d'un régulier, un fusil Remington et cent cinquante cartouches, coûte 15 dollars.

Dans l'après-midi, un volontaire français, M. Pelliot, s'approche des lignes chinoises pour réclamer les corps des matelots ensevelis sous les décombres de l'explosion du 13 juillet. Il est entraîné presque de force chez le général Ma, qui l'adresse, prétend-il, au Tsong-li-Yamen, mais en réalité le fait conduire au quartier général de Jung-Lu. Il y est reçu courtoisement, et on lui offre une collation pendant qu'on le questionne sur les intentions des puissances. Comme de juste, il répond qu'il les ignore et n'a aucune qualité pour en parler. On le renvoie, avec une escorte de réguliers précédés d'un insigne impérial, pour le protéger contre les Boxeurs. La précaution n'est pas inutile, car, en approchant de Ha ta men, une forte troupe de Boxeurs en armes se porte au-devant des soldats pour s'emparer de notre compatriote. On parlemente longtemps, et il faut la vue de l'insigne impérial pour prévenir un conflit. Toutes les rues sont barricadées comme s'il y avait une guerre civile dans Pékin. M. Pelliot est de retour à six heures du soir, après cinq heures d'absence, durant lesquelles on l'a cru perdu. Sa jeunesse excuse son imprudence : il n'a que vingt-deux ans.

Le soir, « King et autres » envoient au ministre d'Angleterre une explication fantaisiste des événements. Les troupes étrangères envoyées pour protéger les légations auraient provoqué les Chinois et troublé l'ordre ; ceux-ci se seraient bornés à riposter et à se défendre. On espère que le malentendu étant maintenant dissipé, la paix sera définitive, et on demande que la Muraille soit évacuée. C'est sans doute avec de pareils mensonges que le gouvernement impérial espère échapper aux responsabilités qu'il encourt et tromper les puissances étrangères.

Le ministre d'Amérique reçoit communication d'un télégramme de son gouvernement; celui-ci serait disposé à aider la Chine à réprimer l'insurrection et demande à son représentant son sentiment à ce sujet.

Que se passe-t-il donc? Que font les amiraux et les consuls à Tien-Tsin? Que télégraphient-ils ?

Croit-on sérieusement que c'est pour protéger les
étrangers que l'impératrice les tient bloqués?
Ignore-t-on encore qu'il n'y a pas d'insurrection,
mais soulèvement populaire organisé et dirigé
par le palais, avec des chefs nommés en vertu de
décrets impériaux? N'a-t-on pas assez de preuves
de l'intention bien arrêtée parmi la cour de massacrer les étrangers? Les puissances se laissent-elles
prendre encore aux pièges grossiers que tendent à
leur crédulité les ministres de Chine accrédités
auprès d'elles? Ou bien des intérêts politiques exi-
gent-ils que ces affronts restent impunis, et que les
assiégés soient abandonnés à la discrétion du gouvernement chinois? C'est désespérant!

La réponse de M. Conger est catégorique :
« Depuis un mois les légations sont assiégées et
attaquées à coups de fusil et de canon, et seul un
prompt secours peut empêcher un massacre général. » Sera-t-on convaincu après cette déclaration
de la nécessité de se hâter?

18 juillet. — La trêve continue; d'une barricade
à l'autre des conversations s'engagent.

Aujourd'hui pour la première fois depuis le
commencement du siège arrivent des nouvelles des
secours. Un courrier, le premier depuis celui que
le commandant de Marolles avait envoyé de Lang-
Fang, apporte une lettre du consul du Japon à

Tien-Tsin annonçant que 33,300 hommes, dont 24,000 Japonais, 4,000 Russes, 2,000 Anglais, 1,500 Français, 1,500 Américains et 300 Allemands, quitteront Tien-Tsin le 18 courant, c'est-à-dire aujourd'hui. Ces bonnes nouvelles raniment l'espoir. D'après le messager, il y a eu de très sérieux engagements autour de Tien-Tsin. Il confirme aussi l'échec de la colonne Seymour que « King et autres » avaient eu soin de nous annoncer, la prise des forts de Takou; il donne des détails sur le bombardement des concessions étrangères, sur la résistance acharnée des Chinois dans la cité de Tien-Tsin et dans les forts. Peu à peu la lumière se fait, le mystère s'explique. Maintenant le branle est donné, la marche sur Pékin est commencée, et rien n'arrêtera l'élan des troupes alliées. Les assiégés trouveront des forces pour résister jusqu'au bout.

Vers cinq heures, une entrevue pas banale a lieu à la légation d'Angleterre. Un secrétaire du Tsong-li-Yamen, envoyé par Jung-Lu, demande un entretien au corps diplomatique, et celui-ci le reçoit à la porte de cette légation, au milieu des décombres et des immondices qui jonchent la berge du canal. Malgré l'étrangeté du lieu et des circonstances, le mandarin n'a garde d'oublier les formules de la politesse chinoise. Il est chargé de

donner l'assurance des dispositions amicales (!) de
son gouvernement, et d'exprimer les regrets de
celui-ci à propos de la mort du ministre d'Allemagne et du chancelier de la légation du Japon
assassinés par des « bandits » — qui portaient l'uniforme des réguliers, ajoute, fort à propos, le doyen
du corps diplomatique. Le porte-parole dit que
le Tsong-li-Yamen a fait déposer le corps du baron
de Ketteler dans un très beau cercueil. On lui répond qu'on jugera les dispositions de son gouvernement par ses actes et que, pour l'instant, le mieux
à faire est d'assurer la sécurité des étrangers et de
faciliter leurs communications avec l'extérieur.

19 juillet. — Les relations avec les Chinois se
refroidissent visiblement. Les fusils se taisent encore, mais les travaux de mines et de tranchées sont
repris avec activité.

Le ministre de France reçoit un télégramme
chiffré de Paris lui annonçant l'envoi de quinze
mille hommes.

Parfait ! Mais quand arriveront-ils ?

En même temps le Tsong-li-Yamen lui remet,
ainsi qu'à ses collègues, copie des instructions qu'il
a données aux ministres de Chine accrédités en
Europe, aux États-Unis et au Japon. Ces instructions dénotent le désir de voir un prompt rétablissement des relations diplomatiques.

Ce désir est venu tout à coup aux Chinois en apprenant la prise de Tien-Tsin et les envois de troupes. La crainte du châtiment imminent succède chez eux à l'arrogance des premiers jours.

Quelques instants plus tard, « King et autres » écrivent au ministre d'Angleterre que le gouvernement chinois, étant impuissant à maîtriser les Boxeurs qui veulent massacrer tous les étrangers, invite les ministres à se retirer à Tien-Tsin sous la protection d'une escorte chinoise. La ruse est grossière et ne réussira pas, car personne ici ne doute du sort qui l'attendrait sous la « protection » des satellites de Tong-fou-Siang ou de Jung-Lu. Mais comment qualifier un gouvernement qui emploie de pareils procédés pour assassiner des étrangers installés sur son territoire sous la sauvegarde des traités? Les troupes n'ayant pu, par suite de leur lâcheté et malgré leur supériorité numérique écrasante, égorger une poignée d'hommes, les chefs ont recours au guet-apens !

On a réussi à se procurer un certain nombre de décrets impériaux qui ont été insérés dans la *Gazette de Pékin*. Le rapprochement des dates permet de suivre les changements survenus dans l'attitude de la cour au cours des derniers événements. Durant la période comprise entre l'ouverture des hostilités et le 13 juillet, le gouvernement chi-

16

nois, dont les soldats avaient repoussé la colonne Seymour, assiégé, bombardé les concessions de Tien-Tsin et tenu en échec pendant vingt-huit jours les troupes alliées, s'est cru sûr de la victoire finale ; il a jeté le masque et n'a gardé aucun ménagement. La prise de Tien-Tsin l'a rappelé au sentiment de la réalité, et dès le 14 juillet il a repris son attitude hypocrite et parlé de la protection due aux étrangers. Il n'en a pas moins poursuivi son plan primitif, mais cette fois en se déclarant impuissant à maîtriser l'insurrection. Ici, ce double jeu ne trompe personne ; mais en sera-t-il de même hors de Chine, et le désir d'en finir avec une affaire grosse de difficultés, ou encore la poursuite de combinaisons politiques n'incitera-t-elle pas les puissances à se contenter de ces explications ? Tant pis ! car si la leçon ne profite pas aux gouvernements, la Chine recommencera et cette fois réussira mieux.

Un parlementaire a été envoyé il y a déjà quelques jours pour réclamer les corps des deux marins ensevelis par l'explosion du 13 juillet et qu'on avait promis à M. Pelliot de restituer. Le ministre de France les réclame officiellement, par écrit, mais ne reçoit pas de réponse.

20 juillet. — Fête du « dieu de la guerre ». Les Chinois célèbrent cette solennité avec les pétards habituels et y joignent quelques incendies, car au cours de la journée on en aperçoit plusieurs dans la direction du Pei-tang. Mais la trève continue. Les réguliers de garde à la légation de France ont été changés ; les remplaçants expliquent qu'ils ne sont pour rien dans l'explosion des mines, la responsabilité en incombe à l'armée de l'est ; eux appartiennent à l'armée de l'ouest, qui se compose de gens trop bien élevés pour combattre avec des moyens aussi barbares. Cela ne les empêche pas de continuer les galeries commencées par leurs prédécesseurs.

Le corps diplomatique a refusé la proposition d'évacuation de « King et autres ». C'était la seule réponse à faire. Le ministre de France a demandé à communiquer avec son gouvernement.

Poursuivant son double jeu, l'impératrice envoie aux ministres quelques fruits et légumes, pastèques, aubergines, cornichons et concombres. Ce présent de cucurbitacées ressemble à une fumisterie d'un goût douteux ; on l'invoquera néanmoins pour dire que les assiégés ont été approvisionnés, et que s'ils sont morts de faim, ils l'ont fait exprès pour embêter le « Fils du Ciel ».

Et il y aura des naïfs pour le croire.

21 juillet. — Continuation de la trève. Heureusement, car la chaleur est très forte.

« King et autres » ont refusé à M. Pichon de communiquer avec son gouvernement à cause des combats qui ont lieu à Tien-Tsin.

22 juillet. — Quelques coups de fusil pendant la nuit et dans la journée à la légation de France, où l'on tire sur un volontaire qui s'était approché des travaux des Chinois. En réponse, on tue un de leurs coolies travaillant aux mines.

Orage formidable à dix heures. On tremble à la pensée que les pluies pourraient arrêter la marche des troupes jusqu'à la fin d'août.

23 juillet. — Les Chinois continuent la construction de barricades en face de la légation de France.

A la légation d'Angleterre l'aspect est moins morne qu'au début du siège. Dans la journée les enfants sortent et jouent sur le terrain du tennis. Les pauvres petits, enfermés jusqu'au 20 juillet de crainte des balles, sont tout heureux de courir et d'étirer leurs membres. Malgré la mauvaise nourriture, ils supportent assez bien ces épreuves. Vers la fin de la journée tout le monde se réunit auprès de la tour de la cloche; on chante les hymnes nationaux, et des misses américaines récitent des poésies de leur composition qui sont ensuite affichées à côté des décrets impériaux et des ordres de service. Un des diplomates, dont la bonne humeur et l'entrain n'ont jamais faibli, a même composé une marche, puis une valse des Boxeurs.

Jung-Lu répond à M. Pichon que Tong-fou-Siang, commandant en chef des troupes du général Ma, lui a fait savoir que les corps des deux matelots n'avaient pas été retrouvés et qu'aucun parlementaire ne s'était présenté au camp. Autant de mensonges. Ceux qui calculent la date de l'arrivée des secours annoncent que la délivrance aura lieu demain. Puissent-ils ne pas se tromper encore !

24 juillet. — Fusillade dans la direction du Pei-tang. Le commandant japonais a appris, par des espions, qu'une armée assez nombreuse, composée de troupes du Chansi, est entrée en ville et attaquera prochainement les légations. La nouvelle a été communiquée à tous les chefs de poste, avec ordre de se tenir prêts à repousser cette attaque.

Le colonel Shiba a été aussi informé que les troupes de secours sont en marche et auraient dépassé Yangtsoun, à trente kilomètres de Tien-Tsin. Le renseignement vient d'un soldat de Tong-fou-Siang, il est sujet à caution, car l'informateur est payé à la pièce, à raison de dix dollars par communication, et a intérêt à exploiter la crédulité de ceux qui l'emploient.

Temps couvert et orageux, mais sans pluie heureusement.

La légation de France poursuit ses travaux de fortification. Le kiosque de la musique est garni d'épaulements, et l'on construit une nouvelle barricade en arrière de celle qu'on occupe, afin de se ménager une ligne de retraite en cas de besoin.

Coups de fusil isolés dans la soirée.

25 juillet. — L'attaque annoncée hier a eu lieu ce matin à minuit trente contre le Fou. Elle n'a pas duré longtemps.

Hier soir, vers dix heures, des fusées avaient été tirées non loin de la légation d'Angleterre; c'était une sorte de « Garde à vous! » Trois fusées lancées de l'intérieur de la ville impériale ont fait cesser le feu. Les Chinois se servent aussi de fusées très lumineuses, pour éclairer la nuit les travaux des assiégés.

« King et autres » insistent encore auprès des ministres pour les faire partir. Ils acceptent de transmettre les télégrammes s'ils sont en clair et ne renferment aucune allusion politique.

Le colonel Shiba a appris, par son espion, que les troupes étrangères auraient battu l'armée chinoise aux environs d'Housivo, à soixante-cinq kilomètres de Pékin; mais on n'y croit pas. N'avait-on pas annoncé la délivrance pour aujourd'hui?

Les vivres commencent à manquer. Le vin est rare, le riz aussi; il y a encore des chevaux et du blé.

Mort du second secrétaire de la légation du Japon.

26 juillet. — Nuit calme. La nouvelle de l'engagement à Housivo est démentie; les incrédules avaient raison.

Des messagers sont envoyés à Tien-Tsin; ils descendent de l'autre côté de la Muraille au moyen de cordes et usent des plus grandes précautions pour dérober les lettres aux investigations de l'ennemi. Ils les cachent dans le manche d'un parapluie, dans la semelle de leur soulier, sous un emplâtre recouvrant une plaie factice, ou encore dans une partie intime de leur corps.

Les ministres se réunissent pour discuter la réponse à faire aux communications reçues hier. Certains profanes pensent qu'il vaudrait mieux mettre fin à cette correspondance où les Chinois se payent notre tête. Qu'y gagne-t-on? Du temps, répondent ceux qui sont responsables, et c'est pourquoi ils demanderont demain à « King et autres » quels moyens de transport ils comptent mettre à la disposition des légations. Ils espèrent de la sorte traîner les choses en longueur jusqu'à l'arrivée des

27 juillet. —Cette nuit, vive canonnade du côté de Pei-tang. On assure que la cour s'apprêterait à quitter Pékin. Cela signifie-t-il que les alliés avancent?

« King et autres » font un nouvel envoi de pastèques au corps diplomatique; ils y joignent même un peu de farine et de glace. Cette gracieuseté cache un piège bien grossier. Les porteparole du gouvernement chinois préviennent que Pékin est tranquille et qu'en conséquence les chrétiens chinois enfermés au Fou peuvent sortir sans danger. Pauvres gens, ils ne feraient pas dix pas que les Boxeurs les massacreraient tous impitoyablement!

A la légation de France, les Chinois continuent de travailler dans un trou qui peut être le commencement d'une tranchée ou l'amorce d'une mine dirigée vers le « pavillon des étrangers ». Par prudence, le commandant autrichien fait ouvrir une tranchée profonde de quatre mètres en avant de la maison.

Bruit de suicide de Tong-fou-Siang. Ce serait trop beau.

Des nouvelles chinoises confirment aussi la marche des alliés. On s'attendrait à une grande bataille à Chang-Kiaouan.

28 juillet. — Quelques coups de fusil pendant la nuit.

Ce matin, à sept heures, la lettre suivante est affichée à la légation d'Angleterre :

« Tien-Tsin, 22 July.

« Your letter of the 4 th. 24,000 troops landed. 19,000 are here. The Russian are at Peitsang. Plenty of troops on the way. General Gazelee expected Taku to morrow. If you can keep in food. Most of the ladies left Tien-Tsin. Carles. »

Cette lettre réduit à néant toutes les nouvelles apportées par le soldat de Tong-fou-Siang, bien que celui-ci raconte, aujourd'hui même encore, qu'une bataille a été livrée à An-ping, où les Chinois ont été défaits. Mais comment se fait-il que, Tien-Tsin ayant été pris le 14 juillet, les troupes alliées ne soient pas plus loin huit jours après? Peitsang est à huit kilomètres seulement de Tien-Tsin.

« Plenty of troops on the way. » Qu'est-ce que cela signifie? Sont-elles à Tien-Tsin, à Takou ou en mer? Plus d'un parmi les assiégés sent le découragement l'envahir en présence de ces lenteurs inexpliquées. On recommande d'économiser les vivres; c'est donc que la délivrance est encore lointaine. Si les troupes tardent tant, elles ne trouveront plus que des ruines et des cadaves mutilés!

Pour jeter encore la confusion dans les esprits, le messager du consul d'Angleterre ajoute qu'il a rencontré peu de soldats chinois sur sa route. Un autre Chinois rapporte que Li-Hung-Chang serait à Tien-Tsin; enfin, un soldat chinois questionné par un volontaire lui assure que trente mille soldats européens sont à soixante kilomètres de Pékin.

Nouvelle démarche de « King et autres » pour faire partir le corps diplomatique; celui-ci, décidé à rester, continue à discuter.

29 juillet. — Fusillade autour des légations pendant la nuit; canonnade du côté de Pei-tang.

L'armistice a été employé à fortifier la légation d'Angleterre, mais les Chinois ont également construit de ce côté, sur le pont qui est au sud de la ville impériale, une barricade qui commande le canal, et il n'est malheureusement pas possible, faute de canon, d'empêcher ces préparatifs.

Un soldat chinois donne des renseignements : l'impératrice demeurerait toujours à Pékin; Tong-fou-Siang serait à Chi hua men; ses troupes occuperaient la ville et les abords des légations. Certains réguliers seraient brouillés avec les Boxeurs, qu'ils trouveraient trop cruels; mais des ordres du palais les empêcheraient de donner cours à leur animosité. Pas de nouvelle des alliés depuis la prise de Tien-Tsin. Le Pei-tang tiendrait toujours, et le petit commerce aurait repris dans la capitale ; les Boxeurs interdiraient cependant aux marchands l'accès des légations.

30 juillet. — Deux coolies sont tués sur le pont sud ; le pont nord est barricadé, et de là les Chinois dominent le canal. De cette position, ils tirent sur la légation d'Angleterre. Que penser maintenant des propositions de départ pour Tien-Tsin? Pendant que ses soldats assiègent les légations, le gouvernement impérial tente d'attirer les assiégés dans un guet-apens en spéculant sur leur confiance dans la parole donnée. Mais qu'est-ce que vaut la parole d'un mandarin?

Les Chinois transmettent à sir Robert Hart un télégramme de Londres en accompagnant la communication de la requête suivante : « Depuis longtemps les gouvernements étrangers sont très inquiets sur la situation de leurs ministres en Chine. D'autre part, l'état de guerre existant ne permet pas d'autoriser ces derniers à télégraphier en langage secret. Nous vous demandons d'envoyer à Londres un télégramme qui sera communiqué aux gouvernements étrangers et les rassurera. »

Réponse de sir Robert Hart : « Si je télégraphiais la vérité, personne ne voudrait la croire. Il n'y a qu'un moyen de la faire connaître, c'est que vous autorisiez les représentants des puissances à communiquer librement avec leurs gouvernements. Plus vous ajournerez cette résolution, plus la situation s'aggravera. »

Voici un vieux résidant en Chine dont toutes les idées sont bouleversées. Et cependant, il connaît le pays et les habitants depuis quarante-six ans, son expérience a été maintes fois éprouvée. Le long labeur que représente l'organisation des douanes, un modèle du genre, est aujourd'hui compromis en grande partie. Sir Robert Hart, qui a servi loyalement le gouvernement chinois, tout en faisant profiter son pays de la situation hors de pair et de l'influence considérable qu'il a acquises, se voit, lui mandarin du plus haut rang, chassé de sa maison et menacé de la mort la plus affreuse. Mais le vieil ermite de la rue de la Douane, « Bob », comme on le nomme familièrement, ne se laisse pas abattre et, malgré ses soixante-dix ans, le premier saisissement passé, reprendra son œuvre avec la même patience et la même ténacité.

Un courrier de l'armée régulière a quitté Chang-Kiaouan le 29, à huit heures du soir, et a apporté la nouvelle d'un engagement qui aurait eu lieu en cet endroit, de trois heures après midi à huit heures du soir. Beaucoup de Chinois auraient été tués. Les alliés étaient à Matou le 29, à huit heures du matin, poursuivant les réguliers au nombre de dix mille. L'impératrice ferait rassembler trois cents charrettes, Tong-fou-Siang cent autres, et tous deux se tiendraient prêts à partir dans la direction de l'ouest. Les imaginations travaillent sur ces indications, que le lendemain démentira sans doute, car elles sont trop en opposition avec celles du consul anglais de Tien-Tsin. Mais le désir de voir venir les troupes libératrices est si vif que certaines personnes s'évertuent à mettre d'accord toutes ces contradictions et croient y réussir.

31 juillet. — Fusillade pendant la nuit. C'est sans doute de la sorte que le gouvernement chinois entend nous protéger pendant le voyage de Tien-Tsin.

Le propriétaire de l'« hôtel de Pékin », M. Chamot, a profité de la nuit dernière pour construire une barricade avec l'aide de ses serviteurs, sur le pont de la rue des Légations; il le met ainsi à l'abri du feu de la barricade chinoise au nord du canal. Chaque matin, sans ce soucier des balles et des obus, M. Chamot, le principal fournisseur de vivres des assiégés, part en charrette de son hôtel et va porter des provisions à la légation d'Angleterre.

Coups de canon lointains pendant la nuit.

Nouvelles diverses. Des Chinois annoncent la présence de troupes européennes, à cinq milles dans le sud de Tong-Tchéou. Les réguliers mettent en état de défense les portes de Yung ting men et de Chou ha men et y accumulent des pierres et des sacs de terre. Les troupes « invincibles » du *Chang-An* seraient attendues aujourd'hui au Nan haï zeu (le parc de chasse au sud de la ville), en route pour Tong-Tchéou.

Le Tsong-li-Yamen, auquel M. Pichon avait demandé des nouvelles du Pei-tang, a l'effronterie de répondre que des chrétiens ayant été piller des marchands des environs, les troupes ont dû tirer sur eux.

Jung-Lu aurait reçu l'autorisation d'entrer en chaise au palais (c'est une faveur assez rare que l'empereur accorde seulement en récompense de services importants); une partie de son armée serait passée sous le commandement de Li-Ping-Heng, un des plus fanatiques ennemis des Européens. Yuan-Che-Kaï, gouverneur du Chantoung, se serait révolté et marcherait sur Pékin avec les Allemands. On annonce une violente attaque pour ce soir. Enfin, un cuisinier des soldats chinois prévient les défenseurs de la légation de France que les réguliers ont entrepris une mine dirigée sur la maison du premier secrétaire; elle serait à trois mètres de profondeur, et cent coolies y travailleraient.

1ᵉʳ août. — A la légation de France, nuit calme dont on a profité pour creuser une tranchée de contre-mine de quatre mètres de profondeur sur vingt mètres de longueur.

Pendant toute la journée les nouvelles se succèdent, alternativement bonnes ou mauvaises, et amenant la joie ou l'abattement. C'est un trouble moral pénible.

Les troupes de secours auraient subi un échec et battraient en retraite sur Matou. A deux heures, bonne nouvelle. D'après un télégramme que reçoit sir Robert Hart, la dépêche du ministre d'Amérique est parvenue à son gouvernement et a produit une profonde émotion dans le monde entier; on s'occupe très activement de délivrer Pékin. Il n'est que temps !

A quatre heures, dépêche insolente de « King et autres » renfermant un passage dont le sens est à peu près le suivant : « Le gouvernement chinois sait parfaitement que si les ministres ne veulent pas aller à Tien-Tsin, c'est que les chrétiens chinois les retiennent; il espère qu'ils ne se laisseront pas influencer plus longtemps par eux. Ces chrétiens ont, du reste, tiré sur des soldats chinois, et si de pareilles provocations se renouvellent, les hosti-

lités recommenceront. » La communication se ter-
mine par une sorte d'ultimatum; les ministres sont
invités à fixer la date de leur départ dans un délai
de deux à trois jours.

A cinq heures enfin une bonne nouvelle, plus
sérieuse. Un courrier, qui a déjà été à Tien-Tsin et
en est revenu, rapporte trois lettres, une du consul
japonais à son ministre, une autre du général japonais au colonel Shiba et enfin une troisième du
correspondant du *Times* à Tien-Tsin adressée au
docteur Morrisson, correspondant du même journal à Pékin. Les trois lettres datées du 26 juillet
annoncent que les troupes de secours, vingt mille
hommes environ, partiront de Tien-Tsin dans deux
ou trois jours. Le général japonais ajoute que le
débarquement a été très pénible. Le chemin de fer
de Takou à Tien-Tsin est rétabli; on est très inquiet sur le sort des légations et l'on s'attend à une
sérieuse résistance à Yangtsoun. Des troubles
sérieux auraient éclaté dans la vallée du Yangtze
et en Mandchourie, où la voie ferrée russe serait
détruite.

2 août. — La fusillade qui a repris hier a continué avec une intensité variable pendant la
nuit et se produit aujourd'hui sur de nouveaux
points.

Dans l'après-midi, on apprend que deux mem-

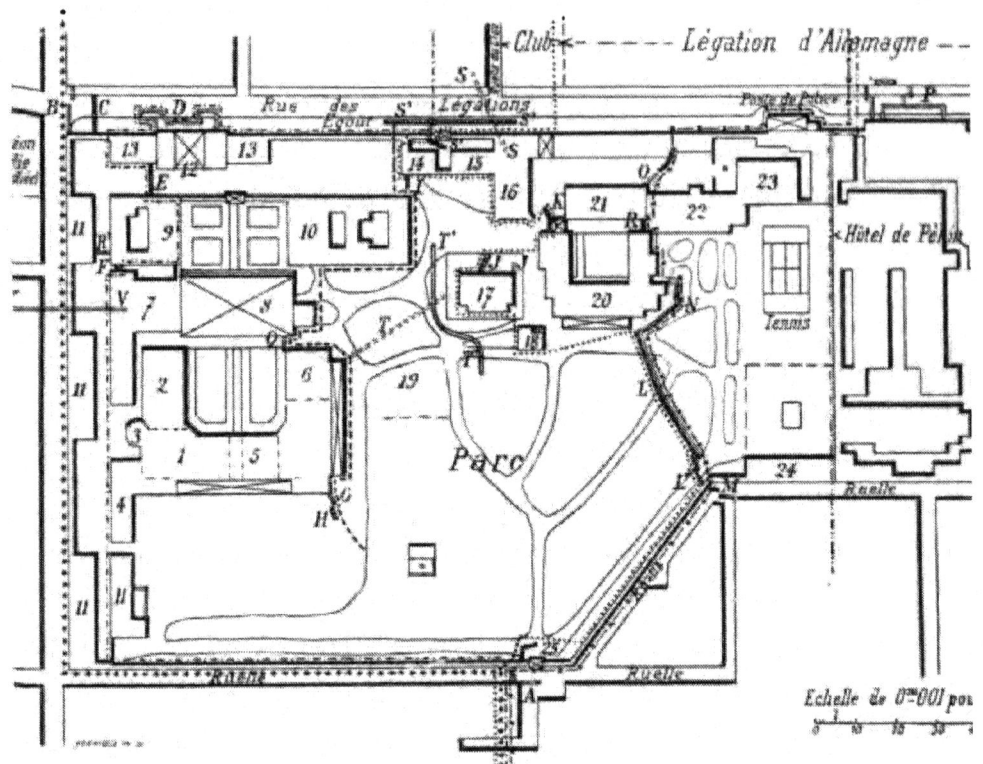

B. LÉGATION DE FRANCE

<table>
<tr><td>+ + + +</td><td>Ligne de défense le 22 juin.</td></tr>
<tr><td>-·-·-·</td><td>— — le 29 juin.</td></tr>
<tr><td>······</td><td>— — le 13 juillet.</td></tr>
<tr><td>+-+-+-</td><td>Ligne de retraite préparée après le 14 juillet.</td></tr>
</table>

. Salle à manger du ministre de France.
. Billard — —
. Serre — —
. Cuisines — —
. Salon — —
. Cabinet de travail — —
. Maison d'interprète.
. Hall des abeilles.
. Maison de M. Morisse.
. Maison de M. Filippini.
. Écuries.
. Grande porte.
. Dépendances.
15. Chapelle.
. Cour.
. Pavillon des étrangers.
. Kiosque de la musique.

19. Cimetière.
20. Maison de M. d'Anthouard.
21. Chancellerie.
22. Maison du chancelier.
23. Maison du Dr Matignon.
24. Serre.
25. Porte.

A à K. Barricades.
L. } Tranchée Bartholin.
L. }
M. Barricade.
N. —
O. —
P. Fort Chabrol.
R. Barricade.
T. Mine chinoise.
T' T'. Contre-mine française.
S S. Mine chinoise.
S' S'. Contre-mine française.
V V. Mine chinoise qui fit explosi
13 juillet.

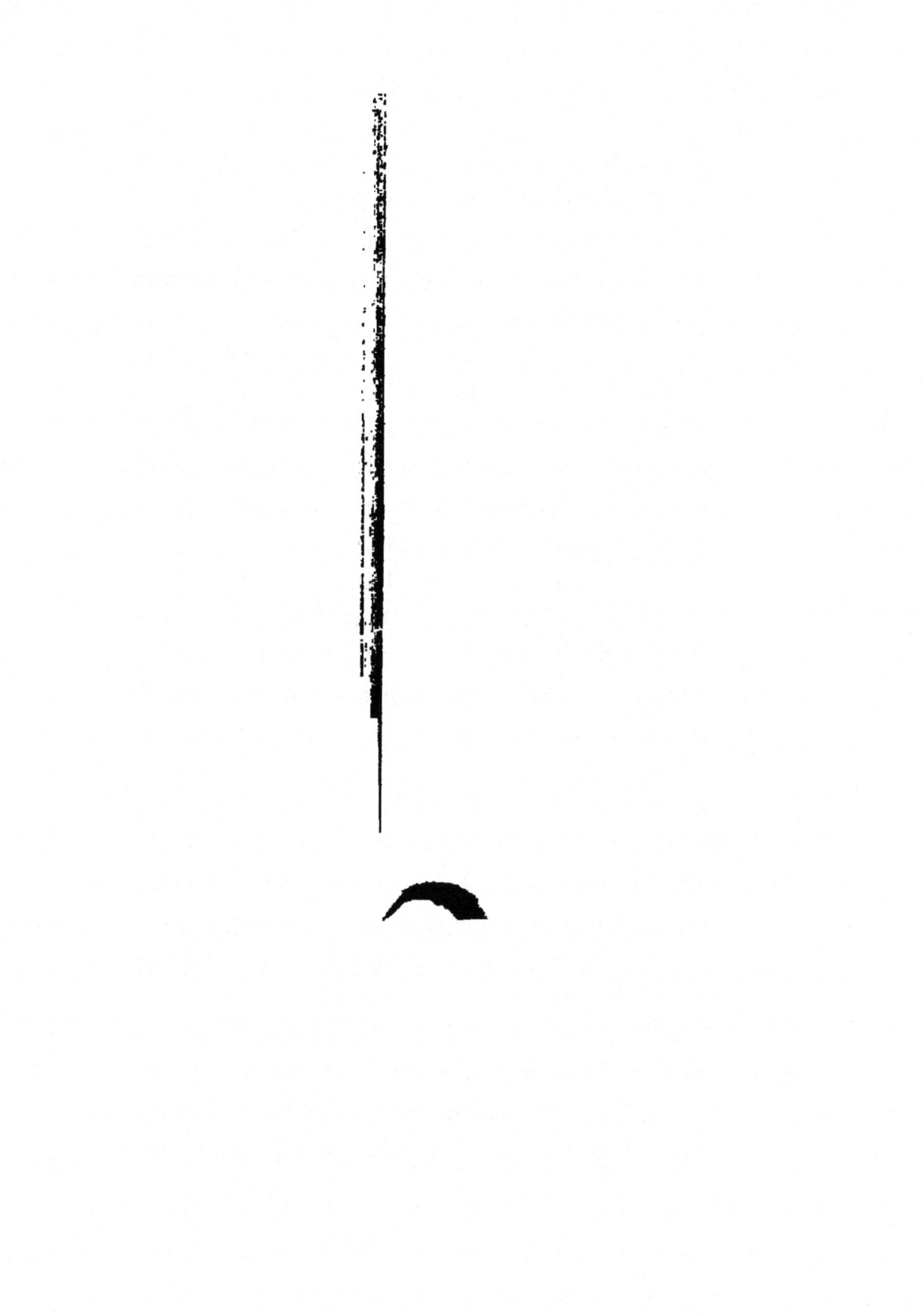

bres du Tsong-li-Yamen, Hsü et Yu Chang, ont été condamnés à mort sous l'inculpation d'être vendus aux étrangers, et exécutés dans des conditions ignominieuses sur l'emplacement réservé aux plus vils criminels.

A six heures un courrier apporte des lettres aux Américains et à sir Robert Hart. 10,000 hommes ont dû partir le 31 juillet et seront suivis, quelques jours après, de 40,000 Anglais, Japonais et Américains. L'Allemagne et l'Amérique envoient chacune 15,000 hommes, l'Italie 5,000.

Pourra-t-on tenir jusqu'à leur arrivée ?

3 août. — Sir Claude Mac Donald reçoit une lettre du Tsong-li-Yamen et un télégramme chiffré de son gouvernement, lui accusant réception de diverses communications et lui demandant des nouvelles. « King et autres » font savoir qu'ils se chargeront de transmettre la réponse, ainsi que les télégrammes que les autres ministres désireraient envoyer à leur gouvernement. Ils reviennent à la charge pour engager le corps diplomatique à partir; Jung-Lu a reçu l'ordre du Grand Conseil de prendre les mesures à cet effet.

La fusillade cesse dans l'après-midi, mais reprend sur quelques points dans la soirée.

4 août. — Calme complet à la légation de France. Fusillade nourrie à la légation d'Angleterre pendant un violent orage. Le Tsong-li-Yamen a transmis les télégrammes que les ministres lui ont envoyés hier; il insiste encore pour leur départ. Ceux-ci se retranchent, pour ne pas répondre, sur l'absence d'instructions de leurs gouvernements.

5 août. — Calme plat. — Les Chinois se montrent au-dessus des barricades et agitent des éventails en signe d'amitié. Continuation des communications de « King et autres » pour aviser le ministre d'Italie de la mort du roi Humbert et lui exprimer les condoléances de l'empereur, qui se fera représenter aux obsèques. On reste confondu devant ce double jeu exécuté avec une telle impudence. En Chine il ne faut cependant s'étonner de rien.

6 août. — A deux heures du matin une fusillade très vive éclate du côté du marché mongol et ne cesse qu'au lever du jour.

« King et autres » annoncent aux ministres que leurs télégrammes chiffrés ont été expédiés. Ils ajoutent qu'ils ont été douloureusement surpris, au moment de les envoyer, d'apprendre que les légations avaient fait la nuit dernière une attaque « sauvage » contre les Chinois! Si de pareilles faits se renouvelaient, les troupes impériales devraient répondre, et il s'ensuivrait des malheurs de part et d'autre. Quelqu'un prétend que les Chinois sont de bonne foi et en donne une raison curieuse. A la suite de la pluie d'avant-hier une barricade se serait écroulée la nuit dernière. Les réguliers, surpris et effrayés par le bruit, croyant peut-être qu'une mine avait fait explosion, auraient ouvert le feu et seraient convaincus qu'ils n'ont fait que riposter.

7 août. — Nuit à peu près calme, sauf de rares coups de fusil. D'une heure à six heures, on a aperçu plusieurs fusées au nord du Fou et l'on a entendu des coups de canon éloignés.

Lady Hart télégraphie à son mari et le félicite d'être encore en vie. « King et autres » annoncent à sir Claude Mac Donald la mort du duc d'Emibourg et expriment leurs condoléances.

8 août. — A minuit, fusillade à l'ouest de la légation d'Angleterre. Coups de canon. De quatre à six heures, on entend des feux de salve nourris dans la ville chinoise, mais on est sans explication à ce sujet.

Le ministre d'Angleterre en répondant aux condoléances de « King et autres » relève la contradiction entre cette démarche courtoise et les attaques des réguliers qui assiègent les légations et menacent de les *affamer*. Il veut de la sorte laisser croire aux Chinois que les assiégés sont en proie à la famine et qu'ils succomberont inévitablement sans qu'il soit besoin de les attaquer davantage. En réalité on a encore de la viande pour aller jusqu'au 20 août, et du riz et du pain pour le reste du mois, car les rations ont été très réduites.

La statistique de la population de la légation d'Angleterre a été affichée à la tour de la cloche.

ÉTRANGERS	SOLDATS ET VOLONTAIRES		
	Valides............... 73		
	Blessés à l'hôpital...... 40		
	NON-COMBATTANTS		
	Hommes......... 191		
	Femmes......... 147		
	Enfants 76	414	527
CHINOIS	Hommes......... 180		
	Femmes......... 107		
	Enfants 69		356
	Total.................		883

Le colonel Shiba tient d'un espion que presque toutes les troupes de Pékin sont parties en hâte à la rencontre de l'armée internationale, forte de cinquante mille hommes, qui s'avance sur la capitale.

A trois heures, le Tsong-li-Yamen notifie officiellement au corps diplomatique la nomination de Li-Hung-Chang comme plénipotentiaire chargé de traiter avec les cabinets étrangers. Cette décision équivaut à un aveu d'impuissance à continuer la lutte et cache une tentative pour arrêter la marche des alliés et sauver Pékin. Elle fait espérer un prompt secours, mais en même temps elle donne à craindre que les puissances se laissent prendre à ces manœuvres et adoucissent le châtiment nécessaire.

Toutefois, dans l'esprit des Chinois le désir de traiter s'allie parfaitement avec celui de nous massacrer, car le soir même la fusillade recommence du marché mongol contre la légation d'Angleterre, et au Fou. On entend aussi des coups de canon dans la direction de l'observatoire.

Les ministres demandent au Tsong-li-Yamen d'autoriser les marchands à apporter des provisions.

9 août. — Journée sans incident. Coups de fusil isolés autour des légations et aussi dans la ville, entre Chinois sans doute, car on assure qu'il y a de fréquentes batailles, non pas à notre sujet comme le prétendaient certaines personnes au début du siège, mais parce que Boxeurs et réguliers de toutes couleurs pillent les habitants.

10 août. — Attaque très vive pendant la nuit. A trois heures après midi une nouvelle cause une allégresse générale. Un courrier parti de Pékin le 6 août revient avec des lettres des généraux japonais et anglais. Le 7 il était à Tong-Tchéou, il a vu des jonques chargées de blessés à Hsiang ho et a rencontré l'avant-garde des alliés à Tsaitsoun. Le 8, il a marché avec la division du centre jusqu'à neuf kilomètres au sud de Hosivo. Le 9, il est parti avec cette division qui devait coucher le même jour à Hosivo et l'a quittée pour gagner Pékin par une route plus directe. Il rapporte que les alliés ont peu de coolies chinois avec eux, mais beaucoup de bêtes de somme conduites par des Japonais. Il a vu un corps de Russes et de cavaliers noirs (lanciers du Bengale) qui lui ont assuré qu'ils seraient à Pékin dans cinq ou six jours s'ils ne rencontrent pas de résistance.

La lettre du général Gazelee est laconique :

« Taïtsoun, 8 Aug. 1900.

« Strong force of allies advancing. Twice defeated enemy. Keep up your spirits. »

Celle du général japonais est plus explicite :

« 8 Aug.

« Camp of Chang chiang,
2 kilom. north of Hang tsai tang.

« Jap. and Am. troops defeated enemy on the 5th near Peitsang and occupied Yangtsoun on the 6th. Allied forces consisting of Am. British and Russia left Yangtsoun this morning and while marching north I received your letter at 8 a. m. at a village called Han tsai tsun. Un less

some unforeseen event takes place the allied forces
will be at Hosivo on the 9th.

« Matou 10th.

« Chang chia ouan 11th

« Toung cheou 12th.

« Pekin $\begin{cases} 13^{th}. \\ 14^{th}. \end{cases}$ »

Enfin la délivrance est peut-être prochaine.

A ce jour on compte : Morts   60

Blessés 110

170

11 août. — Les réguliers qui assiègent maintenant les légations sont des soldats choisis, composant une armée arrivée récemment à Pékin. Les
Chinois les surnomment les « braves », ce qui
n'est pas flatteur pour les autres. Ces « braves »,
voulant sans doute justifier leur réputation, ouvrent une fusillade très vive qui dure toute la journée. Le soir, l'attaque se généralise, et le feu augmente d'intensité.

Au marché mongol on entend les mandarins
encourager leurs soldats et ordonner la charge,
mais ceux-ci refusent de sortir de leurs abris, tout
comme leurs prédécesseurs. Un matelot français
est tué, un autre blessé.

Un marin français, qu'un de ses camarades a
blessé par inadvertance, succombe à l'hôpital an-

glais. Avant de mourir, il manifeste le désir de voir
celui qui est cause de sa mort, un Breton comme
lui. « Je ne t'en veux pas, lui dit-il, je te demande
seulement de faire dire une messe pour moi, dès
que tu seras de retour au pays. »

« King et autres » répondent effrontément au
ministre d'Angleterre que les marchands chinois
sont libres de venir, mais n'osent s'approcher de
nos barricades.

Les ministres de France et d'Italie demandent
au Tsong-li-Yamen de transmettre deux lettres
adressées aux commandants des détachements qui
gardent le Pei-tang.

A la légation d'Allemagne, il y a eu pendant la
journée une vive attaque de Boxeurs fanatiques,
armés de sabres seulement. Le fait était fréquent
au début du siège, mais est devenu rare à mesure
que les Boxeurs les plus forcenés ont été percés
par nos balles, malgré leurs grimaces et leurs
amulettes.

12 août. — A cinq heures du matin, vive canonnade dans le nord, direction du Pei-tang.

Les légations sont attaquées pendant toute la
nuit avec une extrême violence.

A huit heures du matin, un coolie, employé de
l'hôtel, revient de la ville, où il a réussi à se fau-
filer. A la porte de Tsi hoa men, des troupes dé-

bandées affluent. Il y aurait eu hier un combat très
sérieux à Chang-Kiaouan. Jung-Lu aurait été
cerné et se serait empoisonné. La plupart des boutiques en ville sont fermées. L'impératrice serait
toujours à Pékin.

De la Muraille, on a vu aussi des troupes chinoises s'en aller dans la direction du sud. On prétend que des cavaliers indiens auraient poussé une
pointe auprès de la gare de Makiapou (faubourg
de Pékin).

« King et autres » demandent une entrevue
aux ministres pour « discuter une suspension pré-
liminaire d'hostilités ». C'est bon signe, et les plus
découragés se prennent à espérer. Plusieurs ministres sont d'avis de refuser cette entrevue, la proximité des secours permettant de ne plus ménager
les Chinois; mais la majorité est d'avis contraire
et se prête encore à ce jeu.

A huit heures du soir, le capitaine Labrousse
est frappé d'une balle en plein front à la légation
de France; la mort est instantanée. Cette perte
consterne les défenseurs de notre légation, qui
avaient une profonde affection pour cet officier
d'allure et de caractère un peu rudes, mais d'un
courage indomptable et d'une volonté de fer.
Arrivé à Pékin, en touriste, à la fin de mai, avec un
autre Français, le vicomte de Chollet, il avait,

ainsi que son compagnon, offert son concours, dès la première heure de danger. Ses services avaient été des plus précieux; on le trouvait toujours aux postes les plus dangereux, non seulement à la légation de France, mais aussi à la Muraille, où les Américains l'appréciaient hautement.

13 août.—Fusillade nourrie pendant toute la nuit. Ce matin, enterrement du capitaine Labrousse à la légation d'Angleterre. C'est là que reposent nos morts depuis que notre cimetière n'est plus accessible.

« King et autres » se dérobent à l'entrevue qu'ils avaient demandée hier et que les ministres leur avaient accordée pour ce matin à onze heures. Mais ils se plaignent encore qu'on ait tué vingt-six soldats et un officier, et demandent qu'à l'avenir chacun demeure tranquille. Sir Claude Mac Donald rétablit la vérité, qui, ajoute-t-il, est connue maintenant à Tien-Tsin. Le gouvernement impérial n'échappera pas aux responsabilités qu'il encourt.

Détail curieux : l'officier chinois tué la nuit dernière serait un général de brigade des troupes de « braves » arrivées dernièrement. Il avait juré de s'emparer des légations en cinq jours au plus tard, de tout anéantir et de ne pas y laisser un chien vivant. Le délai expirait hier. Il a perdu la vie, mais « sauvé la face »; c'est à quoi les Chinois tiennent par-dessus tout.

Nouvelles communications de « King et autres » qui transmettent des télégrammes et s'engagent à faire cesser le feu si les légations ne tirent plus ; enfin, ils promettent d'envoyer des provisions dans deux ou trois jours, quand l'ordre sera rétabli.

Tout le monde a le sentiment que la fin des épreuves approche et que les Chinois commencent leur évolution en prévision de leur défaite.

De huit à dix heures, attaque générale aussi forte qu'aux premiers jours. Tous les postes sont gardés. L'attaque se ralentit vers minuit et cesse dans la nuit.

14 août. — Vers deux heures du matin, le canon retentit dans le lointain, les détonations confuses tout d'abord deviennent plus distinctes ; les coups se multiplient peu à peu. Bientôt il s'y joint des feux de salve et des crépitements de mitrailleuses. Une bataille se livre à l'est de la ville tartare. Personne ne songe à dormir, on a le pressentiment que les troupes internationales sont aux prises avec les Chinois sous les murs de la capitale. Le jour se lève. Est-ce celui de la délivrance ?

La canonnade ne s'arrête pas, et du haut de la barricade de la Muraille on aperçoit les flocons blancs produits par l'explosion des obus au-dessus des remparts de l'est. Le combat augmente d'in-

tensité et s'étend maintenant sur toute la longueur
du côté est de la muraille tartare. Les troupes qui
assiègent les légations recommencent à les attaquer. Veulent-elles tenter un effort désespéré pour
les anéantir avant l'arrivée des secours? On se
tient prêt à une résistance suprême. La pensée du
salut prochain décuple les forces et efface le souvenir des longues souffrances et des angoisses
passées.

Enfin, vers trois heures après midi, on signale
dans la ville chinoise, au pied de la muraille tartare,
une troupe de soldats étrangers. Un instant après,
ils pénètrent dans le quartier des légations par le
tunnel du canal. Ce sont des Sikhs. Le premier qui
se présente est le porte-drapeau du régiment; d'autres le suivent, puis le général Gazelee. Un long
cri de joie sort des poitrines de tous les assiégés,
qui se transmettent rapidement la bonne nouvelle;
tous accourent au-devant des libérateurs, leur ser-
rent leurs mains, les acclament. Arrivé à la légation d'Angleterre, le porte-drapeau tombe à genoux,
son étendard à la main, et remercie Dieu. Ses compagnons se groupent auprès de lui, au milieu de
la foule émue jusqu'aux larmes et d'où montent
vers le ciel d'ardentes actions de grâces. Le danger
n'est pas encore définitivement écarté, l'heure du
repos n'a pas sonné, car, en entendant les acclama-

tions, les Chinois craignant une surprise la préviennent en ouvrant le feu sur toutes les légations à la fois. A peine arrivés, les Sikhs sont dirigés sur les barricades, où l'un d'eux est blessé aussitôt.

C'est le chant du cygne : l'ennemi, apprenant à son tour l'arrivée des secours, lâche pied et abandonne ses positions.

Les Américains suivent de près les Anglais. Vers cinq heures, c'est le tour des Russes, puis d'un détachement japonais conduit par le général Foukouchima. Vers huit heures, le gros de l'armée du général Yamagouchi réussit à s'emparer des portes de l'est et occupe toute la Muraille de ce côté.

Une explication est nécessaire avant de terminer cette journée pour permettre de comprendre pourquoi les Sikhs avaient réussi à pénétrer sans difficulté et les premiers dans le quartier des légations.

Les Russes, comme je l'ai dit au chapitre précédent, s'étaient heurtés, à la porte de Tong pien men, à une forte résistance. Les troupes chinoises qui défendaient le côté est de la ville chinoise et le sud de la ville tartare s'étaient portées à leur rencontre. Mais dès que la porte fut prise, ces mêmes troupes, parmi lesquelles il y avait, dit-on, dix mille hommes de Tong-fou-Siang, se retirèrent à l'ouest et abandonnèrent la ville chinoise.

A ce moment, les Anglais se présentaient à la porte de Cha koa men, qu'ils trouvaient fermée, mais abandonnée. Quelques hommes escaladèrent la Muraille, ouvrirent la porte, et les Sikhs du général Gazelee entrèrent en ville, sans rencontrer de résistance. Ils poussèrent devant eux jusqu'à la hauteur du quartier des légations, remontèrent vers le nord, et en vue de la Muraille se glissèrent dans le canal, où, par un renseignement du ministre d'Angleterre, qui le tenait du colonel Shiba, ils savaient devoir trouver un passage sous la Muraille.

15 août. — Au lever du jour, on entend enfin nos clairons : c'est le général Frey, à la tête de cinq compagnies d'infanterie de marine et de trois batteries. Le premier flot de félicitations écoulé, on songe à délivrer les assiégés du Pei-tang. La veille, dès l'arrivée des premiers secours, le ministre de France avait demandé à ses collègues le concours de leurs troupes pour cette opération, que le général Frey ne peut faire seul avec les effectifs réduits dont il dispose. Des légations au Pei-tang il y a cinq kilomètres environ, à travers des quartiers où les réguliers sont nombreux et fortifiés. Malheureusement, les renforts promis ne seront pas disponibles avant demain; force est donc de retarder de vingt-quatre heures la délivrance du Pei-tang.

16 août. — A six heures du matin, une colonne de Français, de Russes et d'Anglais se réunit devant la porte de Tsien men, sous le commandement du général Frey. On se dirigera d'abord vers la porte de Souan tche men, que les Chinois occupent encore ; cette porte commande une longue avenue remontant vers le nord et qui conduit au Pei-tang. Précédées d'une avant-garde de Cosaques que guident le Dr Matignon et M. Berteaux, l'infanterie et l'artillerie françaises s'approchent de Souan tche men par des rues détournées et surprennent les réguliers, qui s'enfuient après une courte défense Elles remontent ensuite la grande avenue et parviennent devant la porte est de la ville impériale, qu'occupe déjà une compagnie de Japonais. Ceux-ci, manquant d'artillerie, sont arrêtés devant la porte barricadée à l'intérieur. Les Japonais franchissent le mur au sud, nos marsouins l'escaladent au nord et ouvrent un feu très vif sur deux mille réguliers massés à l'intérieur de la ville impériale ; ces derniers ripostent en se repliant vers le palais. Au bruit de la fusillade, les assiégés du Pei-tang sortent de leurs retranchements, aident nos soldats à passer le mur et les guident. Mgr Jarlin, coadjuteur de Mgr Favier, suivi de quelques chrétiens, franchit le mur pour venir à notre rencontre, et le courageux prélat, autour duquel tout le monde

s'empresse, nous donne des nouvelles de la mission.
Mgr Favier, les missionnaires, les sœurs et les
frères sont saufs, mais beaucoup de marins sont
morts, et tout le monde a cruellement souffert.
Les rations sont réduites des trois quarts depuis plusieurs semaines, et il ne reste plus que deux jours
de vivres seulement! Une énorme mine a sauté le
12 août, tuant cinq marins et écrasant soixante-
quinze Chinois chrétiens. D'autres sont préparées
et sur le point d'être terminées.

Les Japonais au sud, les Français au nord, se
sont emparés des abords de la porte, qui a été ouverte, sous le feu de l'ennemi, par un officier japonais, le lieutenant Takino-Outti; puis notre artillerie a démoli les barricades de la grande rue, d'où
partait une fusillade très vive. L'accès du Pei-tang
est enfin dégagé.

L'entrée de l'évêché est méconnaissable : deux
énormes barricades faites en terre et garnies de
madriers l'ont transformée en blockhaus ; en
arrière, devant l'église, de profondes tranchées servent de chemins couverts et de contre-mines. La
façade de la cathédrale est criblée par les obus, les
boulets et les balles. La croix est tombée. Les
pavillons qui abritaient les stèles où sont gravés les
décrets impériaux plaçant le Pei-tang sous la protection du gouvernement sont très endommagés. Ces

MATIGNON — MAYERS
Médecin-major de l'armée. — Aspirant de la *Zenta*.

KOLLAR — DE WINTERHALDER — DE BOYNEBOURG — DARCY
Lᵗ de vaisseau — Cᵗ le détachᵗ — Aspirant de la — Cᵗ le détachᵗ
de la *Zenta*. — autrichien. — *Zenta*. — français.

LES OFFICIERS SURVIVANTS AU MOMENT DE LA DÉLIVRANCE

Cliché du Dʳ Matignon.

Cliché de M. d'Anthouard.

DÉLIVRANCE DU PÉI-TANG
Combat sur les toits.

inscriptions étaient pour les missionnaires une sorte de palladium; aux yeux des Chinois, elles représentaient une émanation de la volonté de l'empereur. Mais la haine de l'étranger l'a emporté sur les traditions les plus sacrées, ici comme à l'académie des Hanlin, et comme à Tien-Tsin, à l'église votive des massacres de 1870.

Partout des toits crevés, des murs enfoncés, des débris de toutes sortes, parmi lesquels de nombreux projectiles.

Toutes les mains se tendent vers Mgr Favier s'avançant péniblement, entouré de ses chrétiens, et l'émotion s'empare de tous. L'évêque de Pékin a souffert de ces terribles épreuves ; il marche avec peine, et la joie qui éclaire son visage dissimule mal la trace des tortures morales et physiques ressenties au cours de ce long siège.

Mais l'arrêt au Pei-tang ne dure qu'un instant; la marche en avant vers le palais continue, les troupes françaises, russes et anglaises se dirigent vers l'est, pénètrent dans le parc impérial. Un petit poste japonais occupe déjà le pont de marbre et y attend des renforts avant d'aller plus loin. Une compagnie française escalade la colline du Peta, que couronne un temple, et plante son pavillon au sommet, sur une tour d'une forme caractéristique que nos troupiers baptisent immédiatement la « bouteille de pippermint ». Une autre compagnie pousse plus loin jusqu'au Méchan, plus connu sous le nom de « montagne de charbon ». C'est un endroit sacré aux yeux des Chinois, l'entrée en est interdite, surtout aux étrangers ; une seule exception avait été faite, il y a trois ans, en faveur du prince Henri de Prusse. Le gardien de la porte, impuissant à la défendre, ne veut pas survivre à un pareil sacri- lège, il se coupe la gorge au moment où les « diables de l'Ouest » franchissent le seuil interdit. Une son- nerie de clairon raisonne en l'air : « Au drapeau ! » Nos trois couleurs flottent sur le kiosque le plus élevé de la colline, puis celles des Russes, des Anglais et des Japonais, saluées de longs hourras. De ce sommet on domine toute la ville et le palais qui développe au sud la régularité de ses cours et pavillons disposés en échiquier. Il est deux heures après midi.

Le général Frey installe son quartier général dans le palais des Ancêtres, Cheou hoang tien, situé dans la partie nord de l'enceinte du Méchan ; nos troupes campent sous les arbres du parc avec les Russes et les Anglais. C'est dans ce palais que le corps des empereurs est déposé après leur mort avant d'être porté aux sépultures impériales. On y vénère l'image de Kang-hi.

A la fin du récit de la journée du 16 août, je

place un tableau succinct des événements qui eurent lieu au Pei-tang depuis le 12 juin, date de l'interruption des rapports avec les légations.

Ce jour-là et les jours suivants, pendant que les différents établissements de la mission flambaient sur tous les points de la ville, une énorme foule entourait le Pei-tang en proférant des cris de mort.

La population assiégée s'élevait à 3,279 personnes, dont 3,201 Chinois (1,800 femmes et enfants, 450 jeunes filles, 51 bébés, 900 hommes ou jeunes gens) et 78 Européens (14 missionnaires et frères, 22 sœurs de charité, 30 marins français commandés par l'enseigne Henry, 10 marins italiens sous les ordres de l'enseigne Olivieri).

Il y avait des vivres pour un mois, à raison d'une livre par personne et par jour.

L'armement se composait de 40 fusils de marins, de 7 ou 8 fusils de tout genre, de quelques sabres et de 500 lances. Le périmètre à défendre était de 1,360 mètres.

Il n'y avait pas de médecin, et la quantité de médicaments était minime.

Les attaques commencèrent le 15 juin et se succédèrent sans interruption et avec la plus grande violence, quelquefois la nuit et le jour, jusqu'au 30 juillet.

Le 23, l'enseigne de vaisseau Henry, Mgr Jarlin

et quatre marins, suivis d'une trentaine de chrétiens, s'emparent d'un canon.

Le 25, les Italiens sont près de manquer de cartouches, mais les Français en ont encore 275 par homme.

Dans la nuit du 27 au 28, pendant une violente fusillade, les Boxeurs font un effort désespéré pour incendier la grande porte d'entrée au sud, sur laquelle ils font pleuvoir des bombes incendiaires et des flèches enflammées, pendant qu'ils l'inondent de pétrole au moyen de pompes à incendie. Un marin français est blessé d'une balle à l'épaule. Le lendemain soir, même tentative ; mais les assiégés se décident à faire une sortie qui met l'ennemi en fuite et leur procure quelques armes.

Le 30 juin, les assiégés aperçoivent sur la colline du Peta, dans le parc impérial, à douze cents mètres environ, une vingtaine de personnes habillées magnifiquement qui assistent au bombardement comme à un feu d'artifice. On suppose que le prince Tuan et l'impératrice douairière s'y trouvent, et les marins parlent de leur envoyer une salve de lebels ; mais Mgr Favier les en empêche, pour ne pas exciter davantage la haine déjà trop violente.

Mort du marin français blessé le 27 ; la gangrène s'est mise dans ses blessures.

Dès les premiers jours de juillet, la variole se

déclare parmi les Chinois et y cause une grande mortalité ; il meurt quinze enfants par jour.

Le 6 juillet, il reste soixante mille livres de vivres divers ; à une livre par personne et par jour, cela assure la nourriture de vingt jours.

Le 7 juillet, nouveaux efforts désespérés des Chinois pour incendier les bâtiments avec des pots à feu et des fusées à la Congrève lancées à distance ; en même temps bombardement avec des canons Krupp.

Les 8, 9, 10 et 11, les attaques redoublent de violence sans un moment de trêve. Un marin est tué à la grande porte, Mgr Jarlin est blessé à la tête. Ce dernier jour, une mine fait explosion à l'est du Jensetang, le couvent des sœurs de charité.

Le 14, un marin italien est tué au Jensetang.

Le 15, un matelot français est blessé à la tête.

Le 18, nouvelle explosion de mine qui engloutit la partie ouest du Jensetang, tue vingt-cinq personnes, dont le frère Joseph, et en blesse vingt-huit.

Le 19, un marin français qui s'est montré trop à découvert reçoit une balle dans la tête et meurt aussitôt.

Le 21, il reste quinze jours de vivres.

Le 22, un matelot reçoit une balle dans l'œil.

Dans la nuit du 23 au 24, pendant une attaque.

générale, mille à quinze cents Boxeurs, réguliers et lamas tentent d'escalader le mur de l'ouest.

Le 26, un des missionnaires, le P. Chavannes, qui avait été blessé à son poste quelques jours auparavant, meurt de la variole noire.

Le 28, les rations sont fixées à huit onces par jour et par homme ; il en reste ainsi pour dix jours.

Le 30, attaque furieuse où les Chinois se servent en même temps des canons, des fusils et de leurs appareils incendiaires. L'enseigne Henry est tué, deux marins français sont blessés.

Le 31 juillet. — Les Boxeurs lancent des proclamations aux chrétiens chinois, au moyen de flèches, pour les engager à livrer les missionnaires, moyennant promesse de vie sauve.

2 août. — Diminution des rations. On tue les chiens qui rôdent aux environs pour les manger. Les chrétiens se nourrissent de feuilles d'arbres et de racines.

5 août. — Il reste sept mille livres de vivres. On décide de donner mille livres par jour pour trois mille personnes ; cela permettra de durer encore sept jours.

Le 6, des chrétiens affamés étant sortis sont pris et coupés en morceaux par les Chinois.

Un marin français reçoit une balle dans l'œil droit. C'est le troisième éborgné.

Le 7, les chrétiens chinois s'affaiblissent graduellement; sur les cinq cents lanciers du début il n'y en a pas en ce moment vingt-cinq en état de se battre.

Le 9, on évente une mine.

10 août. — Encore deux jours de vivres. On met de côté quatre cents livres de riz et une mule pour que les défenseurs puissent encore vivre pendant dix jours. Les rations sont réduites à deux onces (64 grammes) par personne et par jour, ce qui assure encore six journées. Les missionnaires et les sœurs, qui ne peuvent manger des feuilles comme les Chinois, reçoivent encore un pain de deux livres comme suprême ressource.

Le 11, on détruit une mine.

Le 12, à six heures et quart du matin, toute la partie est du Jensetang saute, heureusement pendant que les sœurs et la plupart des enfants étaient à la messe.

Cinq marins italiens et leurs officiers ont disparu; quatre-vingts chrétiens et cinquante et un bébés de la crèche sont enterrés. Au même moment, les Chinois font pleuvoir les balles et les obus sur le lieu de l'explosion. Le frère visiteur est tué. Deux marins italiens sont retrouvés vivants, mais leur état ne laisse pas d'espoir; l'enseigne Olivieri est retiré couvert de contusions

Le soir de cette triste journée, tout le monde est accablé. On se sent à la dernière extrémité. Depuis près de deux mois on n'a pas de nouvelles du dehors ; on ne sait rien, on n'a aucune espérance de voir arriver les secours. Tous les courriers qu'on a envoyés ont été arrêtés et massacrés.

Le 13 août, nouvelle mine, mais l'explosion ne fait que des dégâts insignifiants. Un marin français est tué d'une balle au front.

Le 14, les assiégés entendent le bruit d'un violent combat du côté des légations et constatent la disparition des drapeaux chinois de dessus la Muraille. Ils voient aux environs passer des fuyards et des blessés. L'espoir renaît parmi eux.

Le 15, avant le jour, ils aperçoivent une des portes orientales de Pékin en feu et entendent en même temps un violent combat dans le sud-est. Il reste quatre cents livres de nourriture pour trois mille personnes.

16 août. — Ici j'emprunte les passages suivants au journal de Mgr Favier.

« Je venais de célébrer la messe de six heures et je faisais mon action de grâces sous une véranda, lorsque j'entendis les feux de salve violents d'une troupe nombreuse arrivant par le sud. Vers sept heures et demie les feux s'étaient rapprochés sensiblement, et avant huit heures ils se faisaient

Cliché du Dr Matignon.

LA FAÇADE DU PÉI-TANG
LE JOUR DE LA DÉLIVRANCE

Cliché du Dr Matignon.

ARRIVÉE D'UN CONVOI FRANÇAIS AU PARC IMPÉRIAL
DE PÉKIN

entendre à trois cents mètres de nous derrière la
porte de la ville jaune (ou ville impériale), Si hoa
men. Cette porte avait été fermée; de nombreux
soldats réguliers l'occupaient, et dans la rue qui
part de là pour aller au parc impérial plusieurs
très fortes barricades, faites avec des sacs de riz,
étaient défendues par au moins quinze cents
hommes armés de fusils à tir rapide, sans compter
les Boxeurs et les réguliers postés dans les maisons crénelées et percées d'embrasures.

« Nos gens, montés sur les murs, crurent reconnaître des soldats européens derrière la porte, les
autres des soldats chinois, et nous ne savions si
c'était une suprême attaque ou la délivrance qui
se préparait. A tout hasard je sonnai par trois fois
sur le clairon *la Casquette du père Bugeaud*. Aucune
sonnerie, aucun hourra n'y répondit du dehors,
mais, du dedans, une grêle de projectiles plut sur
nous. Une bombe éclata à mes pieds; j'eus le
temps de me garer derrière une colonne en briques. Au bout d'une demi-heure, un audacieux
chrétien, qui était monté sur le mur de la ville
jaune, vint en courant et me dit : « Ce sont certainement des Européens; j'ai vu un officier habillé
en blanc avec des galons. »

«Nous avions déjà posé au sommet de l'église un
grand drapeau français avec le signal : « Deman-

dons secours immédiat. » Le directeur du sémi-
naire et ses élèves portèrent alors un nouveau
pavillon à deux cents mètres plus au nord et
renouvelèrent les sonneries de clairon. L'officier
aperçu vint au drapeau; on lui passa une échelle,
et il serra la main de mon coadjuteur qui était
allé de ce côté. C'était un capitaine japonais. Il
demanda :

« — Pouvez-vous ouvrir la porte de la ville
jaune?

« C'était impossible, vu notre petit nombre.

« — C'est bien, dit-il alors; je vais essayer de la
faire sauter.

« Et il repassa de l'autre côté du mur.

« A ce moment, on vit une nouvelle troupe,
habillée de bleu, s'avancer rapidement avec du
canon.

« — Cette fois, me cria-t-on, il n'y a plus de
doute, ce sont des Français. Ils accoururent droit
au drapeau, placèrent quelques échelles de leur
côté, et nous d'autres échelles du nôtre. En quelques minutes les cinquante hommes de la compagnie Marty étaient chez nous avec leur chef.

« Pendant ce temps, les Japonais, escaladant le
mur plus au sud, avaient ouvert un battant de la
porte; l'artillerie française placée vis-à-vis acheva
l'œuvre, et, malgré une fusillade de plusieurs

milliers de coups de feu à la minute, on se précipita sur les barricades.

« Les soldats de l'infanterie de marine entrés chez nous avaient eu le temps de traverser nos établissements et d'aller prendre la grande barricade à revers, après avoir escaladé, brûlé les maisons crénelées, et passé par les armes leurs défenseurs.

« La bataille était finie. Deux hommes avaient été tués et trois blessés, dont le capitaine Marty. »

Pour finir, je cite un extrait du rapport officiel de M. Pichon.

« De toutes les défenses organisées pendant le siège, celle de l'évêché de Pékin est peut-être la plus remarquable.

« Du 20 juin au 16 août, plusieurs milliers de soldats ou Boxeurs, qui ont eu par moments jusqu'à quatorze canons, dont trois Krupp, à leur disposition, ont entièrement bloqué les deux établissements. Leurs attaques se sont produites de tous côtés, principalement du sud-ouest (palais du prince Ly), du sud-est (pagode bleue) et du nord-est (pagode des lamas).

« Ils ont usé plus de deux mille cinq cents projectiles d'artillerie (shrapnels, obus, boulets de tous calibres, envoyés parfois par d'énormes pièces fabriquées en Europe au commencement du dix-septième siècle) et plusieurs millions de cartouches. Ils ont jeté plus de cinq cents gerbes de paille pétrolées, des fusées, des sacs incendiaires et des flèches inflammables. Ils ont creusé sept mines sur lesquelles quatre ont éclaté, trois ont été éventées.

« Le siège a fait quatre cents victimes, dont trente-huit Chinois tués au feu, cent vingt enfants morts de faim, cinquante et un engloutis dans une explosion de mine, quatre-vingts femmes mortes de misère et de maladie, cinq matelots français et leur officier, six matelots italiens, le visiteur et le supérieur des Frères Maristes, un missionnaire français, M. Chavanne, etc. Nos marins ont eu neuf blessés, et les Italiens trois.

« Un des problèmes les plus difficiles était d'assurer la subsistance d'une population aussi nombreuse. Toutes les provisions ont été absorbées, et il n'y avait plus que pour deux jours de vivres, à la ration strictement nécessaire pour ne pas mourir de faim, quand les troupes sont arrivées. Les oignons, les racines des plantes et les feuilles des arbres avaient été mangés par les chrétiens chinois. »

17 août. — On sait maintenant que l'empereur et l'impératrice douairière n'ont quitté la capitale que le 15 de grand matin, environ douze heures

après l'entrée des troupes alliées dans les quartiers
est de la ville. L'impératrice douairière ne voulait
pas partir; on l'y força, sans lui donner même le
temps de s'habiller, et, avec l'empereur, elle s'enfuit
à moitié vêtue, traversa le parc impérial jusqu'à la
porte nord de la ville jaune. Là, elle monta dans
une charrette de louage comme on en trouve d'ordinaire dans les rues de Pékin; sa suite l'imita,
et la petite troupe profita, pour traverser la ville
et sortir par la porte de Si pien men, du violent
orage qui éclata vers trois heures. Au dehors on
trouva quelques soldats qui servirent d'escorte jusqu'au palais d'été, où étaient cantonnées des
troupes. Celles-ci reçurent l'ordre de suivre. Sans
s'arrêter on continua de marcher dans la direction
de Kalgan. Après une assez longue course, on réussit à trouver des chaises à porteurs pour l'empereur et la vieille impératrice. Mais dans cette fuite
précipitée on n'avait pas eu le temps d'emporter
des vivres, et la faim se fit cruellement sentir.

Quelques heures plus tard les Japonais s'emparaient de cette porte. Des gens du palais, des
princes, attardés, étaient arrêtés et ne réussissaient
à passer qu'à la faveur d'un déguisement.

Peut-être s'étonnera-t-on qu'on n'ait pas songé à
s'emparer de l'empereur plus tôt. Dans le désordre inénarrable qui accompagna l'entrée des alliés,

qui eût pu organiser un plan et le faire exécuter?
On n'était pas en force, et on hésitait à s'avancer
dans cette immense ville, ne sachant pas comment
elle était encore défendue. Eût-on réussi à cou-
ronner tous les remparts et à fermer les portes,
qu'on eût été très embarrassé pour découvrir dans
la foule l'impératrice, le prince **Touan**, presque
inconnus des **Européens**; l'empereur lui-même
eût pu facilement se dissimuler.

. . . .

20 août. — M. **Feit**, un élève interprète de la
légation de France, a découvert dans une rue voisine de l'avenue de Ha ta men un dépôt de canons
et de fusils des types les plus modernes, ainsi qu'un
matériel considérable. M. **Feit** a planté un drapeau
français sur l'entrée et a fait conduire trois canons
Krupp, modèle 1895, à la légation de France. Ces
trois pièces sont les seules qui aient été employées
par les Chinois, sans doute contre les légations. Le
général **Frey**, prévenu de la découverte, a envoyé
des corvées d'artilleurs qui ont enlevé une quarantaine de pièces. Le reste, soit au moins autant de
canons, des centaines de carabines Manlicher,
des approvisionnements de munitions, de la sel-
lerie, etc., a été abandonné gracieusement aux
Russes, qui ont la charge de ce quartier.

26 août. — A sept heures du matin, les états-majors et de forts détachements des troupes alliées sont réunis devant l'entrée sud du palais impérial, la « ville interdite ». Le corps diplomatique est également présent, en vêtements de ville.

La cérémonie qui va s'accomplir marquera de la manière la plus solennelle la victoire des puissances ; leurs armées vont traverser la demeure du « Fils du Ciel ». Plus d'une personne ici aurait voulu accentuer la victoire d'une manière plus saisissante encore, en occupant le palais militairement. Des considérations politiques en ont décidé autrement ; on a adopté une solution qui ménage l'orgueil chinois et lui permet même de « sauver la face ». Loin d'être reconnaissants de ces ménagements, les Chinois n'y verront qu'un signe de faiblesse et en concluront que rien n'est changé dans leurs rapports avec les étrangers. L'expérience du passé aura été une fois de plus inutile.

Pour masquer le vrai motif, on a prétendu qu'il fallait laisser intacte la demeure de l'empereur pour faciliter son retour à la capitale, que tout le monde désire dans l'espérance que cela hâtera les négociations. La raison n'est pas sérieuse. La « ville interdite » est rarement habitée par le souverain, ou du moins elle ne l'a été qu'exceptionnellement dans ces derniers mois ; Kouang-Su et sa tutrice résidaient dans les pavillons du parc impé-

rial où sont casernées des troupes russes, françaises et anglaises.

La préoccupation constante de ménager les sus-
ceptibilités chinoises a inspiré le cérémonial. Si
extraordinaire que cela paraisse lorsqu'on est encore sous l'impression des événements qui viennent
de se dérouler, le fait n'en est pas moins certain.
La destruction de tous les cimetières européens
des environs de Pékin, la profanation des sépultures que l'on vient d'apprendre, n'ont rien changé
à ces dispositions politiques. Étrange façon d'user
de représailles et de commencer l'œuvre des réparations pour le passé et des garanties pour l'avenir!
On peut s'attendre à des surprises.

L'organisation du défilé n'a pas été sans difficultés. Dans quel ordre marcheront les différents
contingents internationaux? Les Russes réclament
le premier rang, par la raison qu'un de leurs régiments a sauvé Tien-Tsin lors de l'investissement,
d'où a découlé la suite heureuse de la campagne.
— C'est juste, répondent les Japonais; mais nous,
nous avons sauvé les légations en vous forçant à
nous suivre à Pékin, tandis que vous vouliez encore demeurer à Tien-Tsin et que les assiégés
allaient tomber sous les coups des Chinois. Tous
deux ont raison. Le général Frey juge d'un mot ce
débat un peu puéril pour des soldats : « Mes-

sieurs, s'il s'agissait de se battre, je comprendrais cette discussion, et pour ma part je ne céderai le pas à personne. » Finalement les Russes l'emportent.

Vingt et un coups de canon donnent le signal de l'entrée.

Les hautes portes rouges garnies d'énormes clous dorés tournent lentement sur leurs gonds, tirées par des eunuques revêtus de la livrée de cérémonie.

Quelques membres du Tsong-li-Yamen, en grand costume, s'avancent pour servir de guides. Leur visage est impassible, mais chez quelques-uns on voit l'effort pour ne pas trahir l'émotion que cause un événement si extraordinaire.

Dans ces enceintes mystérieuses où la présence de l'empereur tout-puissant fait régner depuis des siècles une crainte superstitieuse, où les Chinois ne pénètrent qu'en tremblant, le front bas, que jamais l'étranger n'a même effleurées de son regard, les armées victorieuses entrent drapeaux déployés.

Et les échos des palais séculaires qui n'ont jamais retenti qu'au son des louanges adressées au « Fils du Ciel » répètent maintenant les chants qui proclament sa défaite.

Nous franchissons le seuil pendant que des photographes japonais cinématographient le défilé, et après avoir traversé une longue voûte débouchons sur une vaste cour dallée. Il y en a huit ainsi, plus ou moins grandes, disposées en enfilade du sud au nord, et séparées par des pavillons aux proportions monumentales servant de salles de réception. De chaque côté de cette partie centrale réservée à l'apparat sont les appartements privés de l'empereur et de l'impératrice à l'ouest, les logements des concubines à l'est, les uns et les autres composés, suivant les règles de l'architecture chinoise, d'une multitude de pavillons et de cours. Des pagodes, des jardins sont semés çà et là; des magasins, des corps de garde sont disposés sur le pourtour. L'ensemble forme une ville de quatre-vingts hectares de superficie, divisée en un grand nombre d'enclos aux murs élevés, entourée de solides remparts et de fossés. C'est une forteresse et une prison.

Tous les spectateurs de cette scène historique s'emplissent les yeux du spectacle imposant de cette ordonnance majestueuse dédiée à la gloire du maître absolu de quatre cent cinquante millions d'hommes. De même qu'à Versailles l'appartement du Roi-Soleil est le centre du palais et de la ville, de même ici toutes les salles de réception sont dans l'axe du palais et de la capitale; salles immenses comme des nefs d'église ne contenant qu'un siège, le trône impérial, où l'on accède par une allée centrale qui ne peut être foulée que par l'empereur.

Mais ces lieux sont déserts, et l'abandon apparaît partout, dans l'herbe qui envahit les cours, dans la lèpre grise qui recouvre les colonnades de marbre, dans la poussière étendue en tapis dans les appartements, dans les peintures décolorées, dans les laques écaillées. La misère dans un cadre de grandeur, c'est l'empire chinois.

Et à considérer l'enchevêtrement des hautes murailles, les portes épaisses précédées de corps de garde, tout ce système défensif compliqué, on comprend que le détenteur de cette toute-puissance se sent faible vis-à-vis de la foule innombrable de ses sujets, et pour commander a besoin d'être dans un abri invulnérable. Alors on imagine la détresse présente du malheureux empereur, pauvre être débile, fuyant sa capitale et errant tristement sur les chemins désolés de son empire.

Au son des musiques militaires, le cortège traverse l'enfilade des cours et des salles d'apparat suivant l'axe du palais, c'est-à-dire le chemin de l'empereur. Et les grands lions de bronze doré, sentinelles grimaçantes, accroupis au bas des escaliers, resplendissent au soleil.

Le général Linévitch et son état-major ouvrent la marche avec le corps diplomatique.

L'infanterie russe nous suit, formant une longue théorie de beaux hommes à la carrure puissante qui font raisonner le pavé sous le talon de leurs bottes.

Les Japonais leur succèdent, petits, trapus, sanglés dans des uniformes d'une propreté impeccable, d'allure souple comme des marcheurs entraînés.

Au son criard de leurs cornemuses, les Sikhs, graves sous leurs turbans gigantesques, défilent noblement. Les Américains viennent derrière, imberbes comme des clergymen, coiffés du feutre des « coureurs des bois ».

Le contraste entre cette raideur anglo-saxonne et nos « marsouins » est frappant. Enlevés par leurs clairons, ceux-ci marchent au pas redoublé, alertes et crânes malgré l'uniforme en toile bleue, toujours sale, dont on les a affublés comme pour les enlaidir. Un détachement d'Annamites les suit.

Puis viennent les marins allemands, italiens et autrichiens.

Dans la dernière cour précédant la sortie du nord, des troupes russes et japonaises forment la haie.

Le corps diplomatique s'arrête et laisse défiler le cortège en le saluant de ses acclamations.

A neuf heures et demie la cérémonie militaire est terminée. Les portes du palais vont être refermées et ne seront plus ouvertes qu'aux visiteurs munis d'autorisations.

Toutefois, comme dans cette course rapide on n'a presque rien vu, officiers et diplomates reviennent sur leurs pas pour visiter plus en détail.

Dans une salle, les Chinois ont préparé une collation ! Ainsi pourront-ils dire qu'ils avaient invité les soldats étrangers à visiter le palais. Et la « face » sera sauvée.

Si l'ensemble du palais est imposant, les détails sont souvent mesquins et laids, et à les voir de plus près on est désagréablement impressionné, on ressent une déception.

Mais la visite est écourtée, car on a remarqué que quelques personnes s'appropriaient des « souvenirs », et c'est sur le cri de : « Messieurs, on ferme ! » que finit cette cérémonie historique.

CHAPITRE VII

JOURNAL D'UN BOURGEOIS DE PÉKIN

(Traduction)

Copie des décrets impériaux.

Moi, paisible habitant, j'ai pris ces notes avec un pinceau d'emprunt, au milieu du trouble.

Décret reçu avec respect le 2ᵉ jour de la Vᵉ lune de la 26ᵉ année de l'empereur Kouang-su, 29 mai.

Depuis ces derniers temps les habitants des environs de Pékin font des exercices volontaires de boxe. Il y en a de bons, mais il y a beaucoup de mauvaises gens qui se mêlent à eux Dans la crainte des séditions qui pourraient s'élever, moi, Empereur, j'ai donné de fréquents édits, ordonnant à tous les tribunaux qui sont en dehors de Pékin d'interdire sévèrement de tels exercices. Récemment, j'ai appris que parmi ces Boxeurs se trouvaient des soldats licenciés et des membres de sociétés révolutionnaires. Ils ont déjà par occasion excité des troubles, tué des chefs militaires, coupé les fils télégraphiques et détruit les voies ferrées.

Des hommes d'une telle audace, qui montrent un si grand mépris des lois, ne sont-ils pas de vrais rebelles ? En conséquence, j'ordonne aux grands chefs militaires, déjà désignés pour cela, et autres administrateurs locaux, tant civils que militaires, de s'emparer le plus rapidement possible des chefs de la secte et d'en disperser les membres. S'ils osent résister par la force, qu'on les combatte et qu'ils soient punis d'une manière exemplaire. En ce moment tous les esprits sont dans l'incertitude, et de fausses rumeurs circulent à propos de rien. Là où se trouvent des missions et des chrétiens, les mandarins locaux devront faire tous leurs efforts pour les protéger efficacement, leur conserver la vie, et éviter ainsi des troubles et des malheurs.

Respectez cet édit!

Oracle. — Le saint Empereur Kouan in Tchang est venu de l'Empyrée adresser une exhortation aux mortels.

Au 1ᵉʳ et au 15 de la lune il faut se tourner vers le Sud-Est, allumer les bâtonnets d'encens, faire trois génuflexions et neuf prosternations. Les adeptes des religions superstitieuses, chrétiens, n'honorent point nos dieux ; ils refusent de rendre un culte à Boudha et d'observer ses lois ; à cause d'eux les divinités sont dans une grande colère. Tchao-iun est descendu du ciel à la tête d'une armée de 80,000 soldats célestes pour exterminer les sectateurs des fausses religions. Bientôt vont éclater des guerres ; des calamités sans nombre vont accabler les soldats et le peuple. Seuls, les Boxeurs, vrais disciples de Boudha, pourront soutenir la dynastie et sauver le peuple. Quiconque recevra communication de cet oracle devra aussitôt le divulguer : s'il en distribue une copie, sa famille sera préservée de calamités ; s'il en distribue dix feuilles, il sauvera toute une région ; s'il ne propage pas cet oracle, il périra par le glaive.

Tous les puits ont été empoisonnés par les Européens (Étrangers).

Quiconque sera atteint de poison prendra 7 prunes noires, une demi-once d'herbe appelée mao-pao, une demi-once de plantes appelées tou-tch'oung, en fera une décoction, la boira et sera guéri.

Oracle de Confucius et de Tchang t'ien che. — Au cycle Kan-tse viennent les Boxeurs ; au cycle Ou-ing viennent les Houng-teng-tchao, jeunes filles portant des lanternes rouges et des éventails ; au

cycle Ping-ou s'élève un vent sec; au cycle Kia-
tze les Boxeurs et les jeunes filles arrivent
ensemble; au cycle Jen-Chin arrive un malheur,
mais pas considérable; au double nombre 4 on
ajoute 5. Ce sont les jours de massacre (?). Alors de
toutes parts brilleront les lanternes rouges, et on
attend les Boxeurs de la section Kien (un des
huit signes de divination de Fou-Shi) qui viennent
au cycle Jen Chin. Les cycles King-ou et Y you
forment des mois intercalaires. Au cycle King-he
il y a un grand malheur, les esprits pousseront
devant eux les démons, et les démons hurle-
ront.

Au 17 de la VI⁺ lune et au 28 de la VII⁺ il faut porter
sur soi, comme signe distinctif, un morceau de toile
rouge, se tourner vers le Sud-Est, allumer les
bâtonnets d'encens au milieu de la nuit, et offrir
un sacrifice; alors on sera sous de bons auspices,
car la plus grande partie des hommes mourront.

Celui qui connaîtra cet oracle et en donnera une
copie se mettra à l'abri de tout malheur personnel;
s'il en distribue cinq copies, sa famille entière
sera à l'abri; s'il en distribue dix copies, il mettra
toute une région à l'abri; s'il ne la divulgue pas,
les divinités augmenteront ses malheurs.

Cette feuille de prophétie vient du Chan-Tong;
il faut mettre la plus grande diligence à la répandre.

Voici qu'arrivent les calamités de la guerre. Publiez et affichez partout!

Fait authentique. — Le 8 de la V° Lune (4 juin), les Boxeurs coupent le pont de Yang-tsoun (sur le chemin de fer) et brûlent les traverses; ils brûlent aussi les poteaux télégraphiques et détruisent pour la seconde fois la voie ferrée à Houang-tsoun. Beaucoup de chrétiens sont massacrés. Des troupes du vice-roi livrent bataille aux Boxeurs, mais sont vaincues, obligées de s'enfuir à Ma-Kia-pou, ramenant un grand nombre de blessés.

La voie rompue, les trains ne peuvent plus circuler, la terreur augmente. La crainte est surtout grande dans la partie sud de Pékin parce que les Boxeurs avaient, quelque temps auparavant, détruit la voie ferrée de Pao-Ting-fou à Hankéou, et incendié les poteaux télégraphiques. Ils avaient tué beaucoup de chrétiens et brûlé leurs maisons; les païens voisins et parents des chrétiens n'osaient leur donner asile chez eux, dans la crainte d'être tués et de voir leurs propres maisons incendiées.

Les chrétiens échappés au massacre couraient pour sauver leur vie au Syche Kou (Pei-Tang), résidence catholique qui se trouve dans la ville impériale, près de la porte du Sy-hoa-men. Alors, Européens et chrétiens étaient dans l'angoisse, car

ils voyaient de toutes parts s'élever des incendies :
les plantes et les arbres leur semblaient être des
soldats envoyés pour les massacres; un vent léger,
la moindre lumière leur faisait l'effet des éclairs et
du tonnerre. Ils tremblaient tous de crainte et de
frayeur! Les chrétiens étaient comme des chiens
chassés de la maison de leur maître, ou comme
des enfants abandonnés de leurs parents.

Les Boxeurs. — Les Boxeurs sont, dit-on, de la
religion du Pa-Koua, connu autrefois; tous portent des habits bleus, mettent sur la tête un mouchoir de couleur, ont, les uns des ceintures jaunes,
les autres des ceintures rouges. Ils se divisent en
huit sections; chacune a sa couleur. Invulnérables,
ils ne redoutent ni sabre, ni fusil, ni aucune arme
à feu; armés eux-mêmes d'un sabre et d'une lance,
ils jouissent d'un pouvoir magique, à l'aide duquel
ils reconnaissent les Européens et les chrétiens.
Ils ne font pas de mal aux Boudhistes, mais tuent
sans miséricorde les Européens et les chrétiens.
Chacun d'eux porte sur soi deux petits pains cuits
à la vapeur et cinq sapèques. Ils ont le pouvoir
extraordinaire de conserver intacts leurs petites
provisions, tout en mangeant aussi souvent qu'ils
veulent leurs petits pains, et tout en dépensant
aussi souvent qu'il leur plaît leurs cinq pièces de

cuivre. S'ils vont au combat, ils n'ont ni faim ni
soif, ils sont d'une activité incomparable et ne
ressentent jamais la moindre fatigue. Dans les
rues des villes, des villages, sur les places de
marché, ils ne volent pas les marchandises et
laissent chacun s'occuper tranquillement de ses
affaires. Vraiment ils ont l'air d'appliquer une doc-
trine céleste et sont absolument dignes d'être appelés le soutien de la dynastie et les soutiens du peuple.

Meurtre d'un fonctionnaire japonais. — Le 15ᵉ jour
de la Vᵉ Lune, 11 juin, au moment où l'armée de
Toung-fou-siang partie du sud et se dirigeant vers
le Youngting-men arrivait à Ta-cha-tze-k'ou,
l'avant-garde rencontra le fonctionnaire, assis
dans un char chinois ; la bordure rouge du char,
la grande selle de la mule dénotaient un char de
mandarin ; des domestiques à cheval précédaient
et suivaient. Cette rencontre fut regardée comme
un mauvais augure et comme une offense aux
divinités protectrices du drapeau. Les soldats
tirèrent cet Européen hors de sa voiture et le
tuèrent en présence de l'armée. Ce meurtre causa
un tel tumulte qu'on fut obligé de fermer la porte
Young-ting-men pendant une heure. Chacun trem-
llait à la pensée des représailles qu'attirerait ce
crime !

Rumeurs. — Le bruit court que les Européens ont loué des gens qui pendant dix-huit jours devront badigeonner de sang les portes des maisons pour affoler les habitants et les porter au suicide. Voici le moyen de combattre cette néfaste influence. Il faut suspendre devant sa porte, avec une branche de saule, un petit sac de toile rouge dans lequel on mettra neuf grains de poivre, autant de grains de soutzé et un petit morceau de craie.

Incendie de l'église du Toung-Tang (Saint-Joseph). — Le 17 de la lune (13 juin), quelques Boxeurs furent saisis par les Européens du quartier des Légations. On eut beau tirer sur eux avec des fusils, les frapper avec des sabres, il n'y eut pas moyen de les tuer ! Ils étaient comme des dieux : invulnérables. Alors les Européens prirent un enfant, l'enduirent de pétrole et essayèrent de le brûler ; ce fut aussi en vain ; ce jeune Boxeur était à l'épreuve du feu !

Le même jour, les Boxeurs mirent le feu à l'église de Toung-Tang ; les flammes s'élevèrent très haut, et la lumière de l'incendie se voyait de fort loin.

Les armées de Hou-chin-ki, ainsi que les soldats des huit bannières, furent réunis et envoyés au quartier des Légations. On dit que les Boxeurs se battirent atrocement avec les Européens et les chrétiens ; les Boxeurs tuèrent la plupart de leurs adversaires.

L'incendie de la grande église allumé vers six heures du soir dura jusqu'au lendemain ; la flamme et la fumée s'élevaient dans l'air, et la lune en fut obscurcie. Durant le massacre on aurait cru voir le spectre de la mort planer partout. On entendait de tous côtés les lamentations des démons et les cris des esprits. Les oreilles me tintaient.

Le 18 de la lune (14 juin), au matin, deux portes de la ville jaune furent fermées : celle de Sy-ngan-men et celle de Ky-nguan-men.

Monté sur un endroit très élevé, je vis du feu et de la fumée partout.

Les cavaliers et les fantassins se tenaient chacun à leur place, montant la garde pour assurer la sécurité des rues ; néanmoins les boutiques se fermaient, et bientôt tout commerce fut suspendu. Tout le monde était dans le trouble et dans la crainte ; on ne savait pas ce qui allait arriver.

Au Sy-che-kou on montait la garde avec beaucoup de vigilance autour de l'église. Des cavaliers et des fantassins furent envoyés au sud, vers l'église de Nan-Tang et aux abords de la porte Sy-ngan-men pour monter la garde. Aussitôt toutes les boutiques fermèrent portes et fenêtres ;

les chrétiens qui habitaient devant la pagode
Tchan t'an sen s'étaient sauvés; toutes leurs
maisons étaient désertes. Quelques Européens
montés sur le toit de l'église du Sy-Che-Kou
furent aperçus armés d'une jumelle et regardant
de tous côtés. Inutile de dire combien ils étaient
anxieux.

Tout d'un coup une épaisse fumée noire s'élève
au sud de la ville près de la porte Choun dje men;
c'est l'incendie de la grande église du Nan-Tang.
Le temple protestant situé au sud du Sy su pai lo,
du côté de l'est de la route, est également incendié

Hurlements nocturnes. — Le même jour, au soir,
des clameurs se mêlaient aux hennissements des
chevaux; des cris de mort retentissaient partout,
et l'oreille attentive croyait entendre le bruit formidable de plusieurs milliers de soldats combattant
entre eux.

Vers trois heures la fumée très épaisse d'un triple
incendie montait vers le ciel du côté de l'est. Cet
incendie dura jusqu'au lendemain. De tels spec-
tacles étaient terrifiants.

Le 19 de la lune (15 juin), les portes furent encore
fermées. En dehors de la porte Héou-men, dans les
rues Ien-eul Hou-tong, Ien-tai Sié-kié, In ting
kiao, les églises des protestants étaient incen-

diées, ainsi que leurs maisons et celles de leurs
adeptes.

Ce que j'ai vu de mes propres yeux. — Le 19 de
la lune, 15 juin après midi, je suis sorti par la porte
Héou-men pour acheter des bâtonnets d'encens et
autres objets. J'ai rencontré une grande troupe de
Boxeurs qui, sortant de la petite rue Yang tchouan
hou tong, marcha à l'ouest, avança vers la grande
rue, fit un tour au nord pour entrer dans la rue Ien
tai Sié kié. Deux drapeaux rouges précédaient la
troupe, ainsi que deux flèches jaunes qui servaient
à communiquer les ordres. Tous les Boxeurs
avaient sur la tête un mouchoir rouge, tous étaient
armés de sabres et de lances; parmi eux se
rouvaient des adultes et des enfants de quinze
à seize ans.

Les Boxeurs étaient divisés en huit sections;
chacune avait un signe correspondant à l'un des
huit caractères de divination laissés par Fou-Shi;
chacun aussi avait sa couleur : le jaune était celui
de la première section [☰] K'hien; la troisième
section [☵] K'an avait la couleur rouge.

Le même jour au soir, vers 6 heures, les Boxeurs
qui étaient à l'intérieur du Sy hoa-men vinrent
pour brûler les maisons européennes du Si che-kou;
ils allèrent jusqu'à une pagode qui était du côté

nord de la rue du Sy hoa-men; là, les Boxeurs
avaient un autel où ils brûlèrent des bâtonnets
d'encens, puis, portant des torches, se mirent en
route. Au milieu du chemin était une boutique de
nattes et de roseaux; la femme du païen Kouo-on,
propriétaire de la boutique, se trouvait dans un état
de grossesse; elle était sortie sur la rue pour voir
le défilé; sa présence fut néfaste pour les Boxeurs;
à cause d'elle leurs sortilèges furent détruits; pour
se venger les Boxeurs brûlèrent la boutique, et
toute la famille périt dans les flammes; dix d'entre
les Boxeurs furent blessés.

L'église du Sy Che Kou (Pei-tang) était, disait-
on, trop grande pour être brûlée; de plus, il y avait
beaucoup de femmes réunies, ce qui détruisait les
sortilèges. Pour se mettre à l'abri des Boxeurs, les
Européens et les chrétiens ouvraient, disait-on, le
ventre des femmes enceintes.

Les Boxeurs chargèrent quelques hommes d'une
mission secrète et perfide, et ceux-ci s'emparèrent
d'un chrétien nommé Tchou siao jen (le Pygmée),
pourvoyeur général des Européens du Sy-Che
Kou; ils le livrèrent à la grande pagode Houang-
Seu.

On dit que ce Tchou siao jen est le grand
conseiller magicien de l'église du Si-Che-Kou;
c'était lui qui avait la direction de toutes les in-

20

fluences capables de détruire les sortilèges des Boxeurs.

Grands incendies. — Le 20 de la lune (16 juin), en dehors de la porte de Tsien-Men, à Ta cha la, une grande pharmacie à l'enseigne Lao-teo-Ki fut incendiée ; le feu gagna les habitations, et s'étendit à Téou tao tche tiang, eul Kiao tche siang, San fou ty ai, Sy ho ien ; puis, passant le fleuve, brûla la boutique Kao-min-iuen, Sy-ho-pao-hieng. Pour ce qui est des endroits situés au pied du grand mur du nord, on ne distingue pas bien ce qui a été brûlé.

Incendie des cimetières (des missionnaires). — Le 21 de la lune (17 juin), à cinq heures du matin, une fumée très épaisse s'élève à l'ouest ; on dit que c'est l'église catholique située en dehors de Fou t'chen men, Pin tze men et les cimetières européens adjacents qui sont incendiés par les Boxeurs. Un nombre incalculable de chrétiens est massacré en cet endroit. Ce fait est extrêmement regrettable : deux fois de suite l'Empereur lance des édits interdisant l'incendie des églises, et aujourd'hui les Boxeurs mettent le feu. Ce sont de vrais rebelles, ou bien le moment fixé par le destin est arrivé : rien ne saurait empêcher ces incendies dus à la fatalité.

Garde sévère dans la ville jaune. — Le 21 de la lune (17 juin), la porte Héou-Men fut fermée; aucun passant ne pouvait entrer ou sortir; l'armée de Toung-fou-siang gardait cette porte parce que les Boxeurs combattaient avec les Européens à la porte du Toung hoa Men. Au Sy ngan men, Sy hoa men on examinait sérieusement ceux qui entraient et sortaient.

En dehors de cette porte étaient les soldats de Toung-fou-siang, à l'intérieur les soldats de Hou-Chen, cavaliers et fantassins. A chaque instant les troupes nouvellement arrivées étaient changées; la rue était encombrée de soldats.

Il était défendu aux femmes de se promener dans la rue. Ce jour-là les Européens du Sy Che Kou blessèrent un soldat de l'armée de Chen-Ki. Il y avait sur la construction européenne des machines de guerre et des choses immondes détruisant les sortilèges; la vigilance était constante.

Ce même jour la boutique de sapèques en dehors de Héou men cessa son commerce; et toutes les mêmes boutiques en dehors du Tsien-men furent brûlées. J'ai entendu dire que plus de cinq cents boutiques avaient été incendiées. Quelle ruine!

Oracle. — Le 21 de la lune, 17 juin au soir, il arrivera un malheur: la plus grande partie des gens mourront. Il faut absolument toute la nuit brûler des bâtonnets d'encens, en se tournant vers le sud-est, pour se préserver d'un tel malheur. Que tous ceux qui auront connaissance de cet oracle s'empressent de le divulguer.

Décret complémentaire. — Décret impérial reçu avec respect le 18 de la lune (14 juin).

Les Boxeurs séditieux ont troublé la ville de Pékin. J'avais pourtant donné des ordres aux armées de la ville et des environs de former des détachements pour veiller et disperser les séditieux.

Hier encore j'ai ordonné au tribunal de la Tranquillité publique de prendre les principaux chefs et d'envoyer des troupes qui parcourent utilement la ville. Je ne prévoyais pas qu'hier, pendant la nuit, de nouveaux incendies d'églises, de maisons de missionnaires et d'autres endroits auraient encore lieu. Quelle honte pour les ministres et les chefs de laisser agir les séditieux avec tant d'insolence et tant d'audace, et de leur laisser commettre de telles atrocités si près de l'Empereur!

J'ordonne donc de nouveau au tribunal de la Tranquillité publique et aux censeurs des cinq régions de Pékin d'envoyer le plus rapidement possible des officiers et des soldats faire de minutieuses

enquêtes, et s'emparer de tous les principaux chefs
de factieux, afin de les punir sévèrement. Qu'on
disperse et qu'on interdise les réunions des adeptes
forcés : tel est le moyen d'effrayer les malfaiteurs
et d'enlever les germes de sédition. Respectez
cet édit!

Combats entre Chinois et Européens. — Le 24ᵉ jour
de la Vᵉ lune (20 juin), j'obtins l'autorisation de sortir
vers le sud et je m'aperçus que la porte du Tsien
men allait bientôt être fermée. Une forte canonnade
s'entendait du côté des légations ; le bruit en était
assourdissant. On entendait partout des cris de
mort ; le feu et la fumée s'élevaient de toutes parts.

Les soldats de Toung-fou-siang, général du Kan-
Sou, et ceux de Ou Ouée attaquaient toutes les
maisons des étrangers ; les Boxeurs venaient à leur
aide en mettant le feu partout.

Le 25 de la lune (21 juin), les Boxeurs incendient
la légation de la Belgique, située au nord de Toung
Tan pey lo ; puis, marchant à l'est, mettent le feu
à toutes les boutiques européennes et aux maisons
du Siao choun hou Tong : en un instant les flammes
s'élèvent de partout. Le dispensaire protestant Yn
ing tang, près de la porte Tchoun ouen men, sous
le mur est de la ville, est incendié ; les colonnes
de pierre dressées de chaque côté de la route dallée

sont détruites ; au Sy tchan ngan Kié la légation d'Autriche est brûlée ; après ces exploits les Boxeurs se retirent.

Beaucoup de pauvres et de soldats de Toung-fou-siang, parmi les plus audacieux, s'enrichirent des dépouilles prises sur les Européens. Quelques-uns de ces pillards furent tués par des soldats et des Boxeurs mêlés ensemble. Ce jour fut néfaste pour les Européens. Les incendies du quartier des Léga-tions ne s'éteignaient pas.

Le 26 de la 5ᵉ lune, les soldats de Toung-fou-siang, aidés des Boxeurs, obtinrent une victoire : au premier chant du coq, la rue européenne du Kiang min Siang fut changée de nom. Les trois portes du sud de la ville tartare étaient fermées ; cependant Hia in heng entre avec son armée par le Tching yang men, Tsien men. Les légations se trouvaient attaquées par trois côtés ; les détonations n'arrê-taient pas, la fumée obscurcissait le ciel. Tous les habitants étaient terrifiés ; chaque famille brûlait des bâtonnets d'encens pour obtenir des dieux le comble de leurs désirs : la destruction des Euro-péens.

Aujourd'hui les Boxeurs de la troisième section [☵] K'an, campés au Siao Choun hou toung, ont tué trois chrétiens à l'est du Tien t'siao ; deux autres furent exécutés à la pagode de Tse tchoun

lin. Trois têtes de soldats pillards furent sus-
pendues, l'une aux barreaux du pont, l'autre à
l'arc de triomphe de Tsien men, la troisième à la
porte Joung ty men.

A Léou pou les Boxeurs de la pagode Tse tchou
lin s'emparèrent de deux chrétiens, homme et
femme, d'une quarantaine d'années, et les coupèrent
en morceaux.

Pendant ce temps, d'autres Boxeurs incendiaient
les propriétés des chrétiens. Au Pao tchang, Pa tiao
hou tong, à l'est de la rue, habitait un célèbre
chirurgien chrétien nommé Son haï Fong; celui-ci
avait pris la fuite.

Les Boxeurs s'emparent de deux chrétiennes
ses parentes, mettent le feu à la maison et tuent
les victimes au sud de Siao-Chi. A Pan py kié, Ma
kuen, un Européen est pris, dans la famille Léou,
ainsi que plusieurs femmes protestantes, et des
engins de guerre; la maison est brûlée et les
personnes tuées.

Le 27 de la lune (23 juin), les soldats de Toung-
fou-siang attaquent à plusieurs reprises les légations, soit pendant le jour, soit pendant la nuit; les
incendies continuent; il y a beaucoup de pertes
parmi les soldats, dit-on; ils tombent dans un piège
tendu par les Européens et les chrétiens. Au
moment de l'assaut, les chrétiens, dit-on, ligotèrent

tous les marchands, leurs aides et leurs apprentis, et se mêlèrent à eux; puis, quand les soldats eurent passé sans défiance, les chrétiens leur tirèrent par derrière et en tuèrent plus de quatre cents. A cette nouvelle le général Toung-fou-siang s'irrite, fait approcher sept mitrailleuses et bombarde de trois côtés le quartier des Légations; toutes les boutiques, auberges et maisons privées deviennent bientôt la proie des flammes. Quelle triste fatalité!

Le 28 de la lune (24 juin), le bruit de la lutte engagée contre les Européens se répand dans les environs de Pékin; les Boxeurs se rendent au palais du prince Touan et se font enrôler. Parmi eux sont des enfants et des vieillards; ils expliquent les pronostics, sont tous d'accord et veulent agir pour la justice. Tous sont venus spontanément sans mot d'ordre; leur fidélité et leur esprit de justice sont dignes de louanges!

Sur leurs drapeaux sont écrits ces caractères: Ti-Tien Shien tao (ministres de la justice céleste); ou d'autres comme: Pao T'sing mié yang (protection de la dynastie, anéantissement des Européens) et autres devises du même genre.

Chaque fois qu'ils rencontrent un catholique ou un protestant, ils le prennent et le coupent en morceaux. D'autres fois ils leur ouvrent le ventre, et les entrailles apparaissent semblables à celles

des porcs et des moutons. Les cadavres sont abandonnés sans sépulture et deviennent la proie des
chiens et des oiseaux. Triste spectacle! Près de
Tien-Kiao, dans l'intérieur de la ville les cadavres
couvrent la terre; les corps morts sont baignés
dans leur sang.

Les chrétiens, même les femmes et les enfants,
étaient impassibles devant la mort. Sur le point
d'être exécutés, leurs visages ne changent pas, ils
ne demandent pas qu'on leur fasse grâce; ils regar-
dent la mort comme la porte du ciel; de leurs bouches sortent des invocations telles que celle-ci :
« Jésus, sauvez-moi! » et autres semblables.

Le 29 de la lune (25 juin), les incendies et le bombardement continuent dans la ville; le ciel parait
prêt à s'écrouler! Les trois portes du sud sont fermées, l'entrée et la sortie interdites. L'attaque à l'intérieur est plus vive; seules les légations de France
et d'Angleterre offrent une résistance sérieuse.

En même temps on attaque le Sy che kou
(mission catholique). Le général Ngo tsié tchin,
chrétien (qualifié ainsi parce qu'il était favorable
aux étrangers), faisait partir les canons sans y
mettre de boulets, tandis que les chrétiens et les
Européens, avec des machines pleines d'air (fusils
à poudre sans fumée), tuèrent plus de sept cents
hommes de l'armée de Chin-Ki.

Les Boxeurs s'aperçoivent les premiers de la trahison et accusent le général au tribunal des soldats, Touan ouang yé.

Celui-ci condamne à mort le général et le fait exécuter en dehors de la porte ouest de son palais. C'est bien regrettable qu'un dignitaire si puissant, si comblé de richesses et de bienfaits par l'empereur lui-même, comme était Ngo tsié tchin, ait osé prendre parti pour les Européens. Il avait un cœur de traître, il eut une malheureuse destinée.

Le même jour l'ex-préfet de Chuen ten fou fut exécuté en dehors de la porte Tchan i men. La raison de sa mort, c'est qu'il était à la tête de l'entreprise des voies ferrées, et qu'il osait entretenir de bonnes relations avec les Européens. Deux ans auparavant il avait pris sur lui d'ouvrir, pendant la nuit, la porte Young ting men pour laisser entrer en cachette des Européens. Puni pour cela et dégradé, il devint sous-secrétaire surnuméraire d'un ministère quelconque, et demeurait au Tsien-men, à l'ouest du Hoa che kiao, qui se trouve au nord de la rue. Au commencement des troubles, il voulut fuir; le Ciel ne permit pas que celui qui, pour la construction des voies ferrées, avait violé tant de sépultures, pris de force les champs du peuple, pût échapper au juste châtiment de ses crimes.

VI⁰ lune. Le 1ᵉʳ et le 2 de la lune (27 et 28 juin), une grêle de balles et de boulets venaient de la ville du sud ; les tuiles, les fenêtres et les portes des maisons étaient brisées. Plusieurs personnes furent tuées par inadvertance, de nombreux incendies furent allumés dans la ville. Personne n'osait sortir de chez soi. Les soldats de Toung-fou-siang et d'autres s'enrichirent des dépouilles précieuses des Européens.

Le 3 de la VI⁰ lune (29 juin), grande pluie vers le soir ; les éclairs et de grands coups de tonnerre effrayaient la population. C'était un spectacle vraiment terrifiant. Pendant deux heures, à la lueur des éclairs et des incendies, sous une pluie battante, on entendait siffler une grêle de balles et de boulets, les coups de tonnerre et les coups de canon n'arrêtaient pas.

Le 4 de la lune (30 juin), je voulus entrer dans la ville du nord avec mon beau-frère ; j'empruntai une petite tablette que les satellites suspendent à leur ceinture et un chapeau de cérémonie. Entrant par la porte Choun dje men, je parvins à la porte Héou men. Dans la ville où j'entrais, je me procurai des sapèques, et mon troisième frère porta à ma famille des sapèques et une lettre. J'informais les miens que les habitants n'étaient pas en danger et que personne ne songeait à fuir. Dans une habitation en face de la mienne, ma troisième tante célébrait le jour anniversaire de sa naissance; elle me donna deux ligatures. Dans le jardin de la famille Mou était installé une réunion de Boxeurs; leur autel était dans la famille Tching. J'apprends que mes deux tantes, logées dans ma première cour, ont été prises par les Boxeurs à l'étendard noir, puis relâchées. Quels temps troublés!

Le 5 de la lune (1er juillet), le bruit court que le quartier des Légations est complètement détruit et qu'on célèbre la victoire en déployant les étendards rouges.

Après cela, toutes les troupes vont venir attaquer Sy che kou, la maison catholique. On dit que Soung t'sing vient avec six armées pour attaquer aussi le Sy che kou. La nuit, vers trois heures, grande pluie. Au jour la nouvelle se répand que l'armée de Kou-Chin a donné l'assaut contre le Sy che kou; les Européens ont tué, avec leurs fusils remplis d'air, le chef chinois et beaucoup de soldats.

Presque un tiers de la solde des troupes fut mis de côté pour les familles des soldats morts. Ce jour-ci plus de huit taëls par tête furent distribués aux troupes du Chin-Ki. J'ai conduit mes domestiques à l'autel des Boxeurs pour brûler des bâtonnets d'encens.

Le 6 de la lune (2 juillet), il pleut ; à midi chaque armée envoyait des soldats pour donner l'assaut au Sy che kou. Tout le monde veillait, on attendait les ordres des chefs. Tout à coup la canonnade commence, et vite je ferme ma grande porte.

Récompense promise. — Moi, président du tribunal de la Tranquillité publique, je fais savoir à tous les soldats et habitants que maintenant la lutte est engagée entre Chinois et Européens. Toutes les maisons européennes sont brûlées... Il y a certainement des Européens qui se sont sauvés : chaque boutique ou chaque famille qui livrera un homme européen recevra 30 taëls ; si c'est une femme européenne, on donnera 40 taëls, et 30 taëls pour un enfant. Il faut, pour avoir droit à la prime, amener au tribunal les prisonniers vivants.

Décret du 25ᵉ jour de la Vᵉ lune [complément]
(21 juin).

Notre dynastie depuis plus de 200 ans gouverne l'Empire. Elle a répandu sur tous d'innombrables bienfaits. Tous mes ancêtres ont exercé envers les étranger une généreuse hospitalité. Au temps de Tao-Kouang et de Xien-Fong nous les avons autorisés à faire le commerce avec nous, et ils nous ont prié de laisser propager leur religion ; les

Empereurs, nos prédécesseurs, ont condescendu à leurs demandes, parce qu'ils exhortaient les hommes à faire le bien. Au début, ils se soumettaient à notre direction ; mais, depuis trente ans, confiants en notre inépuisable bonté, ils commencent à se montrer exigeants ; ils oppriment notre gouvernement, s'emparent de notre territoire, écrasent notre peuple, extorquent nos richesses, et si les Empereurs approuvent leurs exactions, alors, dans leur insolence, il n'est rien qu'ils ne se permettent ! Pour des riens ils oppriment le peuple, et pour des griefs plus considérables ils outragent nos divinités. Aussi le peuple que nous chérissons comme un père chérit ses enfants, rempli d'une colère et d'une haine implacables, voudrait-il s'emparer des étrangers l'un après l'autre et les dévorer vivants !

Cette haine a causé ces agglomérations libres de Boxeurs qui ont incendié les églises, les maisons des missionnaires, et massacré les chrétiens. Néanmoins, je ne veux pas, moi Empereur, déclarer la guerre aux étrangers. Je les protège comme auparavant dans la crainte de voir massacrer mon peuple ; c'est pourquoi j'ai porté des décrets contre les Boxeurs, pour la protection des légations et pour qu'on épargne les chrétiens.

J'ai dit, dans les précédents décrets : Les chré-

tiens et les Boxeurs sont également chéris de
l'Empereur, et cela, en vue d'apaiser de vieilles
rancunes.

J'ai fait mon possible, et ma bienveillance a été
extrême envers les étrangers. Malgré cela, ils ne
me savent nullement gré de tant de bontés et profitent de toutes les occasions pour augmenter leurs
exigences.

Hier l'Européen Tou che lan (du Chaylard)
demandait l'évacuation des forts de Takou par nos
troupes; sinon, il les prendrait de force; il ajouta
dans sa lettre beaucoup d'autres menaces pour
nous faire peur! Son but est de donner libre cours
à ses instincts révolutionnaires et de porter le
trouble jusque dans le palais de l'Empereur. Après
examen de nos rapports avec les étrangers, nous
ne voyons pas comment nous avons manqué
d'urbanité à leur égard : les Européens se glori-
fient d'être civilisés, et maintenant, appuyés par
de nombreux soldats et des armes perfectionnées,
ils se conduisent avec grossièreté et rompent avec
nous. Qu'est-ce donc que leur civilisation?

Moi, Empereur, depuis une trentaine d'années,
j'ai toujours considéré mon peuple comme des
enfants chéris, et mon peuple, en retour, voit en
moi le sage Empereur du ciel.

De plus, la très clémente et très sage Impératrice

a relevé l'Empire menacé. Ses bienfaits sont la pluie et la rosée; ils développent et fécondent la félicité du peuple.

Mes ancêtres eux-mêmes ont ému les divinités du ciel et de la terre par le culte qu'ils leur rendaient, et leur ont inspiré à toutes une colère digne de leur fidélité, fait inouï dans les temps anciens.

Maintenant, prosterné en pleurs au temple des Ancêtres, je les supplie de toute mon âme de se tenir prêts à combattre avec nos troupes régulières et avec nos auxiliaires.

Il vaut mieux nous lancer dans cette lutte d'extermination que de vivre d'une manière précaire et d'écrire dans notre histoire des pages honteuses. Depuis de longs jours j'ai consulté sur ce sujet tous mes ministres : ils sont tous du même avis.

Campés aux environs de la ville, les volontaires du Chan Toung se sont réunis plusieurs centaines de mille en l'espace d'un jour; des enfants de treize ans comprennent déjà qu'il faut prendre les armes pour défendre les divinités tutélaires de l'Empire.

Que les Européens mettent leur confiance dans l'astuce et la force brutale, nous sommes, nous, appuyés sur la raison vraie, l'humanité et la justice.

COMMENT BOXEURS ET RÉGULIERS ONT ARRANGÉ LA RUE DES LÉGATIONS

Ces vertus, qui sont nos vraies armes, mises à part, chacun doit en outre savoir donner sa vie pour la patrie. Nous avons plus de vingt provinces et une population de quatre cents millions d'hommes, il nous sera aisé d'étouffer ces séditieux et de montrer la gloire majestueuse de notre Empire. Quiconque, enflammé de la même colère vengeresse, osera s'opposer aux ennemis et percer leurs rangs, ou bien contribuer avec générosité à payer la solde et la nourriture des troupes, peut compter sur mes largesses.

Je récompenserai grandement sa fidélité et son mérite !

Ceux qui se séparent de moi, les lâches, les fuyards, ceux qui passent à l'ennemi, les traîtres, je les punirai de mort.

Vous donc, ministres, et vous tous, mon peuple, pratiquez la fidélité, animez-vous de la justice et donnez des preuves de générosité. Vous parviendrez à assouvir la colère des dieux et des hommes. Je mets en vous la plus grande confiance.

Respectez cet édit !

Décret. — Yu-lou (vice-roi de Tien-Tsin) m'a envoyé une supplique ainsi conçue : « Les Européens ont déclaré la guerre et commencé les hostilités à l'improviste. Nos troupes ont combattu sans

relâche les jours passés : elles ont remporté la
victoire. »

Moi, Empereur, j'ai éprouvé un légitime orgueil
en lisant ces lignes. Nous, Chinois, avons passé
de nombreuses années en paix avec toutes les
nations européennes, et voici qu'à cause du conflit
entre chrétiens et païens, elles ont rompu avec
nous !

Toutes confiantes en leurs armes et en la bravoure de leurs soldats, elles se sont emparées des
forts de Takou.

Au Tse tchou lin, les troupes européennes sont
sorties dans toutes les directions pour combattre
contre nous ; Yu-lou a divisé ses troupes pour s'opposer à elles de tous côtés ; les Boxeurs aidaient
nos soldats, offrant leur poitrine découverte aux
balles et aux obus. C'est ainsi que les 21, 22 et 23
de la lune ils ont fait couler deux vaisseaux
européens, et leur ont tué de nombreux soldats.

L'union qui existe entre nos diverses troupes
leur donne une très grande force. Notre gloire
militaire a brillé, et les populations commencent à
se sentir en sécurité. Nos Boxeurs n'ont besoin ni
du secours de nos troupes, ni de notre solde. Tous
parmi eux, même les enfants, prennent les armes
pour défendre les dieux protecteurs de la dynastie.
Tous ces biens viennent de nos ancêtres ; nos

dieux protègent nos Boxeurs, et leur donnent un
même cœur et un grand courage. Chefs, trans-
mettez-leur mes éloges et promettez de ma part, à
la fin des hostilités, les plus libérales récompenses.
Et vous, volontaires, mes chers Boxeurs, redoublez
d'union, unissez vos forces, vengez les injustices,
persévérez, agissez, faites éclater partout votre
fidélité.

Vous êtes mon espérance !

Respectez cet édit!

Troisième assaut du Sy che Kou. — Le 8ᵉ jour de
la 6ᵉ lune (4 juillet), les Boxeurs réunis attaquèrent le Sy che Kou (Peitang); ceux qui marchaient en tête portaient des fusils de rempart ;
l'assaut est donné pendant cinq heures, la position
n'est pas enlevée. J'apprends qu'ils vont chercher
de gros canons.

Ce même jour un eunuque a fait distribuer aux
Boxeurs quinze cents livres de galette, mille petits
pains à la vapeur et cinq cents livres d'herbes
salées.

Nouveaux assauts donnés au Sy che Kou. — Le 7 de
la lune (5 juillet), les Boxeurs furent de nouveau
lancés contre le Sy che Kou; ils attaquèrent toute
la journée avec des fusils de rempart les maisons

européennes et ne parvinrent pas à les renverser.
Ce jour-là, la porte Héou men fut ouverte; on
laissait entrer et sortir à volonté ; le matin j'allais
à Kouey pan hou tong, et je vis à l'angle nord-
ouest de la cité, en dehors de la porte Héou men,
une plate-forme élevée pour placer un grand canon.
Près de l'entrée est de la rue Mao Kia ouen, je
vis un autre échafaudage surmonté d'une plate-
forme qui dépassait en hauteur le mur de la ville
jaune. Autour de ces grandes plates-formes,
d'autres plates-formes plus petites pour les fusils
de rempart. Les canons n'étaient pas encore
placés.

Dans la rue Tchao téou hou tong, en dehors de
la porte Héou men, les Boxeurs s'emparèrent
d'un mandarin militaire Kh'ing Sian nommé
Mao-lin, chargé des soldats de la bannière jaune
second degré Siang-houang, et de la nourriture des
soldats de l'armée de Ou Ouée; ses cinq frères
furent pris en même temps que lui, en tout six
hommes. Les Boxeurs percèrent le nez des prisonniers pour y introduire un fil de fer et les relier
ainsi entre eux.

Ainsi attachés, ils furent conduits au palais du
prince Touan pour y être gardés jusqu'à l'arrivée
du décret impérial qui les condamnait à mort;
puis ils furent exécutés. C'est navrant de ren-

contrer un traître dans la personne d'un ministre.

Le 10 de la lune (6 juillet), les canons de chaque plate-forme tonnaient. On lançait aussi des flèches enflammées longues de huit pieds, se composant d'un tube en fer de deux pieds, rempli de poudre et de salpêtre, et d'une tige en bois soufré, longue de six pieds. Le bruit causé par l'explosion de cet engin était considérable. Quelques petites maisons furent détruites, mais on ne put renverser les constructions européennes. Tous les Boxeurs, soldats célestes, entouraient les maisons et l'église : un d'entre eux, du groupe de Tchouo tchéo, fut blessé d'un coup de fusil tiré par les Européens; le groupe fut rappelé; ils abandonnèrent trente mesures de riz cuit; personne ne mangea.

Le 11 de la lune (7 juillet), Ly che fou alla voir sa famille. Les canons tonnaient toujours sans résultat; vers deux heures, des flèches enflammées furent de nouveau lancées; un soldat régulier fut tué; un Boxeur nommé Siao ho fut blessé au bras droit. Vers trois heures, une troupe de soldats de l'armée de Ou Ouée entra par le Héou-Kou, combattit jusqu'à cinq heures et perdit cinq hommes; à cause de cela, ils furent rappelés; on recommença le bombardement. Malgré tout, l'église restait debout. Cette construction européenne est vraiment solide ; il semble impossible de la prendre d'assaut.

Le 12 de la lune (8 juillet), le bombardement continuait, l'église tenait bon ; on changea les dispositions de l'attaque. A Sy shin sse, on éleva une plate-forme pour placer un canon, on fit de même devant la pagode Tchan tan sse. L'attaque fut poussée des quatre côtés à la fois ; la victoire paraissait certaine et très prochaine. Les habitants des environs du Sy che Kou étaient effrayés et prenaient la fuite. Les Boxeurs revendiquaient le droit de protéger les chariots sur lesquels ces gens chargeaient leurs bagages, leurs femmes et leurs enfants, et montrèrent en cette circonstance la soif des richesses qui les altérait !

Le 13 de la lune (9 juillet), une troupe de fusiliers vint s'ajouter aux artilleurs ; les coups de fusil furent entendus toute la nuit ; on n'obtint aucun résultat.

Le 14 de la lune (10 juillet), on amène un très grand canon, *Ou ty ta Kiang Kiun* (général invincible), long de seize pieds, dont la gueule a deux pieds et demi de large ; ce canon fut placé devant la pagode Tchan tan sse, la gueule tournée vers l'ouest, en plein contre l'église ; un autre canon de même calibre était placé à Sy shin sse, un troisième à Tchae hoa Lan ; ainsi aux quatre côtés du Sy che Kou étaient placés de gros canons.

Vers deux heures de l'après-midi les canons de la pagode Tchan tan sse ouvrirent le feu ; ce fut le signal d'un bombardement général ; on lançait des flèches enflammées ; le crépitement des fusils allemands et des mitrailleuses s'entendait de tous côtés ; le combat était terrible et dura jusqu'à la nuit ; les maisons et l'église n'étaient pas démolies.

Devant l'autel de la famille Tch'ing, les Boxeurs se prirent de querelle ; l'un deux tira deux coups de fusil à tir rapide pour effrayer les autres. Tous se lançaient des malédictions, il était difficile de les réconcilier. Comment des gens amis des dieux peuvent-ils manifester de tels sentiments ?

Le 15 de la lune (11 juillet), à midi, une explosion terrible se fit entendre ; on aurait dit que le ciel allait s'écrouler et la terre se fendre ! J'ai appris plus tard qu'un des canons avait démoli une construction qui est derrière l'église. De nouveau les Boxeurs se prennent de querelle, poussent des cris de mort, troublent les rues et les demeures des particuliers. Les chefs Boxeurs et leurs adeptes voulaient se retirer ; les autres s'y opposaient.

Le 15 de la lune (11 juillet), hier, pendant la nuit, un incendie se déclare ; je monte sur un endroit élevé, et je vois une lueur sinistre derrière

l'église du Sy che Kou. J'ai appris que les chrétiens mettent le feu aux maisons voisines. Ces
serviteurs des Européens sont vraiment de cruels
conseillers !

Le 16 de la lune (12 juillet), Touan ouang yé,
Lan Koung yé, Tong lou, le grand conseiller, à la
tête de deux mille Boxeurs, attaquent le Sy che
Kou. Ils n'emportent pas la victoire… Les Boxeurs
de la section [⚏] conduite par Tsaé Shiong men
perdent un homme; ceux conduits par Houang
sse ont un tué et trois blessés.

Le 17 de la lune (13 juillet), nouvel assaut dans
l'après-midi; les canons tonnent sans interruption
et détruisent par inadvertance des maisons appartenant à la population des environs. Des balles
explosives sifflent de tous côtés; ceux qui ont peur
sont tous partis. C'est vraiment dangereux de
demeurer par ici, tant à cause des boulets que des
balles. Les Boxeurs préparent du poison pour
donner aux Européens; pendant ce temps les chrétiens sortent et brûlent les maisons désertes; ils
gagnent du terrain. Tous les voisins de l'est
déménagent et abandonnent leurs chambres. Les
soldats, le peuple, les Boxeurs commencent à
manquer de munitions; ils avaient l'esprit troublé,
et leur ardeur guerrière tombait.

Le 18 de la lune (14 juillet), la rue est encombrée

de fuyards, mes voisins d'en face font leurs paquets, tout le monde se trouble et tremble. Une vieille femme vient me demander en termes touchants de protéger sa famille. Ce n'est pas le moment de prodiguer des consolations ! Je n'ose m'engager vis-à-vis d'elle ; je dis seulement que je ferai le possible. Le ciel bleu a des yeux et connaît ma bonne volonté. L'endroit où je suis est très dangereux à cause de la rapacité des soldats et de la proximité des incendies ; à chaque instant la vie même est en danger ; malgré cela je me sens disposé à garder la famille de cette bonne vieille. Dans ma maison chacun fait ses paquets, habits de soie, bijoux, argenterie, etc.; demain j'irai habiter la boutique de Koung ho tchang, à l'intérieur du Sy hoa men.

Le 19 de la lune (15 juillet), je sors mes vêtements des caisses pour les mettre en paquets et les faire porter dans la boutique de Koung ho tchang. J'ai supplié le grand intendant, je lui ai dit toutes mes difficultés, tous mes malheurs, et aussi ceux de ma famille qui se sauvait à cause de la guerre et des troubles causés par les soldats. Je ranimai en lui les sentiments de fidélité et de générosité, je lui dis que nous n'avions qu'un même cœur et beaucoup d'autres paroles suppliantes et affectueuses. Je donne à chacun de ses compagnons deux taëls pour leur peine, et leur dis de prendre dans ma maison, autant qu'ils en auraient besoin, des sapèques, des grains et de la farine ; mon seul désir était de garder ma maison. Les choses prospères et néfastes sont incertaines et dépendent du ciel : au hasard donc ! Les membres de ma famille vont partir sur des chars de louage... Au dernier moment ce fut un triste spectacle : tous pleuraient d'être obligés de quitter le foyer et de penser qu'en un instant maison et richesses pouvaient périr ; chacun se regardait les larmes aux yeux, le cœur navré. Pendant ce temps le Sy che Kou était attaqué par le côté nord et résistait comme auparavant.

Le 20 et le 21 de la lune (16 et 17 juillet), l'assaut redouble de véhémence ; on ajoute de nouveaux canons, toujours inutilement ! L'Empereur, irrité, proscrit la famille Yang li Chan et charge le tribunal des supplices d'instruire sa cause. Le bruit de la prise de Tien-Tsin se répand de nouveau, mais la nouvelle est incertaine.

Dans la ville du nord sortirent quelques hommes qui coupaient la tresse aux gens. Il suffisait de s'attacher un cordon rouge à la tresse pour être épargné. La fusillade et la canonnade ont cessé du côté des légations. J'ai entendu dire que les Anglais avaient demandé la paix parce que l'héri-

tier de la couronne d'Angleterre se trouvait dans
la légation. La paix est faite. Le 23 de la lune
(19 juillet), les chrétiens du Sy che Kou veulent
mettre le feu à la plate-forme élevée du côté de
l'ouest, mais ils sont repoussés par les soldats de
Ou Ouée. A la pagode de Kouan houi sse, les
Boxeurs se prennent de querelle et se battent;
des deux côtés il y a eu des blessés. La cause de
la rixe est que l'un des groupes accusait l'autre de
faire de faux prodiges; à cause de cela ils se
brouillèrent : c'est ridicule ! Le 24 de la lune
(20 juillet), deux mille Boxeurs viennent donner
l'assaut au Sy che Kou. Venus vite, ils s'en
retournèrent plus vite encore, et leurs divers
groupes assis devant la pagode Tchan tan sse
prenaient le frais et n'osaient attaquer; s'ils
avaient osé, c'eût été inutile. Ma grand'mère est
revenue hier, 23 de la lune (19 juillet).

Le 25 de la lune (21 juillet), une de mes tantes
est revenue.

Le 26 de la lune (22 juillet), il tombe une grande
pluie pendant la nuit.

Le 27 de la lune (23 juillet), les Boxeurs pos-
sédés par les héros du livre Che Koung Ngan, du
temps de K'han Sy, vinrent à l'assaut du Sy che
Kou, n'obtinrent pas de résultat, et se retirèrent le
soir dans leur camp.

Le 29 de la lune (25 juillet), les Boxeurs de la section [☲], réunis dans la famille Tcheng, contiguë à la mienne, décidèrent qu'ils allaient se disperser ; leur courrier n'était pas encore parti qu'un ordre vint du prince Touan Ouang les appelant à son palais où ils devaient attendre les ordres à exécuter.

Le 1ᵉʳ de la VIIᵉ lune (26 juillet), nouvelle attaque du Sy che Kou ; fusils, canons, engins explosibles, rien n'y manquait. On n'obtint aucun résultat, la section ☰ songeait à fuir. A ce moment, dit-on, on a surpris des hommes de la secte du Nénufar blanc qui coupaient les plumes des poules ; ces poules, une fois déplumées, n'étaient plus mangeables, leur chair devenait noire à la cuisson, etc., etc., et d'autres stupidités ! Si pourtant cela était vrai ! Il faut faire attention !

Le même jour, les Boxeurs de la section [☲] campés à Tchouang ta hou tong, en dehors du Sy hoa men, attaquent le Sy che Kou en face de la grande porte de l'église. Un grand chef Boxeur voulait entrer à l'intérieur ; il se laissa choir dans un trou recouvert de planches disjointes ; d'un bond il fut dehors !

Hier soir, les Boxeurs envahirent la boutique d'un marchand de vinaigre nommé Inn et forcèrent ses caisses. Beaucoup d'objets furent

perdus. On conduisit le propriétaire au prince
Touan Ouang, qui lui demanda pourquoi lui et sa
famille ne s'étaient pas sauvés et l'accusa d'être
en relation avec les chrétiens, etc., etc.

Le 2 de la lune (27 juillet), un Boxeur nommé
Ouang vint me dire qu'il ne fallait laisser qu'un
gardien par famille, autrement cela donnerait lieu
à des querelles ; de plus, ajouta-t-il, les femmes
doivent être envoyées en lieu sûr. En ce moment.
la section [≡] attaquait le Sy che Kou.

Hier, ma mère accompagnée de ma femme et
de ma fille sont revenues à la maison.

Le 3 de la lune (28 juillet), au matin, les
Boxeurs de la section [☲], en compagnie d'une
autre section à l'étendard noir, avec les fantassins
et les cavaliers de Ou Ouée, vinrent attaquer le
Sy che Kou.

Un grand mandarin, Pao mong Taé, fit braquer
deux nouveaux canons, l'un à Miou Niou fang,
dans le Mahoua hou tong, l'autre dans la grande
rue du sud, allant au Sy hoa men.

Vers onze heures, le canon tonne ; à ce signal, la
fusillade et la canonnade commencent de tous côtés :
la lutte est terrible ! Pendant ce temps les soldats
de Ou Ouée emportent tout ce qu'ils peuvent des
maisons voisines : c'est effrayant de voir leur
rapacité.

De nouveaux canons sont braqués; on tire de tous les côtés sur le Sy che Kou; plus de soixante chrétiens sont tués, une dizaine de soldats sont tués aussi, et beaucoup de chambres sont détruites.

Les soldats gagnaient du terrain. C'était une victoire. On s'en réjouit fort!

Cependant cette maison européenne apparaissait encore solide et d'un accès très dangereux.

Les soldats mandchoux ne peuvent être partout; notre groupe de Boxeurs est peu nombreux, et les soldats de Ou Ouée sont occupés au pillage!

Pour moi, je suis entouré de grands dangers; mon jardin est grand, mes appartements nombreux, mes gardiens sont en petit nombre.

Je mets ma confiance en mon vieil ancêtre Boudha, qui peut changer l'infortune en bonheur.

La lutte engagée continue; pendant la nuit, la fusillade et la canonnade ne furent pas interrompues.

Le 4 de la lune (29 juillet), on augmente le nombre des soldats et des Boxeurs, qui continuent à attaquer. A l'est, les appartements d'un marchand de soie nommé Tchang furent incendiés. Les soldats de Ou Ouée continuaient leur pillage. C'est odieux de voir les soldats agir de connivence avec leurs chefs.

Hier, pendant toute la nuit, nous avons dû veiller avec beaucoup de soins à la garde de la maison. Le bruit des fusils et des canons s'est fait entendre toute la nuit.

Le 5 de la lune (30 juillet), le Sy che Kou n'est pas emporté, malgré les canons et l'incendie. Quelques Boxeurs de la section ⚍ prennent leur courage à deux mains et veulent entrer pour mettre le feu; sept sont tués ou blessés par les fusils européens; un chef de l'armée de Ou Ouée est également frappé. L'église reste debout! C'est vraiment extraordinaire qu'elle puisse résister à cette grêle de balles et de boulets! Un mandarin qui pointait le canon à Sy Shin sse est tué.

Le 6 de la lune (31 juillet), toutes les batteries braquées au nord tonnaient ensemble. Les Boxeurs entouraient le Sy che Kou, et tout cela sans résultat! Au contraire, trois Boxeurs sont tués. Le soir on prépare tout pour l'incendie projeté la nuit; du palais du prince Touan, on amène deux voitures chargées de paille et trente caisses de pétrole.

Le 7 de la lune, 1er août au matin, vers quatre heures, tous les groupes de Boxeurs envoient leurs troupes chargées de bottes de paille imbibées de pétrole, pour donner l'assaut; ils n'avaient pas encore atteint les maisons européennes que douze d'entre eux étaient tués par les fusils européens;

à cause de cela, ils furent rappelés ; l'incendie fut inutile. Vers huit heures, les soldats de Ou Ouée se querellèrent avec les soldats des bannières mandchoues ; ils se battirent à la pagode Tchan tan sse ; un Mandchou fut tué, sept ou huit blessés à l'intérieur de la pagode. Le chef mandchou accuse Ou Ouée auprès du prince Touan ; l'après-midi, les soldats de Ou Ouée furent rappelés.

EXÉCUTION DE GRANDS MANDARINS

Décret du 3 de la VII lune — (28 juillet) supplément.* — Su-King-t'chen, premier sous-secrétaire au ministère de l'Intérieur, et Yuen-tchang, ministre du tribunal des Rites, ont été très souvent accusés ; leur renommée est complètement perdue. En temps ordinaire, ils ont toujours cherché leurs intérêts dans leurs transactions avec les Européens ; appelés devant l'Empereur, ils mentent à propos de tout, me font mal gouverner, sèment la division parmi les ministres et sont encore coupables d'autres crimes que je ne puis exposer ici. Leur insubordination passe les bornes ; si je ne les punis pas sérieusement, comment pourrai-je me faire obéir des autres ?

J'ordonne donc que Su-King-t'chen et Yuen-tchang soient mis à mort pour l'exemple.

Respectez cet édit !

Le 8 de la lune (2 août), les soldats mandchoux et ceux de Ou Ouée ont été renvoyés hier soir décharger leurs fusils contre le Sy che Kou. Deux de mes tantes sont revenues voir la famille.

Le 9 de la lune (3 août), on n'entend plus la fusillade; les canons se taisent. Les Boxeurs sont allés inviter leurs plus habiles chefs pour diriger l'assaut. J'entends dire aussi qu'on creuse des mines.

Le 10 de la lune (4 août), je suis sorti et j'ai vu le quartier des Légations en ruine; les Anglais ont demandé la paix; le 16 on les rapatriera.

Le 11 de la lune (5 août), cinq membres de la secte du Nénufar blanc et deux malfaiteurs saisis dans le palais du prince Touan sont mis à mort. La rue des Légations et le Tsien men sont livrés à la circulation. Les soldats et les Boxeurs continuent à faire le siège du Sy che Kou.

Le 12 de la lune (6 août), j'entrai par la porte brûlée de Tsien men. A cette vue, je fus attristé et versai beaucoup de larmes.

Le 13 de la lune (7 août), un nommé Ly Fou Tch'oun, grand maître et fondateur des Invulnérables Boxeurs, s'est présenté, accompagné de sept divinités auxiliaires, en tout huit divinités, répondant chacune à l'un des signes Pa-Koua. Ils se font fort d'en finir avec le Sy che Kou et se

22

sont enrôlés au palais du prince Touan. Chacun possède un talisman qui le rend invulnérable; ils en imposent à tous et ont promis, sur leur tête, de détruire le Sy che Kou en trois jours.

Le 14 de la lune (8 août), on déplace l'infanterie de Tchiu chen. Malheureusement, on ignore la puissance des fusils remplis d'air et maniés par les Européens (armes à poudre sans fumée), et cinq sont tués : Invulnérables ou soldats.

Le 15 de la lune (9 août), les mines sont presque terminées; il y en a sept. C'est vraiment une lutte à mort !

Le 16 de la lune (10 août), le prince Touan ouang défend aux Boxeurs de sortir par la porte Héou men; même défense d'entrer et de sortir par les autres portes extérieures; ils doivent seulement attaquer le Sy che Kou et ne pas quitter le lieu qui leur est assigné. Vers midi, le canon de la plate-forme élevée au nord de la Ville Jaune (ou Ville impériale) lance ses boulets; les feux de salve des fusils allemands à tir rapide reprennent. Un peu après, les canons de l'ouest font entendre leurs détonations. Le soir, il pleut; les chrétiens tirent de l'intérieur.

La même chose se passe aux légations. J'ai ouï dire que Ou Ouée a perdu le palais du prince Sou Ouang, qui a été repris par les troupes de Toung-fou-siang. Hier on disait que la vieille impératrice voulait se sauver à Moukden, et on arrêtait partout les voitures. Personne ne sait où donner de la tête.

Le 17 de la lune (11 août), j'ai appris que Toung-fou-siang avait promis de protéger l'impératrice ; dès lors, elle ne songe plus à fuir, elle avait été trompée par ses ministres ; Su Young I, président du Tribunal, fut pris et jugé ; sa famille fut proscrite par ordre impérial ; il demeurait à Pé ho yé, à l'ouest de la rue, à l'intérieur du Toung hoa men : c'est là qu'est bâtie sa magnifique maison.

Sur ces entrefaites vient la nouvelle que les soldats européens sont à Toung-Tchéou, que Yu lou s'est tué, mais on n'est pas certain de la nouvelle.

Le soir, réunion de Boxeurs pour préparer l'attaque du lendemain et faire sauter la mine.

Le 18 de la lune (12 août), à six heures du matin, une très forte explosion se fit entendre et une colonne de fumée noire s'éleva vers le ciel : tuiles, ciment, pierres, briques, tout volait en éclats et retombait sous forme de pluie. J'ai appris que beaucoup de maisons européennes avaient été détruites et que la petite chapelle qui est derrière la grande église avait été détériorée. Beaucoup de chrétiens sont morts ; les soldats et les Boxeurs ont eu un certain nombre de blessés. Tout le monde est dans l'anxiété la plus vive. Le même jour on ferme la porte Ngan ting men.

Les soldats de Ou Ouée, vaincus à Yang-tsoun, sont en fuite; ils pillent et commettent tous les crimes sur leur passage. Une foule d'hommes et de femmes fuyaient, courant de toutes leurs forces vers le nord; ils passaient en dehors de Ngan ting men.

L'effroi était peint sur tous les visages. La porte de Pin tze men est aussi fermée. Quelques soldats emmenaient cinq jeunes femmes; on les arrête à la porte; ils tirent sur les gardes; alors les Boxeurs présents s'emparent d'eux et les tuent. Le même jour au quadruple arc de triomphe de l'ouest furent attachés six têtes d'hommes et de femmes.

L'Empereur fit exécuter ce jour-là Su-Young I, Ly chan et Lien Yuen; fit incarcérer à la cour Joung-tchoun tan, dont la chaise vide fut renvoyée à la famille; cette famille est proscrite par ordre impérial; on dit que King-Ouang a reçu l'ordre de se donner la mort, mais on n'est pas certain.

Le 19 de la lune (13 août), un grand mandarin, Ouen, lança une flèche pour transmettre aux Boxeurs l'ordre de se retirer du champ de manœuvres parce qu'à dix heures une autre mine ferait explosion. Tous sortirent les uns après les autres.

Le même jour au matin Toung tsing rentra par la porte Heou men avec ses cavaliers et ses fantassins.

Ma in koun, qui dix fois avait envoyé des suppliques à l'Empereur sans obtenir de réponse, vint en personne dire ce dont il voulait informer Sa Majesté. On dit qu'il a été vaincu et qu'il a perdu huit corps de troupes de cinq cents hommes.

Les Européens seraient à Yang-tsoun ; Toung tcheou est dans le désarroi.

Vers dix heures une mine partit sans nuire aux maisons européennes du Sy che Kou. Le soir, à l'est, on entendait le canon.

Le 20 de la lune (14 août), au matin, à l'est de la ville, on entendait la fusillade et la canonnade. On dit que l'église du village de Kia-Kia touann fut emportée d'assaut; les soldats européens qui étaient à l'intérieur se sont enfuis et pillent de tous côtés.

Parvenus à la porte Tchao Yang men et à la porte Toung tche men, ils se joignirent aux soldats vaincus de Ou Ouée et de Ty piao pour piller les faubourgs.

Les canons placés sur les remparts de la ville tonnaient jour et nuit ; de plus, du quartier des Légations emporté par Yu hou ngen les Européens et les chrétiens s'étaient enfuis. Les canons de Pao tze ho et de Toung pien men tonnaient aussi.

La jonction des chrétiens était impossible : les portes de la ville étaient toutes fermées. Hommes et femmes se sauvaient à l'est, à l'ouest ; la plupart portaient des enfants. Tous pleuraient et poussaient des cris lamentables. Ce spectacle était si impressionnant qu'il faisait venir les larmes aux yeux. Les portes restaient fermées ; le canon tonnait toute la nuit.

Le 21 de la lune (15 août), le canon tonnait au nord-est, peu après à l'est, puis au sud. On dit que les feux de salve n'arrêtent pas à la porte de Toung hoa men, après c'est la canonnade.

L'après-midi j'ai voulu sortir ; j'ai entendu la fusillade de derrière la porte Heou men ; quelqu'un me dit que les soldats de Ou Ouée se sont joints aux chrétiens pour voler les boutiques de sapèques.

La porte de Heou men fut fermée avec une barrière, l'entrée et la sortie étaient interdites. J'ai ouï dire que les soldats de Ou Ouée se battaient avec les Boxeurs et les Boxeurs entre eux. Tous tremblaient à la vue des soldats européens. Quelle plaisanterie ! Uniformes, fusils de rempart, sabres, lances, drapeaux jonchaient le sol.

Vers dix heures l'incendie éclate en dehors du Heou men.....

Pendant la nuit, les soldats de Toung-fou-siang et les autres s'enfuient pour ne plus reparaître.

En un clin d'œil la porte de Heou men fut tout en flammes : les Européens l'avaient prise ! Les Boxeurs n'avaient plus de forces mystérieuses : ils étaient renfermés à l'intérieur du Sy hoa men, que les Européens gardaient.

Le 22 de la lune (16 août), la porte Heou men était complètement brûlée. Tous les Européens étaient là. L'Impératrice prit la fuite.

On attaque la porte Sy hoa men, obstruée des deux côtés ; tout le monde avait perdu la tête. Au nord-est, une grande fumée s'élevait vers le ciel ; partout apparaissaient de gros nuages de fumée. Le soleil et la lune en étaient obscurcis. Les femmes qui se sauvaient se trompaient de chemin. La boutique de grains Koung ho Kin fut pillée en un rien de temps : blé, sorgho et autres grains furent enlevés en un clin d'œil.

Alors fut prise la porte Sy hoa men (à côté du Peitang) ; les défenseurs du Sy che Kou brisent leurs remparts, font, sans relâche, partir leurs canons.

Les deux camps s'étaient réunis. Les soldats mandchoux vaincus jettent à terre leurs uniformes et leurs fusils ; les Boxeurs, vaincus, eux aussi, font un trou dans le mur de la Ville Jaune, abandonnent leurs armes et se sauvent.

L'Empire a passé le fleuve.

L'Empereur a tout perdu.

CHAPITRE VIII

CONJECTURES SUR L'AVENIR EN CHINE

15 juillet 1901. — Hier, j'ai été assister à la revue des troupes cantonnées à Pékin. Elle a eu lieu sur le boulevard de la ville impériale qui passe devant le Pei-tang, et où s'est livré, l'an passé, le combat du 16 août, entre notre infanterie de marine et deux mille réguliers et Boxeurs. Les barricades ont disparu ; les cloaques et les fondrières que la vicinalité chinoise entretenait comme à plaisir ont été comblés ; la voie est plantée d'arbres, entourée de fossés, garnie de lanternes ; les maisons sont reconstruites ; des agents de police maintiennent l'ordre ; ce n'est plus le vieux Pékin, c'est une vision du nouveau, assaini, nettoyé, embelli, organisé.

Le désordre inévitable qui a suivi la prise de la capitale a été de courte durée ; sous la direction des chefs militaires et avec le concours des troupes, la police d'abord, l'organisation municipale ensuite, ont été rétablies ; la vie sociale a repris rapidement, en amélioration sensible sur ce qu'elle était autrefois. Les Japonais ont été les premiers à ramener la sécurité dans leur quartier, le plus vaste de tous ; puis les Français ont créé une organisation municipale mixte que les Allemands ont étendue à toute la ville, et chaque nationalité, prise d'émulation, s'est plu à améliorer et à embellir son secteur. Pékin n'a pas été seul à jouir de ces bienfaits : Tien-Tsin, Paoting-fou et les grandes localités de la province ont été traitées de la même manière. Sans vouloir établir de comparaisons, on peut dire cependant que les Français se sont distingués dans ces travaux pacifiques, comme le constatent de nombreux témoignages officiels, les remerciements des mandarins ou des populations. Aujourd'hui, la nouvelle du départ prochain des troupes étrangères et de leur remplacement par des réguliers jette l'effroi parmi les habitants de Pékin, au point que Li-Hung-Chang se voit dans la nécessité de les rassurer, et demande au corps diplomatique la permission de faire des proclamations à cet effet.

Après la revue, le ministre de France et son personnel, ainsi que de nombreux officiers et missionnaires, ont été déposer des couronnes sur les tombes des défenseurs des légations et du Peitang situées dans un cimetière, au nord de la ville

impériale, à côté de celles des **morts du corps expé-**
ditionnaire.

A la même heure, une **revue** plus importante
était passée à Tien-Tsin par le général Voyron.
Deux princes de la famille impériale y assistaient :
l'un était le frère, l'autre le cousin de l'empereur ;
ils venaient de conduire à Takou le prince chargé
d'aller porter à l'empereur d'Allemagne l'expression
des regrets du gouvernement chinois à propos du
meurtre du baron de Ketteler. Au passage de nos
drapeaux, ces deux princes se levaient, rendant,
pour la première fois, un hommage de respect à
une nation étrangère.

Le soir, la partie septentrionale du parc impérial
occupée par nos soldats, le « Pont de Marbre », la
colline du Peta et le palais baptisé la « Rotonde »
ont été illuminés. Une retraite aux flambeaux a
traversé les avenues du quartier français jusqu'au
« Pont de Marbre », où un feu d'artifice a été
allumé. Et pendant que la musique jouait la marche
de *Sambre-et-Meuse*, nos marsouins défilaient bras
dessus, bras dessous, avec des Chinois, un peu
ahuris, et avec des soldats allemands criant eux
aussi : « Vive la République ! Vive la France ! »

Qui aurait imaginé spectacle pareil il y a un an ?

Mais la Chine est le pays des surprises ; sans doute elle nous en réserve bien d'autres, et de toutes sortes.

Dans quelques jours, les alliés auront évacué la capitale, n'y laissant plus que les gardes des légations qui s'enfermeront prudemment derrière les multiples enceintes du « quartier diplomatique ». Pékin appartiendra de nouveau aux Chinois. L'empereur y rentrera probablement pour l'hiver, car il doit être pressé de retrouver son palais, ou plutôt sa forteresse, dont les hautes murailles peuvent défendre au besoin son autorité chancelante ; et ceux qui le dirigent sont plus encore désireux de le renfermer le plus tôt possible dans sa prison.

Dans quelques semaines ou dans quelques mois les négociations diplomatiques seront terminées ; les comptes du passé seront réglés, ceux de l'avenir s'ouvriront d'après un nouveau *modus vivendi*. En dehors des initiés, on ne se doutera peut-être jamais des difficultés surmontées au cours de ce laborieux travail diplomatique.

Sur les onze puissances réunies pour fixer le sort de la Chine, aucune ne voit le problème de la même manière ; toutes ont des intéréts différents, souvent même en antagonisme absolu. La Chine connaît de ces divergences et ces rivalités ; elle en suit la marche jour par jour, car les renseignements lui parviennent de tous les côtés, elle manœuvre en conséquence.

A ces difficultés s'ajoutent la longueur des communications, la difficulté de se comprendre entre les gouvernements, entre leurs représentants, et entre ceux-ci et les plénipotentiaires chinois, car les interprètes, malgré leur science et leur dévouement, ne réussissent qu'incomplètement à combler l'abîme qui sépare le concept moderne du concept chinois noué par des siècles d'immobilité.

Cependant bien des obstacles ont été franchis sans accident, et le but est proche. On a vu cette chose invraisemblable : un char, attelé de onze chevaux de toutes tailles, de toutes allures, de tous caractères, sans cocher, rouler sans verser sur une route semée de fondrières, bordée de précipices. Malgré les imperfections inévitables, le résultat est encourageant, et peut-être y trouverait-on une indication des moyens à employer pour conjurer le « péril jaune ».

Puisque j'ai lâché ce mot à la mode, je ne résiste pas à la tentation de dire ce que je pense de cette épée de Damoclès suspendue sur la tête du vieux monde. Je le fais en toute simplicité, donnant mon opinion pour ce qu'elle vaut. Après trois ans de séjour en Chine, je n'ai pas la prétention de juger ce pays en toute connaissance de cause.

Depuis des siècles, des millions d'êtres humains vivent sur d'immenses territoires séparés du reste du monde, au nord par des déserts glacés, à l'ouest et au sud par des remparts montagneux inaccessibles, à l'est par l'océan immense. Toutes les religions ont pénétré chez eux depuis les temps les plus reculés ; les révolutions, les guerres les ont agités périodiquement ; des dynasties indigènes ou étrangères les ont gouvernés successivement ; les barbares les ont envahis, — et, malgré ces bouleversements répétés, ils sont restés immuables, car tour à tour ils ont absorbé leurs conquérants. C'est, je crois, un cas unique dans l'histoire, un cas phénoménal qui dénote chez cette race une force de résistance défensive extraordinaire.

Les Occidentaux qui, aujourd'hui, s'attaquent à cette masse réussiront-ils à l'ébranler ? Nos armées, notre civilisation auront-elles plus de prise sur elle ? Finiront-elles par la mettre en mouvement, et la pétrir d'après nos idées ?

Une période de transition commence, que remplira la lutte entre la réaction et les éléments de transformation ; elle aboutira à un résultat encore difficile à prévoir : à une rénovation de la Chine, si sa nature et les circonstances s'y prêtent, ou bien à une dislocation, à un partage. Entre la rénovation et le partage, je ne vois pas de solutions intermédiaires. De toutes manières, ce **pays** ne peut demeurer perpétuellement dans son état présent, séparé du reste de l'humanité ; inévitablement, il subira la loi générale de la transformation.

Je crois que la période de transition est la seule qui doive nous préoccuper, puisque nous la voyons s'ouvrir, que notre génération et les suivantes assisteront à son développement et, par conséquent, seront à même d'y exercer leur action. En étudiant les débuts de cette période, en procédant par comparaison avec des phénomènes sociaux de même nature et à peu près contemporains, nous pouvons avec quelque certitude prévoir ce qu'elle sera.

Quant à la suivante, c'est-à-dire la période de la transformation accomplie, elle appartient au domaine de l'inconnu. Ce sera l'affaire de nos arrière-neveux.

Il est hors de doute que les Chinois reconnaissent la supériorité de nos procédés scientifiques en ce qui touche la guerre, la navigation, les moyens de transport, l'industrie, le commerce ; mais, cette concession faite, ils se considèrent comme supérieurs pour ce qui concerne la religion, les institutions sociales et gouvernementales, la morale, les lettres, les arts, le genre d'existence, etc. Seule, une minorité infime, gravitant autour des missionnaires et des étrangers, composée de chrétiens et de marchands, pense et agit différemment. Et encore celle-ci, bien que pratiquant une religion chrétienne, connaissant les langues et les civilisations étrangères, adoptant quelques-unes de nos habitudes, ne cesse-t-elle pas d'être chinoise quant au fond et à la forme. Politiquement, elle ne représente aucune influence, les chrétiens appartenant aux petites classes, les marchands étant peu considérés. Les jeunes réformateurs chinois, étudiants révolutionnaires, manquent d'expérience et d'autorité ; de notre civilisation ils ne connaissent que la forme extérieure ; de notre histoire, de nos lois, de nos institutions ils n'ont appris que la théorie et n'ont retenu que la lettre. Leur rêve consiste à couler l'antique Empire du Milieu dans un moule conçu d'après les dernières données de la science, sans s'inquiéter de savoir comment, dans quelle mesure et quand ce sera possible. A tout le moins, il leur faudrait posséder la confiance de leurs compatriotes, mais ils ne l'ont pas ; pour agir, ils en sont réduits à agiter, à surexciter les passions populaires, à developper les ferments de révolte si abondants au sein de cette immense population.

Comme je l'ai indiqué dans le premier chapitre, deux camps en présence, progressistes et réactionnaires. Le premier comprend les étudiants révolutionnaires qui se groupent autour de Kang-You-Wei ou de ses amis, les marchands en rapport avec les étrangers, les chrétiens, enfin quelques rares mandarins qui préconisent des réformes accommodées aux nécessités locales. Le second réunit tous ceux qui par intérêt, orgueil ou ignorance tiennent aux anciennes traditions, c'est-à-dire l'immense majorité de la Chine.

Les hauts mandarins réformateurs ont une certaine influence, mais leurs projets de réformes ne sortent guère du domaine des abstractions ou sont inspirés par un intérêt personnel; un abîme les sépare des étudiants révolutionnaires et des chrétiens, et ils ne favorisent les marchands que lorsqu'ils ont besoin d'eux pour se procurer des ressources. Les chrétiens sont divisés en catholiques et protestants, et ces derniers seuls ont quelques rapports avec les révolutionnaires, dont les chefs sortent des écoles anglaises et américaines.

Dans le camp progressiste, on ne voit que divisions, inexpérience, calculs personnels, manque de popularité.

La réaction ignore la décadence de l'empire, et s'épargne ainsi le souci d'y remédier ; si, parfois, elle est contrainte d'ouvrir les yeux, elle cherche le remède au mal dans le retour aux vieilles traditions. Elle hait l'étranger et le méprise ; aussi perd-elle toute prudence et s'expose-t-elle aux aventures les plus dangereuses. Elle détient le pouvoir, mais son autorité s'émiette entre une infinité de coteries rivales autour du trône et dans les provinces, qui énervent l'action du pouvoir central et favorisent l'anarchie. Enfin, le conducteur de cette immense masse humaine, l'empereur, être sans force ni volonté, n'est que l'instrument, peut-être inconscient, des intrigues du palais. Deux mots caractérisent les réactionnaires : aveuglement et anarchie.

A côté de ces éléments indigènes, les étrangers agissent suivant leur nationalité, avec des visées politiques et économiques différentes ou même opposées. Talonnés par le désir de devancer leurs concurrents ou la crainte de rester en arrière dans le partage des influences et des richesses, ils vont de l'avant sans prendre le temps de la réflexion ni mesurer la portée de leurs actes. Le vieil empire représente une énorme quantité de ressources à exploiter, une clientèle illimitée de consommateurs, que se disputent les prospecteurs les plus entreprenants. Hâtivement les étrangers marquent leurs places sans savoir au juste ce qu'elles valent, et travaillent cette clientèle sans le moindre ménagement. En même temps ils s'efforcent de gêner les mouvements de leurs concurrents, au besoin en leur suscitant l'opposition des Chinois.

L'enjeu de la lutte, c'est, en réalité, le peuple chinois, misérable, abruti, habitué à obéir à ses maîtres traditionnels, et cependant enclin à la révolte lorsqu'il souffre trop. Sous l'influence du christianisme, des excitations révolutionnaires et des exigences des étrangers, cette masse se dissout, les liens séculaires qui l'enserrent et la maintiennent sous l'autorité des chefs s'usent peu à peu ; pour la ressaisir, les réactionnaires font appel au fanatisme et aux pires passions, provoquent des soulèvements avec l'espoir d'y engloutir leurs adversaires.

D'un côté comme de l'autre on excite le peuple aux violences, et c'est pourquoi cette période de transition sera marquée par des convulsions populaires variant en étendue et en profondeur, dirigées tantôt contre les étrangers, tantôt contre la dynastie, personnification du pouvoir réactionnaire.

La révolte des « Taï-Ping », le coup manqué de Kang-You-Wei, le mouvement « boxeur » sont les épisodes saillants de cette lutte dans ces derniers temps, pour ne pas parler d'une infinité d'autres incidents de même nature, qui n'ont eu qu'un théâtre plus restreint en province et y ont été circonscrits.

Cette perspective est peu rassurante, mais il vaut mieux l'envisager de sang-froid que de se complaire dans les prévisions optimistes que le passé n'autorise pas et que l'avenir démentira.

La sécurité des puissances exige qu'elles soient prévoyantes et prudentes. Si l'anarchie gagne l'empire, qui sait les pertes dont elles souffriront, les sacrifices qu'elles seront amenées à s'imposer et les conséquences qu'entraînera leur intervention ?

Le « péril jaune » pour l'Europe réside, en ce qui touche notre époque, dans ces éventualités menaçantes.

Je n'oserais dire qu'il y a un remède à ces dangers : la Chine souffre de sénilité, c'est un mal incurable ; elle éveille des appétits qui chercheront à se satisfaire. On peut déplorer cette situation, blâmer les convoitises excessives, faire œuvre de philosophe; mais les regrets sont vains, puisqu'on ne peut supprimer les causes qui engendrent le mal, arrêter l'expansion d'une civilisation vigoureuse parmi une société décrépite. S'il n'y a pas de remède, du moins il n'est pas impossible d'employer des palliatifs dont l'action combinée et prolongée écarterait peut-être une bonne partie de ces dangers et atténuerait les autres. Avant d'exposer comment je les conçois, j'ai besoin de faire quelques remarques.

En premier lieu, la conduite du peuple chinois — je ne dis pas ses sentiments — dépend de l'homme qui le gouverne. Si le vice-roi ou le gouverneur est intelligent, conciliant et ferme, l'ordre ne sera pas troublé, du moins profondément; toute tentative de trouble sera vite réprimée.

Le fait que les vice-rois du Yang-tsé, que le gouverneur du Chantoung Yuan-Ché-Kai ont pu maintenir leurs provinces en dehors du mouvement boxeur; que Li-Hung-Chang, succédant au vice-roi Tan à Canton, y a fait cesser instantanément la piraterie; que Yu-Hsien a pu fomenter au Chansi une persécution religieuse sans précédent dans une province qui jouissait de la tranquillité la plus complète depuis de longues années, sont des preuves de ce que j'avance, et nous en trouverions bien d'autres s'il était nécessaire.

En second lieu, les étrangers connaissent insuffisamment la Chine. Bien documentés sur l'histoire, la littérature, les questions économiques, ils ignorent une des parties essentielles de la vie du pays, et la principale : ils ne connaissent pas les hommes au pouvoir, le caractère et les tendances particulières des populations. Du moins, si quelques personnes possèdent ces connaissances, cela reste sans effet pratique. Ni les gouvernements, ni ceux qui influent sur l'opinion publique n'en tiennent compte. *La Chine doit se plier aux exigences des étrangers, ce n'est pas à ceux-ci de s'inspirer des considérations locales :* tel est le principe admis et pratiqué. Dès lors, les étrangers agissent à leur guise, chacun à sa convenance. Ainsi s'accusent les divergences de vues, ainsi se nuisent mutuellement les intérêts en cause.

Un des palliatifs est dès lors tout indiqué : tenir la main à ce que les mandarins chargés de la haute mission de diriger cette masse humaine offrent les garanties que l'intérêt général exige ; d'autre part, étudier plus attentivement les principes et coutumes qui gouvernent la vie de l'Empire du Milieu, et en tenir compte dans l'exécution des desseins

politiques et économiques. Il y a là un terrain d'entente, où les concurrents étrangers peuvent se
rapprocher, en vue de l'intérêt commun.

Sous la pression d'une nécessité impérieuse, celle
de porter secours à leurs représentants et nationaux
exposés à la mort la plus affreuse, les puissances se
sont rapprochées et ont dirigé leurs efforts vers un
objectif unique, la délivrance de leurs légations.
Elles y ont réussi, et, de l'action militaire en commun, elles ont passé à l'action diplomatique également en commun. Celle-ci, à son tour, a donné des
résultats satisfaisants. Ni l'une ni l'autre n'ont été
préparées ; à l'origine, on n'en prévoyait ni la
durée ni le développement ; les circonstances les
ont créées et gouvernées. L'absence de plan, de
méthode, de direction unique, a été la source de
très réelles difficultés ; néanmoins, la coopération
n'a jamais été interrompue, et, par des concessions
mutuelles, on a obtenu l'essentiel de ce que l'on
cherchait. L'Allemagne, l'Autriche-Hongrie, l'An
gleterre, la Belgique, l'Espagne, les États-Unis, la
France, l'Italie, le Japon, les Pays-Bas et la Russie
ont pu faire masse de leurs intérêts et les soutenir
collectivement pendant plus d'un an. L'exemple
est encourageant pour l'avenir.

Il semble que la France ait un rôle fécond et glorieux à jouer dans cette œuvre de salut commun. Par l'Indo-Chine, elle est une puissance asiatique; et les intérêts moraux et matériels considérables qu'elle possède en Chine lui donnent le droit et le devoir de tenir sa place parmi les puissances qui exercent une influence sur la politique de l'Extrême-Orient. Elle a quinze cents kilomètres environ de frontières communes avec la Chine. Son mouvement commercial était en 1897 (d'après le rapport de la mission lyonnaise) de deux cent vingt-huit millions et demi sur un total de treize cent soixante-cinq millions; il n'a cessé d'augmenter depuis. Elle est le principal acheteur de soie en Chine et un des grands vendeurs de riz. Par l'emprunt franco-russe, la banque russo-chinoise et le chemin de fer de Pékin-Hankéou, elle a plus de cinq cents millions de capitaux placés en Chine, et en aura sans doute davantage dans un avenir prochain. En collaboration avec la Belgique, elle construit la principale ligne de chemin de fer de l'empire, celle qu'on a baptisée le Grand Central chinois; seule, elle fait les frais du chemin de fer du Yunnan. Enfin, les missions catholiques françaises sont les plus importantes et les plus florissantes de toutes les missions chrétiennes.

Voilà nos intérêts en Chine; ils sont considérables. Nous avons le droit et le devoir de les sau-
vegarder. Pour cela, il nous faut connaître exactement le milieu où ils existent, les conditions à
observer pour les tenir en sécurité, et les moyens
de les développer. N'oublions pas que la Chine a
une énorme population civilisée, qu'il faut la traiter
en conséquence, et non pas comme un territoire
africain où végètent des peuplades sauvages
éparses et sans force. Étudions donc les hommes
et les choses plus sérieusement et d'une façon plus
pratique que nous ne l'avons fait jusqu'ici, afin
d'agir en conformité de leur caractère et de leur
façon d'être. Attachons-nous à dissiper tous les
malentendus entre les Chinois et nous, et à nous
faire connaître d'eux sous un aspect favorable. Ils
sont intelligents et intéressés, et nous y réussirons
aisément, pour peu que nous le voulions. Nous
avons montré déjà que nous savons nous y prendre
avec eux. Il faut persévérer.

Nos intérêts en Chine se distinguent par leur caractère particulier. Moins que d'autres puissances
nous obéissons à une action impulsive et par cela
même difficile à gouverner; moins que d'autres
nous cédons à un besoin impérieux. Nous procé-
dons plutôt par mouvement réfléchi et calcul pré-
voyant. Plus que d'autres, nous pouvons tenir

compte des avertissements de la prudence et de la raison. C'est à nous de donner l'exemple de la pondération et du tact, de rechercher le terrain de conciliation où pourraient se rencontrer toutes les bonnes volontés. Notre diplomatie a déjà joué ce rôle dans les négociations en cours; elle en a retiré honneur et profit. Il est à souhaiter qu'elle persévère dans cette belle voie.

EFFECTIFS DE LA DÉFENSE DES LÉGATIONS ET DU PEI-TANG

	TOTAL	NOMBRE d'officiers.	NOMBRE de marins.	NOMBRE de volontaires.	BLESSÉS Officiers.	BLESSÉS Marins.	BLESSÉS Volontaires.	TUÉS OU MORTS DE BLESSURES Officiers.	TUÉS OU MORTS DE BLESSURES Marins.	TUÉS OU MORTS DE BLESSURES Volontaires.	MORTS DE MALADIE Officiers.	MORTS DE MALADIE Marins.	MORTS DE MALADIE Volontaires.	MORTS	BLESSÉS
Allemands............	54	1	50	3	»	15	1	»	12	1[1]	»	»	»	13	16
Américains...........	56	3	53	»	2	8	1	»	7	»	»	»	»	7	11
Anglais	118	3	79	36	2	8	6	1	2	3	»	»	»	6	16
Autrichiens..........	37	5	30	2	3	8	»	1	3	»	»	»	»	4	11
Français.............	96	5	75	16	3	45	6	3	13	2	»	»	»	18	54
Italiens	44	2	39	3	2	14	»	»	13	»	»	»	»	13	16
Japonais.............	54	1	24	29	»	21	8	»	5	5	»	»	»	10	29
Russes...............	81	2	79	»	1	18	1	»	4	1	2[2]	»	»	7	20
	540	22	429	89	13	137	23	5	59	12	2	»	»	78	173

[1] M. Cordès, interprète.
[2] B⁰ⁿ de Ketteler.

Parmi les volontaires de la légation de France, il y avait trois Belges, un Suisse et un Autrichien.

Le personnel de la légation de France retiré à la légation d'Angleterre y servait dans les volontaires.

LISTE DES TUES ET BLESSES AU COURS DE LA MARCHE SUR PEKIN

	AMÉRICAINS				ANGLAIS				FRANÇAIS				JAPONAIS				RUSSES				TOTAUX			
	TUÉS		BLESSÉS		TUÉS		BLESSÉS		TUÉS		BLESSÉS		TUÉS		BLESSÉS		TUÉS		BLESSÉS		TUÉS		BLESSÉS	
	Officiers.	Soldats.	Officiers.	Soldats.	Officiers.	Soldats.	Officiers.	Soldats.	Officiers.	Soldats.	Officiers.	Soldats.	Officiers.	Soldats.	Officiers.	Soldats.	Officiers.	Soldats.	Officiers.	Soldats.	Officiers.	Soldats.	Officiers.	Soldats.
A Peitsang.........	»	»	»	»	»	1	3	21	»	»	»	»	1	49	12	257	»	»	»	6	1	50	15	284
A Yangtsoun........	»	7	1	60	»	1	1	37	»	»	»	»	»	»	»	»	1	1	1	16	1	9	3	113
A Pékin............	1	1	5	31	»	»	»	5	»	»	»	»	1	59	15	209	1	20	4	102	3	80	24	347
Au Pei-tang........	»	»	»	»	»	»	»	»	»	7	2	4	»	»	»	»	»	»	»	»	»	7	2	4
TOTAUX.........	1	8	6	91	»	2	4	*63	»	7	2	4	2	108	27	466	2	21	5	124	5	146	44	748
																					151		792	

* Sur ces pertes, il y a un officier et treize soldats anglais; le reste est indien.

TABLE DES MATIÈRES

————————

PARIS

TYPOGRAPHIE PLON-NOURRIT ET Cⁱᵉ

Rue Garancière, 8

————————

Lightning Source UK Ltd.
Milton Keynes UK
UKOW04f1923071216

289439UK00010B/437/P